英语民族史

—导读典藏版—

A HISTORY of THE ENGLISH-SPEAKING PEOPLES

VOLUME III
THE AGE OF REVOLUTION

◆ 卷三 ◆
革命的时代

WINSTON S. CHURCHILL
[英] 温斯顿·丘吉尔 ◆ 著
薛力敏　林林 ◆ 译　　林葆梅 ◆ 校译

中共中央党校出版社

图书在版编目（CIP）数据

英语民族史：导读典藏版 . 卷三，革命的时代 / （英）温斯顿 · 丘吉尔著；薛力敏，林林译 . -- 北京：中共中央党校出版社，2022.7

书名原文：A History of the English-Speaking Peoples

ISBN 978-7-5035-7275-3

Ⅰ . ①英… Ⅱ . ①温… ②薛… ③林… Ⅲ . ①世界史 Ⅳ . ① K1

中国版本图书馆 CIP 数据核字 (2022) 第 040274 号

英语民族史 · 卷三：革命的时代（导读典藏版）

策划统筹 马　瑞
责任编辑 马　瑞　刘金敏
责任印制 陈梦楠
责任校对 王明明
出版发行 中共中央党校出版社
地　　址 北京市海淀区长春桥路 6 号
电　　话 （010）68922815（总编室）　（010）68922233（发行部）
传　　真 （010）68922814
经　　销 全国新华书店
印　　刷 中煤（北京）印务有限公司
开　　本 710 毫米 ×1000 毫米　1/16
字　　数 268 千字
印　　张 19.375
版　　次 2022 年 7 月第 1 版　2022 年 7 月第 1 次印刷
定　　价 268.00 元（全套）

微 信 ID： 中共中央党校出版社　　**邮　箱：** zydxcbs2018@163.com

HOUSE OF STUART

斯图亚特王朝
（1603—1714）

威廉三世
William Ⅲ
（1650—1702）

尼德兰（即荷兰）执政（1672—1702 年在位），光荣革命后赶走其岳父（詹姆斯二世），与妻子玛丽共主英国，成为斯图亚特王朝国王（1689—1702 年在位）。威廉三世同时统治荷兰及英国，在位期间，荷兰继续“海上马车夫”的强劲势头，英国确立“君主立宪制”。

乔治·华盛顿
George Washington
（1732—1799）

美国首任总统，开国元勋之一。华盛顿于独立战争时期任大陆军总司令，并曾主持制宪会议、制定《美国宪法》（即《1787 年宪法》）。在连任两届总统（1789—1793，1793—1797）后，辞职隐退。

前　言　　PREFACE

在本卷涉及的1688年至1815年这段时期，有三次革命对人类产生了深刻的影响。这三次革命发生在100年之内，每一次都引起英法战争。1688年英国革命爆发，最后一位信奉天主教的国王[1]被赶出了不列颠群岛，最终致使英国同法国最后一位强大的国王——路易十四进行了激烈的斗争。1775年的美国独立战争把英语民族一分为二，双方各自有其不同的观点和行动准则，但他们在语言、传统和法律方面基本上还保持着一致。1789年，法国以武力向欧洲宣布了平等、自由和人权的原则，这次暴力行动的影响在1917年布尔什维克革命之前是不可比拟的。在发生这些政治革命的同时，科学和工业领域也发生了数次革命，尽管它们当时不太引人注意，但是为我们今天的工业时代奠定了基础。宗教改革的波澜终于平息。从此，分裂英国的不再是教派分歧，而是以实际利益为目标的党派之争。物质利益和争取民族霸主地位的野心成为欧洲冲突的根源。过去人们经常考虑宗教统一的问题，此时欧

1　即詹姆斯二世。——编者注

洲则出现了进行民族扩张的斗争，宗教问题在这场斗争中的影响日益减弱。

在本卷开首之处，英国革命刚刚完成，詹姆斯二世逃离英国，荷兰的奥朗日亲王来到不列颠，不久成为英王威廉三世。他立即同法国展开了殊死斗争。法国企图在欧洲确立连查理大帝也望尘莫及的统一制度和霸权地位，我们要想找到这种制度和霸权的先例，就必须回溯到罗马时代。路易十四是法国野心的化身，德意志在30年战争中的衰败和西班牙的没落有助于他实现野心。

与此同时，荷兰共和国的兴起为欧洲增添了一个新教国家。它虽然人口较少，却由于人民勇敢顽强、海军强大和贸易发达而成为欧洲强国之一。英荷联盟构成了反抗法国的核心。在神圣罗马帝国[1]的政治支持下，这两个濒临北海的国家同足智多谋、得意扬扬的凡尔赛当局进行了对抗。威廉三世、马尔博罗和尤金亲王[2]以武力摧毁了路易十四的力量。从此，英国在汉诺威王朝[3]的统治下接受了辉格党[4]人的观念。这些观念集中了英国大宪章和远古时代的一切重要遗产，以新的形式确定了政教关系和国王对议会的依附地位。

在此期间，英国的海外属地进一步扩展。不列颠群岛获得统一，它虽然人口不多，却对欧洲事务起着显而易见的主导作用。另一方面，它采取了与欧洲大陆全然不同的发展道路。在老皮特[5]执政时期，英国在新大陆和印度获得了大片属地，第一大英帝国从而诞生于世。

力量与日俱增的美洲殖民地未能得到英国政府的理解，因而不可避免地同母国发生冲突。独立战争的烽火锻造出美利坚合众国。法国和西欧联合反

---

1 The Holy Roman Empire（962—1806），中世纪欧洲封建帝国。成立初期为封建君主制国家，最高统治者为帝国皇帝；后逐渐发展成为一个松散政治联盟，成员包括数百个诸侯国。帝国中后期，皇位长期被奥地利大公国的哈布斯堡王朝垄断。——编者注

2 Prince Eugene（1663—1736），也译欧根亲王，奥地利最杰出的军事统帅之一。——编者注

3 House of Hanover，英国历史上的十个王朝之一，该王朝曾在1692—1866年间统治德国汉诺威地区，并在1714—1901年间统治英国。——编者注

4 Whigs，英国历史上最早出现的党派之一，产生于17世纪末，19世纪中叶改组为自由党。——编者注

5 William Pitt（1708—1778），第一代查塔姆伯爵，英国辉格党政治家，首相。他的儿子与他同名，也曾任首相，二人均为英国历史上杰出政治家。后世将父子二人分别称为“老皮特”(William Pitt the Elder)和“小皮特”(William Pitt the Younger)。——编者注

对英国，不列颠虽未丧失海上霸权，而第一大英帝国却就此解体了。

在世界力量的此消彼长中，出现了宗教改革以来另一次重大的解放运动——法国革命。宗教改革在许多地区解放了人的思想，法国革命则试图实现人人平等，至少要为地位和财富不同的人确立机会均等的原则。在反对拿破仑的伟大战争中，英国几乎同整个欧洲作战，甚至也同美利坚合众国作战。拿破仑未能建立泛欧合众国。滑铁卢大战获胜、着眼于未来的《巴黎和约》（*Treaty of Paris*）以及英国产业革命使不列颠在大约一个世纪的时期中领跑文明世界。

温斯顿·丘吉尔

1956 年 12 月 24 日于肯特

目 录 CONTENTS

PART 7
英格兰的崛起

ENGLAND'S ADVANCE TO WORLD POWER

第一章 CHAPTER 1

奥朗日亲王威廉

为了大多数人的利益而把自己的岳父赶下不列颠王位的伟大亲王威廉，从童年开始就在严酷的环境中生活。他幼年丧父，终身无子。他过着没有爱情的生活，因为他是为了国家的政治需要而结婚的。他是由性情暴躁的祖母抚养长大的，在少年时期先后受过一些荷兰委员会的约束。他在童年时代没有欢乐，他身体孱弱，患有肺结核和气喘病，脚也有点跛。但在这个羸弱而有残疾的躯体内，却燃烧着无情的怒火，欧洲的风暴以及他周围的严峻环境都加深了他这种冷酷性格。威廉在不满 21 岁的时候，更作出了惊人之举，从此一直过着戎马生涯，在荷兰和欧洲的政治风云中展翅翱翔。迄今为止，他率领英格兰密谋集团[1]企图推翻信奉天主教的国王詹姆斯二世已有四年之久了。

威廉素不好色。他对忠心爱他的妻子长期抱持冷漠态度。在他统治的末期，他才意识到玛丽王后在英格兰的政治斗争中对他帮助很大，于是对她产

1 指威廉身边的亲信谋臣，他们意图推翻詹姆斯二世，帮助威廉夺得王位。——编者注

生了由衷的感激之情，就像感激一位忠实的朋友或者辅佐国政的阁员一样。后来玛丽逝世时，他不禁悲从中来，泪如泉涌。

在宗教方面，他当然是加尔文宗教徒[1]，可是他似乎并没有从这个教派的严格教义中得到慰藉。作为君主和军事统帅，他毫无宗教偏见，任何一个不可知论[2]者都不可能像他那样客观与公正。对他来说，新教徒、天主教徒、犹太教徒或不信教的人没有多少区别。他畏惧并痛恨法国天主教，并非因为它鼓吹盲目的信仰，而是由于它是法国的教会。只要信奉天主教的军官能够为他效劳，他就毫不犹豫地录用他们。宗教问题在他纵横捭阖的政治斗争中只是讨价还价的筹码。他在英格兰和爱尔兰敲击新教战鼓之时，对教皇却有重要的影响，他和教皇的这种关系堪为古今政治家的楷模。人们感到，他似乎只是为了打破法国及其“伟大国王”[3]的霸主地位才诞生的。

威廉冷酷无情，这是他所受的教育和肩负的使命之必然结果。他固然没有参与1672年杀害荷兰政治家德威特兄弟的活动，可是他对此幸灾乐祸，从中获益，并且对凶手给予保护和接济。他曾经表示愿意帮助詹姆斯二世对付新教徒蒙茅斯公爵，然而在蒙茅斯公爵从荷兰乘船驶向英格兰时却不加以阻拦。他一生最大的污点是在苏格兰进行的一次大屠杀。高地有一个部族的首领拒绝服从威廉的权威，这个部族因而将受到威廉代理人的彻底打击。军队奉命开往格伦科，要“捣毁那个贼窝”（extirpate that den of thieves）。人们一想起这次血腥的事件，不禁毛骨悚然，因为军队对这个部族的款待采取了以怨报德的无耻做法。起初，王军在山谷里同这个部族的人生活了几个星期，以伪善的面目享受他们诚挚的款待。在一个寒冷的冬夜，士兵们突然对主人

1 Calvinist，即基督教新教主要流派之一加尔文宗（Calvinism）的信众，该流派以16世纪欧洲宗教改革家约翰·加尔文（Jean Calvin，1509—1564）的宗教主张及实践为主要教义依据。——编者注

2 Agnosticism，是一种与可知论相对的认识论，属于哲学范畴。1869年，英国生物学家T.H.赫胥黎最早提出该理论，其基本观点是：人们的认知领域只有感觉或现象，世界的本质是无法认识的。——编者注

3 The Great King，指法国国王路易十四，号称“太阳王”，他在法国建立了君主专制的中央集权王国。——编者注

下了毒手，无数部族人在梦乡中惨遭杀戮，只有一些人逃出他们的茅舍。这种手段不是威廉国王授意的，但给他带来了难以洗清的耻辱。

威廉冷漠却不残暴。他无暇顾及小仇，而是集中精力同路易十四斗争。他英勇无畏，年轻时已成为大军统帅，然而他不是一位伟大的军事家。对战局的预见性是军事天才的标志，而他缺乏这种预见能力，他只是一个比较理智而意志坚定的人，凭着天生的条件得到了指挥军队的机会。他的天分是在外交领域，他极为精明、耐心和谨慎。他结成的联盟，克服的困难，对时间因素或他人弱点的巧妙利用，掌握分寸和区分轻重缓急的能力——这一切使他享有极高的威望。

他最关心的问题，是已经爆发的欧洲大战以及由他促成的大联盟。他认为，冒险进攻英格兰只是一段插曲，此举虽有必要，但使他感到厌烦；假如为了更大的目标，他或许不负此行。威廉并不喜欢英格兰，对她的国内事务也不感兴趣，看到的全是她的阴暗面。为了进行欧洲战争，威廉需要英格兰的财富和陆、海军力量，因此亲自前来征用这些力量。他利用他的英格兰盟友为他的目标服务，对有功者给予奖赏，但他认为他们作为一个民族，无论在品质还是在忠诚方面，都不如他的荷兰同胞。

他在英格兰稳坐王位之后，对上述感情便不加掩饰了。这种感情及其表现自然引起了强烈的反感，因为英格兰人虽然服从他们认为确有必要的新权威，但他们同欧洲的任何民族一样骄傲。谁也不愿意成为讨厌和轻视的对象，特别是不甘心成为任意侮辱的对象。发动 1688 年革命并且仍然坚持这一目标的贵族和议员，情不自禁地怀念查理二世宫中的欢乐气氛和堂皇的场面。威廉性情孤僻，狼吞虎咽，粗暴无礼，轻视妇女，厌恶伦敦，这些因素都引起上层社会的反感。妇女们称他为“荷兰矮熊”[1]。英格兰官兵也十分烦

1　A low Dutch bear，英格兰妇女给威廉起的绰号。威廉本是荷兰人，在 1688 年光荣革命后入主英国。他更偏重荷兰事务，同时还带来不少荷兰侨民，使得英格兰人大为不满。因公众形象不佳，他被英格兰妇女们讥笑为粗鲁的“荷兰矮熊”。——编者注

恼，他们耻于想起这次革命的军事问题。他们对荷兰人掌握所有重要的指挥权感到不满，看到荷兰步兵不停地在白厅和圣詹姆斯宫巡逻而痛心。他们还把自己寒酸的蓝军服同此时已从伦敦撤走的第一近卫军和科尔斯特里姆近卫军漂亮的猩红色军服加以比较。在爱尔兰战争期间或法国入侵的威胁尚未消除之时，他们抑制着这些不满情绪，而在其他时候，这些情绪则猛烈地爆发出来。英格兰人对于派遣英军到欧洲大陆作战表示不满，而且一再要求威廉撤掉荷兰近卫军和荷兰宠臣。

* * *

1688 年 12 月 23 日，威廉听到詹姆斯国王逃跑的消息，于是他成为英格兰王国无可争议的主人，立即着手实现他的目标。他下令法国大使在 24 小时内离开不列颠岛，使英格兰加入反法联盟。这一行动引起一场蹂躏欧洲 25 年的战争，战争中有一段不稳定的间歇时期，路易十四终将在战争中彻底丧失自己的霸权地位。

詹姆斯逃走以后，不列颠全民族实现联合，但没有任何形式的合法政府。根据那些发动革命的政治家的建议，威廉召开国会会议。这届国会选出不久，便在复杂的宪法问题上纠缠不休。曾经负责把威廉召到英格兰的全国无党派联盟，在建立稳定政府的重大压力下自然瓦解了。这一时期，在最终使宪法问题得到解决的复杂斗争中，产生出种种个人野心和党派信条。查理国王的旧臣丹比伯爵对这段动荡时期寄予很大的希望。在“阴谋小集团”（the Cabal）垮台之后，是他在国教[1]的绅士阶层和普通教徒中建立了托利党[2]。查理国王同法国的勾结以及天主教会的阴谋断送了丹比伯爵的政治生涯。为了使

1 Established Church，英国国家教会为圣公会，教会首脑为英国国王。——编者注
2 Tory，英国历史上最早出现的党派之一，产生于 17 世纪末，19 世纪中叶发展为保守党。——编者注

他免遭政敌的毒手，查理国王把他监禁在伦敦塔内，让他过着安逸的生活。在查理国王执政末期，他获释出狱。他发现 1688 年革命是他东山再起的天赐良机。他是北方的一个大地主，能够动员那里的绅士阶层，在决定性的危急关头有力量供养一支庞大的武装力量。由于这个成绩而树立较高的威望之后，他来到伦敦。忠诚的托利党人看到他们有希望打击斯图亚特王朝[1]的“神圣权利”（the Divine Right），无不感到惊讶。丹比伯爵同玛丽公主进行了接触。能够使许多托利党人满意的解决方案，显然是由玛丽公主继承王位。这样做符合托利党的基本原则。在匆忙召集的上议院的讨论中，丹比伯爵力促实现这个目标。然而，包括玛丽公主的舅父克拉伦登伯爵在内的其他托利党人则主张，保留詹姆斯二世有名无实的国王地位，任命威廉为摄政王。乘托利党内部意见分歧之机，辉格党人占了上风。

辉格党人坚持国王应同人民达成一定协议的观点，他们认为，1688 年的革命证实了这一观点的正确性。继承王位的问题有待国会解决，而整个形势如何发展，则完全取决于威廉的决定。如果他的妻子继位，他会甘愿充当“女王的丈夫”这个没有实权的角色吗？倘若如此，托利党人会感到称心如意，而辉格党在革命中的作用将会黯然失色。辉格党人在“拉伊城堡阴谋”（the Rye House Plot）中失去了领袖，只有一位政治家为他们孤军奋战，取得了胜利，他们则坐享其成。

哈利法克斯侯爵乔治·萨维尔是当时最机敏、最孤独的政治家，他为自己享有“骑墙派”（the Trimmer）之名而感到自豪。他在这场危机中颇有实力，因为他了解威廉的意图。詹姆斯国王逃亡之前，曾经派他和长驱直入的威廉进行谈判，他意识到威廉此行的目的绝非小住，因为荷兰人需要在英格兰获得稳定的君主地位，以便在欧洲大陆抵挡法国扩张的威胁。上议院以 51

---

1 House of Stuart，英国历史上主要王朝之一（1371—1714 年统治苏格兰，1603—1714 年统治英格兰和爱尔兰），最后一任国王为安妮女王。——编者注

票对 49 票的微弱多数否决了关于威廉应该为詹姆斯充当摄政王的提议。经过长时间的辩论，国会接受了哈利法克斯的主张，决定王位由威廉和玛丽二人联合继承。哈利法克斯取得了彻底胜利，是他代表上下两院把王冠和《权利宣言》[1] 呈献两位君主。他的政治观点与党派的发展格格不入。在严重的危机中，他能够发挥决定性的作用。他在党内只有寥寥无几的支持者，得势之时也如昙花一现，不过他的贡献使辉格党在后来的年代中得以复兴。

复杂的问题相继得到解决。由于约翰·丘吉尔和他妻子萨拉的私下劝说，玛丽的妹妹安妮公主同意，如果姐姐在威廉之前辞世，她将把继承权让给威廉。这样，威廉便可顺利获得终身王位。他高兴地接受了国会的这个决定。在加冕之时，革命的领袖们得到荣誉和提升。丘吉尔虽然从来不是威廉最信赖的心腹，却巩固了他的陆军中将职位，成为实际上的总司令，肩负着重建英格兰军队的重任，并且受封为马尔博罗伯爵。1689 年 5 月正式对法宣战以后，威廉在英格兰无法脱身，后来又陷入爱尔兰的困难局面之中，是马尔博罗率领 8000 英格兰军队在佛兰德同法国人作战。

不列颠岛面临着极端严重的军事威胁。路易十四出于政治考量盛情款待了流亡法国的詹姆斯。爱尔兰显然是有利的抵抗中心。詹姆斯在 3 月份带着一支训练有素的法国军队、大量弹药和金钱在爱尔兰登陆，像救世主一样受到欢迎。他在都柏林实行统治，得到爱尔兰议会的支持，不久又有了一支多达十万人的天主教军队。除北方的新教徒居住区外，整个爱尔兰岛处于詹姆斯二世党人的控制之下。威廉关心的是佛兰德和莱茵河一带，而英格兰国会却注视着相反的方向。威廉提醒国会注意欧洲事务，而国会坚决地把他的注意力引向爱乐兰。他犯了历史上常见的错误，企图东西兼顾，结果适得其反。伦敦德里郡陷入围困，后来它从海上得到援兵，才得以解除重围，这是 1689 年战事的一段壮丽插曲。

1 *Declaration of Rights*，此宣言确定了英国宪法的基本原则。——译者注新建立的政府迅速产生了裂痕。辉格党人认为，革命的功劳完全属于他们，他们的判断、行动和原则都在事实中得到了肯定。那么，难道他们不应该担任所有的官职吗？威廉知道，假如构成托利党主要力量的保皇派和高教会派[1]不支持他，那么他绝不会得到英格兰的王冠。而且从国王的利益出发，他此时态度倾向于托利党，因为这一派的教会拥护君主世袭制。他认为辉格党的方针最终将导致共和制。他在荷兰的头衔是最高行政长官，几乎就是荷兰国王，而在英格兰他的头衔是国王，当然不愿降格为行政长官。出于这种考虑，他决定解散授予他王冠的国会。辉格党人说："当时它的使命尚未完成。"在1690年2月的选举中，托利党获得了胜利。

新国王竟然依靠森德兰伯爵这样神秘莫测的人物，这可能令人费解，因为森德兰曾经是詹姆斯国王的重要谋士。不过，詹姆斯和森德兰之间产生了不可弥合的分歧，詹姆斯的党徒认为森德兰是发动1688年革命的元凶，森德兰的命运因此同威廉的利益联系在一起，而且他对欧洲政治斗争的了解对威廉而言具有无限的价值。经过一个短时期后，他又出现在英格兰的政治舞台上，扮演了令人惊奇的重要角色。他不敢为自己谋取职位，但能使别人飞黄腾达或一落千丈。一些持中间态度的政治家行使政府权力，他们是施鲁斯伯里公爵、西德尼·戈多尔芬、马尔博罗和一向比较超脱的哈利法克斯。这些人都为詹姆斯国王效过犬马之劳，他们认为应该同时利用两个党派或者其中的一个党派以维持自己的地位，并继续为国王服务。他们都极力笼络他人。"施鲁斯伯里和沃顿经常来往，戈多尔芬和马尔博罗则同拉塞尔将军无所不谈。"[2]

在后来的20年里，这些人当中同马尔博罗关系最密切的是戈多尔芬，他具有高明的政治手腕，同时小心翼翼地避免同任何人过从太密。他从不争权

1　High Church，圣公会的派别之一，与之相对的是"低教会派"。该教派出现于17世纪末，推崇旧制及天主教传统，因要求维持教会较高的权威地位而得名。——编者注

2　引自K.G.法伊林所著《托利党史：1640—1714》（*A History of the Tory Party*，1640—1714）1924年版。——原注

夺利，也很少丢官罢职。他先后为四个君王效劳，也有过各种各样的同僚，可是从来没有人怀疑他的忠诚。他懂得在恰当的时机辞职或扬言要辞职，以表示自己的坚定立场。他有些笨拙、腼腆、富有想象力，但他总是一心一意地埋头于政府事务之中。

* * *

如果威廉在1689年把全部力量投入爱尔兰，那么他1690年就可以从那里脱身，全力投入欧洲战争。可是他没有这样做，因而在新的一年里被迫率领主力部队亲自征讨爱尔兰，到了夏天已投入3.6万人马。英格兰的全部力量离开了欧洲的主要战场。在弗勒吕斯战役中，威廉派往尼德兰的指挥官沃尔德克亲王在神机妙算的卢森堡元帅面前遭到惨败。同时，法国海军在比奇角附近打败了英荷联合舰队。伦敦流传着这样一种说法："荷兰人保全了面子，法国人取得了优势，而英国人得到的只是耻辱。"英吉利海峡的控制权暂时落入图维勒元帅指挥下的法国海军手中，看来他们能够送一支侵略军在英格兰登陆，使威廉无法从爱尔兰返回英格兰。

玛丽女王的枢密院面临着严峻局势。它得到举国上下的支持，这时全国人民纷纷拿起武器。枢密院成员马尔博罗手下有6000人的正规军作为核心力量，还有仓促组织起来的民兵和义勇骑兵队，他已做好对付入侵的准备。7月11日，威廉国王在博因河一带获得全胜，将詹姆斯从爱尔兰逐回法国。詹姆斯请求路易十四派兵征讨英格兰，路易未予理睬，因为他当时正关注德意志。7、8两个月气氛紧张，不过英格兰损失不大，只有廷茅斯被前来袭击的法国人烧毁。到了冬天，法国舰队已经瘫痪，英荷两国的舰队则整饬一新，再度出海。于是，危险的时刻过去了。天气渐冷之时，玛丽女王的枢密院和威廉国王命令马尔博罗去讨伐爱尔兰。经过一场干净利落的战役，马尔博罗一举活捉了科克和金塞尔，并且征服了爱尔兰南方各郡。1690年底，爱尔兰战争宣告结束，英格兰重获制海权。威廉这时可以率领大军亲征欧洲大陆，去统率盟国联军。他带着马尔博罗出征，命令他指挥英格兰军队，但不授予全权。马尔博罗的才能早已为盟军军官所钦佩，但却没有自由发挥的天地。这次战役规模很大，只是不能决定胜负。

威廉国王和马尔博罗之间发生了分歧。在分配下一年的战斗任务时，威廉准备把马尔博罗带到佛兰德去，作为他身边的中将。马尔博罗不愿意接受这个权限不明确的职务，他反对仅仅以军师的身份前往佛兰德，因为那样他提出的建议就不会得到采纳，而一旦失利倒要承担责任。他要求像上一年那样指挥英军，否则宁愿留在国内。可是，威廉已经把这些军队交给刚从爱尔兰的奥赫里姆和利默里克胜利归来的荷兰将军金克尔男爵指挥。下议院发起一个运动，要求纠正雇用外国人的做法。据说马尔博罗表示支持，他在上议院提出了同样的提案。这项提案立即得到广泛的支持，并一度显出在上下两院获得通过的可能性。此外，马尔博罗的活动并不限于议会之内，他是颇有影响的英国将军，许多军官听从他的意见，对国王重用荷兰人表示强烈不满。

这时候，几乎所有的英格兰要人都和住在巴黎附近圣日耳曼的詹姆斯恢复了关系。戈多尔芬也对流亡中的王后表达了崇高的敬意。施鲁斯伯里、哈利法克斯和马尔博罗都同詹姆斯建立了联系。威廉国王察觉到上述情况，而他仍然信任这些人，继续让他们担任国家的高级职务。他认为，这种两面讨好的做法是空前复杂的局面的必然产物，他也知道，他的主要英格兰谋臣在为自己留下后路，以防他的政府垮台或者他本人死于疆场。他对这一切采取容忍的态度。威廉知道或者至少怀疑施鲁斯伯里通过他母亲同圣日耳曼保持着联系，但还让他继续身居高位。国王明知海军总司令拉塞尔（也译罗素）元帅同詹姆斯私自和解，却让他保持海军总司令之职。威廉同马尔博罗发生了争执，这并非由于这位将军同他的侄儿、詹姆斯国王的儿子贝里克公爵保持着家庭联系，也不是因为马尔博罗的妻子萨拉同她的妹妹、拥护詹姆斯二世的泰康内尔公爵夫人有着联系。威廉很可能也了解到，马尔博罗说服安妮公主给她父亲詹姆斯写了一封表示孝敬的亲笔信，他因此得到詹姆斯的宽恕。人们到处传说，安妮将要取代玛丽和威廉。同时，丘吉尔夫妇仍对安妮公主保持着重要的影响。安妮公主和她姐姐玛丽女王之间的任何矛盾必然会进一步加深威廉国王和马尔博罗之间的严重分歧。王族内部的矛盾迅速激化。威廉蔑视安妮公主的丈夫丹麦王子乔治，剥夺他参加战争的机会，不让他去佛兰德，也不准他随海军出海。安妮热爱她的丈夫，见到威廉如此无礼待他，不禁怒火中烧。

在这次冲突中，安妮的一个随从首先受到打击。上层人物之间的斗争，常常殃及其下属。玛丽女王要求安妮将萨拉·丘吉尔遣送出宫，秉性倔强的安妮断然拒绝，谈话变成了争吵。朝臣失望地退出宫去，姐妹俩也忿忿而别，感情上出现了不可弥合的裂缝。第二天早晨 9 点钟，马尔博罗辞去宫廷内侍的职务，将内侍的服装交还国王，威廉像往常一样毫无表情。两个小时以后，国务秘书诺丁汉伯爵交给马尔博罗一份手令，要他立刻让出他的一切军政职务，宣布从即日起将他开除出军队和政府，禁止其进入宫廷。至于威廉为什么作出这样的决定，没有任何正式解释。马尔博罗对自己被解职无动于衷，而他的密友、国王的主要谋臣们则感到不满。施鲁斯伯里公开表示反对，戈多尔芬扬言要退出政府，海军总司令拉塞尔元帅甚至当面指责威廉对“给他戴上王冠”的人忘恩负义。玛丽女王禁止萨拉入宫，安妮予以反击，她搬出王宫，到萨默塞特公爵献给她的塞恩城堡居住。任何压力也不能使安妮公主抛弃她的亲密朋友。威廉国王这些近于迫害的决定如同烈火，锻造了一种新的关系，这种关系不久将决定英格兰的命运。

第二章 CHAPTER 2

大陆战争

威廉国王刚刚出发去参加大陆战争，失去军队保护的不列颠岛便遭受入侵威胁。路易十四计划进攻英格兰，因此詹姆斯国王有了复辟的希望。两年来，詹姆斯二世在圣日耳曼的流亡政府不断敦促法国陆军部说，在英格兰复辟的时机已经成熟。于是，一万名疯狂的爱尔兰人和一万法国正规军在瑟堡附近集结，法国舰队以及许多运兵船和运输船在诺曼和布雷顿的港口集中待命。

到了1692年4月中旬，英国政府才了解到法国人的计划。英格兰开始在海陆两方面进行积极有效的防御准备，像西班牙无敌舰队咄咄逼来时那样警觉。最关键的是海军元帅拉塞尔。他和马尔博罗一样，同詹姆斯二世党人的密使进行了会晤。威廉和玛丽担心他会背叛祖国和自己信奉的宗教，詹姆斯则确信他必然会走上这条道路。然而詹姆斯二世党人承认，拉塞尔明确地对他们的密使说，虽然他爱戴詹姆斯国王，反对威廉的政府，可是如果同法国舰队遭遇，他一定会竭尽全力摧毁它，哪怕詹姆斯国王也在船上。他说话算数，在进行战斗的那一天对水手们说："假如你们的军官欺骗你们，就把他们扔进海里去，首先把我抛入大海。”

5 月 19 日和 20 日，英国舰队和荷兰舰队在英吉利海峡拉乌格角附近的海面上同图维勒率领的法国海军主力交战。拉塞尔的舰队有 99 艘军舰、四万人和 7000 尊大炮，而法国舰队只有 44 艘军舰。双方英勇搏斗，法国舰队受到重创。拉塞尔和他的舰队司令们紧追败退的法国舰队，一直追进港口，而这些司令都是詹姆斯二世党人心目中忠于詹姆斯二世的可靠人物。在后来的五天里，败阵的法国军舰尽管有岸上炮火的支援，却被英国的小船队以沿岸穿插的战术俘获。詹姆斯二世，这位前英格兰国王眼睁睁地看着准备助他重返故土的入侵法军彻底瓦解。

拉乌格角海战以及其中的重要战斗场面一雪比奇角海战之耻，它虽然受到威廉和安妮争斗的影响，却彻底粉碎了法国争夺海上霸权的野心。这是 17 世纪的特拉法尔加战役[1]。

1692 年的陆战是在西属尼德兰（即今日的比利时）开始的。战争初期，法军取得了辉煌胜利，一举占领那慕尔。后来战局发生了变化。威廉在 8 月份的一个夜晚率领全军进攻卢森堡元帅，斯泰因刻尔克附近的法军在凌晨受到袭击。法军尽管素质优良，但还是被击溃，混乱状态持续了一个小时。卢森堡元帅在这个紧急关头指挥若定，将军队重编成整齐的阵列。英国步兵充当联军的急先锋，八个精锐团在麦凯将军的指挥下向瑞士人发起冲锋，经过激烈的搏斗突破了对方的防线，战斗的激烈程度在欧洲历史上是空前的。此时，卢森堡下令法国近卫军向英军发动反攻。英国军队已经精疲力竭，一阵拼力死战之后，败退下去。法军从各个方面向前推进，他们的援兵也陆续赶到。威廉的亲戚、接替马尔博罗指挥英军的荷兰军官索尔姆斯伯爵早已引起部下的强烈反感，他在麦凯乞求增援时拒绝派兵，甚至说：“让我们看看这些

1 Battle of Trafalgar，是 19 世纪初英法两国海军在西班牙特拉法尔加附近海域进行的著名海战，英国海军彻底打垮法国舰队，进一步巩固英国海上霸主的地位。——编者注

哈巴狗有多大的本事！”英军损失两位优秀的将军，部队死伤一半，若非荷兰部将奥弗克出兵相救，他们就会彻底毁灭。奥弗克后来在马尔博罗指挥的战役中声名大振。威廉无力控制战局，看到英格兰人惨遭杀戮之时不禁潸然泪下，他惊呼道：“啊！可怜的英格兰人！”到中午时分，联军全线撤退。双方各有七八千人伤亡，但法国人向欧洲各地飞章告捷。

这次战斗激怒了英格兰国会，它对索尔姆斯伯爵见死不救的行为进行了异常激烈的讨论。上议院[1]对一个正式发言表示赞同，发言中说，英格兰将军不应该受荷兰人的指挥，不管他有多高的军阶。政府发言人煞费苦心地使下议院议员们相信，英格兰军官中无人适合在大陆战争中担任将军。国会冲破强大的阻力，批准翌年继续进行大陆战争，而第二年又是指挥不当，灾难横生。1693 年 7 月，激烈的兰登大战开始了。在后来的 200 多年里，除了马尔普拉凯和博罗季诺[2]战役之外，任何一次战役中的伤亡人数都不能同这次相比拟。法军处于明显的优势，但威廉决心顶住他们的进攻，几乎一夜之间在兰登河环抱的地区沿着河堤构筑了坚固的防御工事和栅栏。在英勇抵抗之后，联军被法军逐出阵地，损失将近两万人，而法军只损失一万人。由于卢森堡没有乘胜追击，威廉得以重整残兵败将，又获援兵，于是再次投入战斗。1694 年，威廉计划进攻布雷斯特。据詹姆斯二世党人说，马尔博罗向法国人透露了这个计划。英国陆军指挥官托尔马什率领部队前去进攻时，那里预先构筑好的阵地上射出猛烈的炮火，他只好退回船上。部下伤亡惨重，他本人也身受重伤，即刻丧命。指控马尔博罗的人所依据的那封信无疑是伪造的，没有任何证据能够证明他向法国人提供过情报，不过可以肯定的是，法国人从其他渠道获取了详细情报。

---

1 House of Lords，英国议会两院之一，始创于 14 世纪，延续至今。议员主要为王室后裔、世袭贵族、终身贵族、上诉法院法官和教会大主教及主教等传统上层社会人士。——编者注

2 Malplaquet and Borodino，俄国村庄，1812 年拿破仑在此打败俄国军队。——译者注

* * *

英格兰政府的原始财政制度经受不住欧洲战争的沉重负担。在查理二世时代，英格兰由于经济拮据被迫在外交方面居于次要的、甚至不光彩的地位。如今威廉三世在大陆的冒险活动迫使英格兰政治家重建信贷和财政制度。

东山再起的辉格党组成的第一届战时政府中，查尔斯·蒙塔古[1]是一流的财政专家，他解决了重大的财政困难。在大陆作战的英军因此能够及时领到军饷。但是，黄金储备在急剧减少，财政官员担心财政会彻底崩溃。最重要的一步是要建立全国性的信贷机构。荷兰人在多年以前就有了国家银行，它同政府紧密合作。由于英荷两国关系密切，辉格党人自然重视荷兰人的经验。1694 年，出任财政大臣的蒙塔古和苏格兰银行家威廉·佩特森一起创办了私营财团性质的英格兰银行。这个机构坚持私人企业的道路，采取联合股份公司的方式，同时和政府进行合作，为政府提供必要的资金。

蒙塔古并不满足于此，他在哲学家约翰·洛克[2]和财政部官员威廉·朗兹的帮助下，计划重铸货币。不出两年，他便实现了这个计划。正因这一稳定的财政制度，英格兰后来不仅能够担负威廉战争的负担，还经受住了西班牙王位之争的长期考验。这大概是辉格党人最卓著的政绩之一。

1694 年底，玛丽女王突染天花，于 12 月 28 日病故。她没有同妹妹安妮公主和解。她受到臣民的哀悼，也为威廉国王永远怀念。在此之前，人们自然地以为玛丽会比她丈夫长寿得多，因为疾病、战争和各种阴谋吞噬着后

1 Charles Montagu（1661—1715），第一代哈利法克斯伯爵（Earl of Halifax），于 17 世纪末 18 世纪初两次担任英国财政大臣，辉格党领导人。曾制定英国政府借贷制度，建立国债制度，并创办英格兰银行。——编者注

2 John Locke（1632—1704），英国哲学家、著名启蒙思想家，其代表作《政府论》为政治哲学经典著作。——编者注

者脆弱而性情暴躁的生命。倘若果真如此，那么一位信奉新教的英格兰女王便可独揽政缰了。现在事出所料，王冠落在威廉一人的头上，在他死后必然传给安妮。这种形势扭转了安妮公主的地位，她的忠实朋友和支持者、坚定不移的丘吉尔夫妇的地位也随之改变。从玛丽女王停止呼吸的那一刻起，马尔博罗同威廉的利害冲突便烟消云散了，他支持威廉坚决打垮强敌法国的主张，完全赞成威廉的外交政策。威廉和安妮正式实现和解。马尔博罗又闲居了四年，不担任军政职务。但是他具有惊人的耐心和对形势发展的远见卓识，此时出来坚决支持威廉。

1695 年，威廉国王仅取得一次胜利，如虎口拔牙一般从法军手中收复了那慕尔。这次胜利之后，已经持续七年的战争便在 1696 年不了了之。素有海上强国之称的英荷两国以及德意志成功地保卫了自己，此时也生厌战之感。西班牙好战，然而力不从心。只有哈布斯堡王朝的利奥波德皇帝望着即将空缺的西班牙王位垂涎欲滴，迫切希望保持反法联盟。“强大联盟”[1] 开始瓦解，路易十四早已感到四面出击的沉重压力，也希望和平。威廉无力阻止敌友双方的和平倾向，他认为问题尚未解决，希望继续进行战争，无奈他不能孤军作战。

*　　　*　　　*

《赖斯韦克条约》（*Treaty of Ryswick*）标志着这场世界性战争第一阶段的结束。实际上，这次停战只是休战，但它可能导致永久性和平。威廉和路易互相表示了崇高的敬意。欧洲暂时可以团结一致地抵御土耳其人的侵犯。许多人宽慰地认为，由于《赖斯韦克条约》，反对法国独大的斗争会使各方力量实现平衡，可是托利党人及其盟友破坏了这一前景。为了实现永久和平，英

1　Grand Alliance，即英荷主导下的反法联盟，意在防止法国势力扩张。——译者注

格兰必须强大和充分武装起来，必须能够以对等的力量对抗路易。然而托利党人强烈反对介入欧洲事务。下议院[1]对税收不满，对各种限制也感到不耐烦，便发起了紧缩开支和裁军运动。战争的压力一旦缓和，他们便一心要解散军队。停战时，英格兰有 8.7 万正规军。威廉以为，要保证国家的安全和利益，至少需要 3 万军队和大批军官，他的大臣们只敢要求保留 1 万军队，而下议院则批准保留 7000 人。海军也受到裁减，只是裁减的幅度小一些。军官和士兵流落街头，或者到乡村胡作非为。英格兰已经作出极大的牺牲，表现出罕见的力量和勇气，后来却变得虚弱而缺乏远见，逐渐衰落下来。假如它再稍做努力，即使不能战胜别国，至少能稳固现有地位。

威廉统治时期在政治方面出现的明显混乱状态，主要是他不愿意依靠两大政党中任何一党的结果。他希望组成全国反法联盟，而不愿在宪法上受任何一方的限制。数月之后，铁的事实使他意识到，辉格党和托利党对大陆战争各持己见。人们比较熟悉的英国政治格局也开始出现。辉格党人对法国人在欧洲侵略扩张的威胁非常敏感，他们懂得这场斗争的严重性。他们对待威廉缺乏策略，也不够尊重，可是在许多情况下却准备建立一个有效的战时政府。另一方面，托利党人反对英格兰卷入欧洲事务，赞成人民向来采取的孤立主义态度。在威廉统治时期的政治斗争中，两党处于交替占优势的状态，辉格党领导了两三年的战争，然后托利党利用复苏的反战情绪卷土重来。以土地税提供大部分军费的地主阶级则必然反对主战政府。战争的成果很快付诸东流。英格兰银行的建立引发这个阶级的质疑，他们预见到，这个银行必将成为商业阶级中争夺政治影响的主要竞争者。商业阶级的强大信贷机构已经提高了它的地位。英格兰银行是辉格党建立的，它为政府提供贷款，从战争中攫取利润。它是一个令人羡慕的机构。1697 年，辉格党政府的注意力从

1 House of Commons，英国议会两院之一，创建于 14 世纪，在历史上，下议院的权力曾远小于上议院，如今下议院在两院中占主导地位。议员由每个选区的选民选出，议员当选后在议会代表该选区。——编者注

行政事务中转移到这方面来。正因如此，托利党的新星罗伯特·哈利在下议院赢得了权力和地位。

罗伯特·哈利是卓尔不群之人。他出生在一个清教徒的家庭里，受到清教徒式的教养，早年是辉格党人和不信奉国教者，不久便成为一个深知国会策略和程序的大师。可以肯定，他懂得“延长”议会辩论、使问题“复杂化”和利用社会呼声的艺术。在反对宫廷的斗争中，他逐渐从辉格党转向托利党，由不信奉国教者变为高教派教徒，因而最终成为托利党在教会和政府内的主要代表。1698 年，他开始成为托利党人在下议院的实际领袖，是他领导了不顾后果的裁军运动，也是他力图以托利党的土地银行代替辉格党的英格兰银行。同时，他希望有朝一日能够超越议会斗争，跻身于军事和外交的国际舞台。哈利得到爱德华·西摩爵士的支持，后者是当时的超级“伪君子”（sham good-fellow），是康沃尔郡和西部的托利党强大势力的领袖。在上议院，哈利得到诺丁汉和罗切斯特伯爵的支持。这四个人利用了托利党时常产生的卑鄙情绪。他们赶走久经沙场的老兵和胡格诺教派[1]的忠实军官，使之陷入贫穷的境地。他们强迫威廉遣返荷兰近卫军，并且不遗余力地削弱和破坏英格兰的力量。他们以和平、节俭和孤立的名义，为恢复更加可怕的战争打下了基础。他们的行动成为近代效法的先例。托利党人在 1696 年至 1699 年之间的行为同他们在 1932 年至 1937 年之间的行为极其相似，历史在重演。在这两段时期内，符合党派需要的鼠目寸光的观点损害了国家利益，破坏了政府的政策，为战争的重启埋下灾难性伏笔。在托利党的历史上，这些卑鄙行为的重现抵消了它为英格兰民族作出的重大贡献和它的高尚情操[2]。

*　　　*　　　*

1　Huguenot，16 世纪兴起于法国，为基督教新教加尔文宗分支，在政治上反对君主专制。——编者注

2　写于 1939 年初。——原注

一股令人失望的孤立主义浪潮冲击着英格兰统治阶级，将威廉劈头盖脸地压入政治谷底，所以他打算退位返回荷兰。他保持了英格兰人的宗教信仰和制度，将他们置于欧洲民族之林的顶峰。现在他要抛弃这个可憎而难以驾驭的民族了。他要装出不屑一顾的神情对待英格兰人的仇外情绪，而这种情绪是难以克服的。然而，如果我们回顾一下他在执政初期常常处事不周、行为不当和待人不公，回顾一下他对荷兰人的偏私，对英格兰军官的不公以及对英格兰臣民的反感，我们便会感到，责任并不完全在某一方。威廉目前的痛苦是在偿还他的旧债。至于英格兰人，他们想补救自己在艰苦的努力和血泊中干下的蠢事，这合乎常理，只是为时尚早。

威廉在困境中再次谋求马尔博罗的帮助，未来似乎早已在很大程度上寄托在后者肩上。威廉的生命和力量都在走下坡路，安妮必将继承王位，而马尔博罗则必然成为实际统治者。马尔博罗静待这一时机的到来。威廉逐渐消除了对马尔博罗的敌意，这种敌意本来非常强烈，他有一次甚至说，如果他是一个普通人，他和马尔博罗只有通过决斗才能解决分歧。二人的和解还有其他原因。威廉国王对年轻的荷兰朝臣凯佩尔深有好感，几年之内把他从一个小侍从提升为政府要人，不久前又封他为阿尔比马尔伯爵。他们二人颇有相似之处——秉性正直、敏锐过人。威廉膝下无子，孑然一身，因而格外厚爱凯佩尔，视之如养子。凯佩尔同马尔博罗关系融洽，为他同威廉的和解曾助一臂之力。安妮公主唯一活下来的儿子格洛斯特公爵年仅九岁，人们认为应该给这位未来的王储找一位有能力而又有地位的监护人。1698 年夏天，威廉请马尔博罗担任小王子的监护人，他说："先生，请你教导他，以你的才能，我的外甥不会无所作为的。"同时，马尔博罗恢复了军内职务并且重返枢密院。

长期的坚冰已经打破，威廉在逆境中从马尔博罗平和、务实而灵活的性格中得到了慰藉。1698 年 7 月，马尔博罗受命为最高法院的九名大法官之一，在威廉离开英格兰期间代行君权。从此，威廉似乎越来越依靠马尔博罗，而在以往那些困难重重的年代里，正是他自己拒绝了马尔博罗的帮助。他在战争中对这位军人不予理睬，在和平时期反而加以重用。马尔博罗年轻时在军事上郁郁不得志，而在威廉统治的末年却成为举足轻重的政治家。他在多方辅佐国王的同时，小心翼翼地保持对托利党的控制，因为他知道，托利党尽管有许多丑恶之处，但毕竟是英格兰最强大的一股力量，代表着英格兰民族的某些特性。他也知道，如果没有托利党的支持，任何外交政策都无法得到有效的贯彻。他不想只依靠国王的恩宠。安妮公主也是积极的托利党人和虔诚的教徒。在威廉统治的最后几年里，马尔博罗就这样一方面同威廉保持友好关系，另一方面又同那些国王厌恶的托利党人来往密切。更主要的是，他支持威廉为了防止不适当的裁军而作的努力，并带领上议院为此而进行斗争。1700 年，年幼的格洛斯特公爵得了流行一时的天花，不幸夭折，马尔博罗因而失去了监护人的职务。不过他继续同西德尼·戈多尔芬保持着最密切的关系，仍然是政治斗争中的核心人物。

英格兰和苏格兰的王位此时没有直系的新教继承人，于是一项《王位继承法》（*Act of Settlement*）公诸于世，宣布威廉和安妮的继承人应该出自汉诺威家族。这个家族是詹姆斯一世活泼迷人的女儿、在位时间很短的波希米亚王后的后代。《王位继承法》规定，以后英格兰国王必须是国教徒；生在外国的国王未经国会批准，不得发动大陆战争；未经许可国王不准出国；外国人不得进入国会和枢密院。英格兰人把对威廉三世的不满以这种法律形式记录了下来。国会采取措施，使汉诺威家族比以前受到更严格的限制，同时它也想尽办法使王位在新教徒中间世代传袭。

第三章 CHAPTER 3

西班牙王位之争

西班牙王位战争爆发之时，双方都不愿大动干戈，这是战争史上尚未出现过的现象。欧洲已经筋疲力尽，它的幻想也已经破灭。威廉和路易十四之间建立起新关系，反映出“海上强国”[1]和法国人民的衷心愿望。但在他们和欧洲其他国家人民的头上，笼罩着西班牙国王行将驾崩的乌云，这片阴云迟迟不散、越压越低，令人深感畏惧。威廉十分清楚自己的力量虚弱，他知道，没有任何事情能够令英格兰再度参战，而荷兰一旦失去英格兰的帮助，便注定要屈服于别国的铁蹄之下。于是他采取了瓜分西班牙帝国的策略。彼时的西班牙帝国包括尼德兰南部、意大利的大部分和新大陆的大片地区。有三方要求继承西班牙王位。

第一方是法国，或者由皇太子继位，或者在法西两国王位不能合并的情况下由皇太子的次子安茹公爵继位。第二者是神圣罗马帝国皇帝，他极力争夺继承权，但愿意把他的权利让给他第二个妻子所生的次子查理大

1 Maritime Powers，即当时的英国和荷兰。——编者注

公。第三者是神圣罗马帝国皇帝第一次婚姻所生的孙子巴伐利亚选帝侯。1698 年 9 月 24 日签订了新的《瓜分条约》(*Treaty of Partition*)，其要旨是把西班牙帝国的大部分地区划给力量最弱的继承人，哪怕他没有最充分的权利。路易十四和威廉三世保证承认巴伐利亚选帝侯为西班牙国王查理二世的继承人，并建议对法国皇太子给予大量补偿。路易和威廉商讨的这个计划遭到神圣罗马帝国皇帝的强烈反对，它公诸社会以后，在西班牙也引起强烈的反响。西班牙人主要关心的是本国领土的完整，至于哪个君主统治他们，则是次要的问题。这场长期的斗争结束时，他们的态度发生了 180 度的大转变，这是后话。目前，他们的唯一目标是维护西班牙帝国的完整。然而，看来路易和威廉能够镇压一切反抗力量，以强制手段实现他们的决定。

这时候，一个惊人的事件发生了。《瓜分条约》已于 1698 年 9 月在荷兰洛城堡威廉的宫殿里签订。1699 年 2 月，辽阔版图的继承人巴伐利亚选帝侯，在几大强国决定把最诱人的奖品放在他那胖胖的手上时，不幸猝然逝世。他为何在此时死去，以及怎么死的，这两个问题引起人们的重大怀疑。事实无情地摆在世人面前，复杂而危险的谈判又得从头开始。经过一番努力，威廉和路易在 1699 年 6 月 11 日签署了第二个《瓜分条约》，确定查理大公为王位继承人。他可以继承西班牙本土、它的海外殖民地和比利时，但是有一个条件，这些地方永远不得同神圣罗马帝国合并。法国皇太子将得到那不勒斯、西西里、米兰和意大利的其他地区。

没有子女的西班牙国王此时已如风前残烛，寿数将尽。他的畸形身体久染沉疴，心灵也备受折磨。他以为自己中了魔。他的唯一慰藉是病态地憧憬着死后的情景。全国民众惴惴不安地注视着他的微弱脉搏和日益加深的怪癖。他在死亡线上已经挣扎了 30 年，等待他死亡的欧洲著名政治家们则相继消失在漫漫长夜之中。查理的痛苦已到尽头，但是在他即将辞世的病体中、糊涂的头脑中和迷信的灵魂中，闪耀着必须保持西班牙帝国统一的伟大思想。他在弥留之际郑重宣布，他的辽阔领土必须完整无缺地传给下一任国王，而且只传给一个国王。各个对立的利益集团争先恐后地接近他的病榻。后来，他接受劝告，签署了一份遗嘱，将王位传给安茹公爵。这是10月7日的事情。信使快马加鞭，将这个消息从埃斯科里亚尔迅速送到凡尔赛。11月1日，查理二世驾崩。

路易十四此时处于法国历史的一个重要转折点。他是应该否定这份遗嘱、维护《瓜分条约》而同英荷两国一起将条约付诸实施，还是应该废除条约、赞同遗嘱而以武力保护孙子的继承权呢？英格兰会反对他吗？除了坚定的信仰和墨迹未干的庄严条约以外，这次选择同许多重大抉择一样，利弊参半。神圣罗马帝国皇帝拒绝赞成第二个《瓜分条约》。这样一来，条约能发生效力吗？路易踌躇不决，难以作出判断。他于11月8日在德曼泰农王后的宫中召开会议，会上决定否定条约，赞同遗嘱。11月16日，凡尔赛宫上演了著名一幕。路易十四在早餐时将西班牙大使介绍给安茹公爵，并对前者说："你可以尊他为国王。"西班牙大使以众人皆知的轻率态度说道："比利牛斯山上的事情不会重演了。"[1]

在这种情况下，威廉感到必须承认安茹公爵为西班牙国王腓力五世。下议院议员们的思想仍然远远脱离欧洲的现实，辉格党和托利党都不相信他们会被迫参加同他们的决定相抵触的战争，更不相信他们的决定会发生改变。他们刚刚裁减了英格兰军队。路易十四向他们保证说，他对自己的权力已经心满意足，决不以损害孙子的利益来扩大自己的权力。他们急切地相信这一诺言。波旁王朝的一位王子将成为西班牙国王，但也将完全独立于法国。下议院被这个宽厚的诺言所迷惑，认为查理二世的遗嘱比任何一份《瓜分条约》更为可取。托利党人的怒气也正是集中在被取代的《瓜分条约》上。他们不仅指责条约本身不合时宜，是对朋友的背叛；他们还指出，秘密

1　古代比利牛斯山上有个隶属于西班牙的纳瓦拉王国，后被法国吞并，西班牙大使此处借古讽今。——译者注

进行谈判和签署条约的做法违背了宪法。托利党人甚至企图弹劾与此有关的大臣。

*　　*　　*

一连串不测事件从外部打击了盲目满足的英国政界。从英国的邮袋中发现了梅尔福特（詹姆斯二世在圣日耳曼流亡政府的国务大臣）发出的一封信，信中透露法国人为了詹姆斯二世的事业即将入侵英格兰的计划。威廉急忙把这封信作为背信弃义的证据交给国会。同时国会也开始意识到，法国国王关于法国王位和西班牙王位分立的态度和措辞至少是模棱两可的。看来，西班牙人此时已把向南美洲输送黑奴的权利让给一家法国公司，这个举动虽然无损于英国船主的自尊心，但对他们多少有些影响。人们明显地看到，英国在地中海的贸易受到威胁。全英格兰都意识到，法国和西班牙的王位实际上已经合二为一，而法西两国在合法的幌子下采取的一次重大军事行动则是两国王位合并的明证。

腓力五世在马德里加冕，西属荷兰地区为他的登基而欢欣鼓舞。比利时境内有许多要塞，根据条约规定由荷兰人驻守，它们是法国人侵略荷兰的主要障碍。路易决定攻陷这些要塞。1701 年 2 月，强大的法军直抵比利时的各个城市，西班牙军官开城欢迎他们。有人极力辩解说，法军来此只是为了保护“笃信天主教的国王陛下”（His Most Catholic Majesty）之属地。荷兰驻军慑于法军之雄威，龟缩在据点之内，不敢出来应战。在数星期内，安特卫普、蒙斯、那慕尔（威廉国王唯一的著名征服地）、洛村、文洛和 12 个次要的堡垒相继落入路易十四之手，法军不费一枪一弹，便轻而易举地占领了这些要塞和堡垒。列日、于伊及其附近的城镇也由于它们的统治者列日主教追随法国而落入法王之手。战争期间进行抵抗的堡垒在一月之内丧失殆尽。可是在战争中，丢失或夺取其中的任何一个堡垒都会被吹嘘为激战的结果。1689 年结成的“强大联盟”在七年战争[1]期间保卫的整个荷兰地区，犹如复活节的残雪一般迅速融化了。

我们自己也曾目睹英国人遭受同样可怕的损失，因为他们当时受绥靖思潮的影响，对欧洲事务漠不关心。1701 年的变化突如其来，欧洲作出了反应，英格兰终于受到震动。军人再次武装起来，不久前解散的军队和受到轻视并被遣散回家的军官又能一显身手。当战鼓重鸣之时，扬扬自得的商人和诡计多端的政客又开始依靠不久前备受他们辱骂和压制的军人。初夏，辉格党感到自己得到日益高涨的民族情绪的支持。肯特郡的自耕农向下议院请愿，要求拨款，使国王能够及时援助盟国。下议院将这些绅士逮捕入狱。这个行动表明，国会有时同国王一样专横。但是，来自法国的威胁日益明显。在他们打算安居的海岛附近，英格兰人听见炮声隆隆。下议院在 6 月份授权国王寻找盟友，无论如何要派一万军队前往荷兰。威廉发现形势变得对他有利。到了年中，他在英荷两国的反对派，即英国下议院的托利党多数和阿姆斯特丹强大的市民阶层，一致要求他采取“他认为维护欧洲和平所必需的”一切措施，也就是说，要求他发动战争。

形势发展要求威廉和马尔博罗联合起来，同心协力，建立平等的伙伴关系。当威廉知道自己可以再次运用英格兰武力的时候，他又哀叹自己已经无力指挥军队了。对双方来说，如今不是三心二意或者重提旧怨的时候。现在必须有一个人继续挑起重担。威廉心中有数，只有一人能当此重任。5 月 31 日，威廉宣布马尔博罗为驻荷英军总司令，6 月份又任命他担任驻荷兰联省共和国特使，并授权他在必要的情况下可以不请示国王和国会单独缔结条约。这两位军事政治家之间的争吵和误解曾经毁掉或丧失了大好时机，但他们此刻终于团结起来了。亡羊补牢，为时未晚。缔造“强大联盟”的活动开始了。

---

1 Seven Years War(1756—1763)，发生在英国—普鲁士联盟与法国—奥地利联盟之间的战争，持续时间长达七年，故称七年战争，双方伤亡惨重，影响范围极广。这场战争本质为欧洲列强之间的对抗。——编者注

*　　　*　　　*

在这一触即发的死寂气氛中，一道闪电给不列颠带来了惊雷。1701 年 9 月 16 日，詹姆斯二世去世。路易到圣日耳曼瞻仰了他的遗容，向他的影子内阁宣布承认他的儿子为英格兰国王，并将永远维护其权利。路易立即对这一行动所引起的后果感到震惊。英格兰全国作出强烈的反应，认为这一行动侵犯了他们的独立地位。《王位继承法》已经就王位继承问题作出明确的规定。《赖斯韦克条约》根据正式条文和君子协定规定，路易有义务承认并且不侵犯威廉三世的国王地位。英格兰的国内法律被法国暴君的无礼行为所破坏，英格兰根据《赖斯韦克条约》应该享受的权利由于法国国王背信弃义而受到侵犯。辉格党和托利党在国会中争相表示反对这种侵犯行为。全国上下坚决主张发动战争。马尔博罗在摸清国会的态度之后草签的一些条约得到批准，国会还拨给国王大笔军费。威廉国王同法国断绝了外交关系。另一方面，神圣罗马帝国皇帝早已对法开战，麾下名将萨沃伊尤金亲王正在意大利北部作战。

可是威廉此时不听马尔博罗的劝告，错误地解散了国会。他情不自禁地企图把那些在形势面前不知所措的托利党人拖到选民面前接受“审判”，他希望辉格党获得多数。尽管托利党决策失误，也失去了自信，但他们进行了顽强的抵抗。他们虽有不太光彩的历史，然而仍能以四票的多数优势使哈利重返新国会议长的席位。他们原谅了自己的错误，却永远不能原谅国王。国王曾对托利党施用诡计，而这条诡计已经失败。他们一方面盼望威廉国王早日归天，另一方面又和辉格党一起支持国王发动的战争。大选后的局势虽然有所变化，而马尔博罗继续牢握英国的外交政策走向，准备同法国进行较量的军备活动和外交攻势都取得了进展。

威廉发动的七年战争使一些人垂头丧气，在他们看来，此时组成第二次“强大联盟”无疑是冒险之举。法国一枪不发就占领了曾激烈争夺的所有要塞和地区。世界上疆域最辽阔的帝国退出联盟，站到了敌方。西班牙改变了立场，跟着它转变的不仅有印度群岛、南美洲和意大利的大部分地区，还有欧洲的“机舱”（Cockpit）比利时和卢森堡。叛变的萨沃伊仍然站在法国一边，虽然它最伟大的统治者是一位奥地利将军。科隆大教区成为法国的盟友，上次战争中并肩作战的巴伐利亚也将在新的斗争中继续与法国为友。英荷两个“海上强国”在国外几乎无一友好的港口，新大陆除北方之外均成为它们的禁区，地中海实际上变成了法国内湖。普利茅斯以南的设防港口一律不对英国和荷兰的船只开放。这两个国家的舰队比敌方强大，然而它们没有中途基地，无法进入地中海。

在（欧洲）大陆，荷兰边境要塞被法国人尽数占领，它们不再是保护荷兰的屏障，而是法国人进一步入侵的跳板。占领科隆和特里夫斯以后，路易十四成为默兹河流域和莱茵河下游的主人。他控制着英吉利海峡沿岸的所有港口，在那慕尔经安特卫普到海边一线构筑了阵地。路易十四在冬季所做的准备，暴露了他将在春天沿着 1672 年的路线再次入侵荷兰的企图，那一年他几乎征服荷兰。法国人占领的荷兰要塞里枪炮林立，兵多粮足。这预示着一场进攻即将开始。荷兰人龟缩在洪水环绕的地区内和残余的堡垒里。由于巴伐利亚转向法国一边，哈布斯堡王朝统治的核心地带因而暴露在法国入侵的威胁之下。匈牙利人发动叛乱，反对奥地利的统治。土耳其人再次进犯。在西班牙王位战争开始时，路易十四在土地、人口以及在陆地和海上的战备方面，要比签订《赖斯韦克条约》时强大一倍。甚至教皇也改变了立场。教皇克莱门特十一世放弃了英诺森十一世的政策，开始支持法王及其大军。正是英格兰人的派系斗争和反复无常的态度招致了上述危险局面。

此时，死神光顾了威廉国王。“一个穿着黑天鹅绒衣服的小绅士”，即许多狂热的詹姆斯二世党人祝酒时多次提到的英雄[1]，开始侵扰威廉的命运。

1 此处指死神。——译者注

1702年2月20日，威廉骑着他心爱的骏马索雷尔在汉普顿宫周边花园里奔驰，索雷尔被鼹鼠新打的地洞绊倒，威廉跌下马背，摔断了锁骨。此次骨折本来不打紧，可是他身体虚弱，这次受伤犹如打开了大门，伺机进攻的敌人蜂拥而入，并发症出现了。两个星期以后，威廉和所有见过他的人都相信，他离死期已经不远了。他在生命的最后一息还在处理政务。当死神逼近时，对即将开幕的世界大戏的关注使他的头脑格外清醒。他竭尽全力树立起奋斗目标，建立了反法联盟，如今即将与之长辞，眷恋之余，不胜悲怆。他知道，英格兰的新国王和政府一定会继承他为之奋斗的事业。他也发现了一位能担重任的合适人选，不管在战争方面还是在决策方面，不管在英格兰党派的纠纷中，还是在错综复杂的欧洲外交斗争中，抑或在形势危急的战场上，此人均能不负所托。威廉早已深思熟虑，准备把权力交给维护新教信仰和欧洲自由的一位新旗手。他在执政的最后几年里，已经把马尔博罗同他的机构和政策紧密地结合在一起。在弥留之际，他把马尔博罗作为主持枢密院和统率军队的最佳人选推荐给继承人安妮公主。威廉终年52岁，在艰苦卓绝的斗争中耗尽了毕生的精力。同龄的马尔博罗面对敌人的绝对优势开始了十年辉煌征程，连连取胜，把不列颠民族在世界上的地位提升到了前所未有的高度。

第四章 CHAPTER 4

马尔博罗：布莱尼姆与拉米伊之役

人们认为安妮女王统治时期是英格兰空前强盛的时代，这种看法是正确的。马尔博罗的军事天才不同凡响，他为女王献策时能够深谋远虑，这使日益强大的英国对欧洲产生了重要的影响。安妮身边的人相互建立的长期友谊，在英格兰有史以来最小而最有效的统治集团中得到了充分的展现。萨拉左右着安妮女王，马尔博罗指挥着战争，戈多尔芬控制着国会。在战果辉煌的五年里，安妮满怀喜悦和信任的心情依赖这批能臣。如同在克伦威尔时代一样，英格兰全力争取世界的领导权，不过它现在拥有比克伦威尔时代更雄厚、更强大的力量。

精明能干是当时英国统治阶级的宝贵财富。在贵族和乡绅当中，有许多才华出众、精力过人的杰出人物。能够胜任国家军政职务的精明干练、精力充沛、敢作敢为、抱负远大的人物超过所需两三倍。安妮时代也是英国文学的黄金时代，艾迪生、笛福、蒲柏、斯蒂尔、斯威夫特[1]的名字至今仍在闪

---

1 Jonathan Swift（1667—1745），18 世纪爱尔兰杰出的政论家和讽刺小说家，曾在英国工作生活多年，为启蒙运动时期重要作家之一。其代表作为《格列佛游记》。——编者注

光，大量的小说、诗歌和小册子纷纷问世。艺术和科学也获得长足发展。查理二世统治时期成立的皇家学会的工作结出丰硕的果实。牛顿爵士在数学、物理学和天文学方面完成了始于文艺复兴的思想革命。雷恩在建筑学方面取得了重大成就，范布勒[1]则树起了不朽的丰碑。

各派的冲突一直非常激烈，前些年的宗教热情此刻已经投入政治斗争的各个方面。党派之争从来没有如此激烈和不择手段。个人和党派都清楚地意识到自己的使命和良机，他们为了控制或加入政府进行着殊死斗争。他们在斗争中不遗余力，但在安妮统治初期，他们都抱着打败法国的共同目标。这绝非轻而易举之事，因为当时英格兰只有 500 万人口，而“伟大国王”统治的强大法国有将近 2000 万人口。更重要的是，英格兰在威廉国王进行的战争中损失惨重，收获甚微，而路易十四是胜利者，无限的霸权似乎唾手可得。不过他此刻即将失败，蒙受耻辱。安妮统治的末年主要陷入对他要强加何种条件的争论之中。

1702 年 3 月安妮即位的时候，面临着与此迥然不同的形势。当她身穿朝服，佩戴皇家徽章出现在国会的时候，不禁使人想起伊丽莎白女王。她说：“我知道，我自己的感情完全是英国人的感情。”她在各项国策方面均听取马尔博罗的意见。在她执政初期，马尔博罗不仅是主要的顾问，而且可以说是唯一的顾问。两大政党都敬佩马尔博罗的才能，他超脱于两党斗争之上。军队里普遍认为，一旦他大权在握，他就会坚决推行威廉三世国王的新教政策和好战政策。克伦威尔和清教徒的信念在英格兰民族中仍有强烈的影响，这种影响加强了爱国主义倾向和民族感情。安妮登基伊始，就受到衷心的爱戴和拥护，这是她长期耐心等待的“艳阳天”（Sunshine day）。

安妮任命马尔博罗为国内外军队的总司令。他受权之后立即采取行动。

1　John Vanbrugh（1664—1726），英国文艺复兴时期建筑师、喜剧作家，其设计的布莱尼姆宫 (Blenheim Palace) 为历代马尔博罗公爵府第，也是英国巴洛克风格代表建筑。——编者注

安妮于3月8日接见了枢密院官员，紧接着马尔博罗就通知神圣罗马帝国大使符拉蒂斯劳说，女王同已故的威廉国王一样，将始终不渝地维护神圣罗马帝国皇帝的利益。当天夜晚，他还致信荷兰总理安东·海因修斯，以安妮女王的名义保证坚决作战，遵守英荷条约。接着，他抽空乘船前往海牙。

这时正是荷兰共和国[1]的伟大时代。这个由七省组成的共和国在西班牙宗教迫害的烈火中诞生，在同法国的陆战和英国的海战中锻炼成长，如今已成为欧洲的一支重要力量。威廉三世的逝世震撼了整个荷兰统治集团。他没有为奥朗日家族留下直系继承人，否则，各省一定会拥戴他的继承人为荷兰共和国最高行政长官。如今谁来指挥他的军队同正在集结的敌人作战呢？谁来维护"海上强国"的共同事业呢？伯内特主教有一段关于议会情况的记载："他们一接到国王离世的噩耗，便立即聚到一起，愕然相顾。他们互相拥抱，保证要团结一致，共同维护国家利益。"威廉的死讯刚刚传来，马尔博罗的信就到了。

不久，马尔博罗也来到荷兰。他曾经根据威廉国王的旨意为建立"强大联盟"所需要的一系列协定进行过谈判。他同荷兰各方势力均有联系，因而很快便使大小各省和常常冲突的利益集团同心协力、团结一致。这种局面是威廉国王的权威未曾促成过。

安妮女王希望她的丈夫乔治亲王成为"海上强国"的联军总司令，一些荷兰人则希望由荷兰军官指挥他们的军队，可是一切大权都落入马尔博罗之手。荷兰最高行政长官和总司令职位暂时搁置，马尔博罗被任命为荷兰的代理总司令，因而成为西方两个强国的最高军事统帅。在这种情况下，不久前成为独立王国的普鲁士和莱茵河流域的德意志诸邦迅速同英荷两国联合起来。尽管马尔博罗拥有最高的头衔，博得普遍的敬仰，可他每次确立自己的

1 Dutch Republic，即尼德兰联省共和国（1581—1795），曾存在于今荷兰及比利时北部地区（佛兰德区）的一个国家。——编者注

权力之时都要进行十分耐心的说服工作。他从来不像拿破仑那样下达不容争议的绝对命令，而是采取任何行动几乎都要征得目标不一或互相冲突的利益集团的同意，要取得优势地位就必须采取种种巧妙的手段。而且，他从来就不是伦敦政府的首脑。能力出众的财政大臣戈多尔芬担负着首相的许多职责，马尔博罗和他进行密切协调的合作，可是在制订计划时，他们不得不考虑到英国党派可能对威斯敏斯特宫施加的压力和国内显贵的强大势力。他们从未获得绝对权力，每迈出一步都要格外小心。马尔博罗以他的军事天才驰名欧洲，但他从未成为一支大军的统帅。如今必须受他指挥的十几名荷兰和德意志将军，在不久以前的战争中积累了更加丰富的作战经验。神圣罗马帝国的尤金将军正在指挥意大利战役，他成为联军名将的百花之魁。

* * *

1702年，路易十四决定派遣他的王牌军进攻荷兰。他知道威廉国王的离世使荷兰共和国陷入动荡不安的分裂状态之中。他相信，荷兰同英格兰的关系至少因此受到了严重的影响。他指望英荷两国出现疑惑不定和中断联系的时期，因为在此种情况下，如果法国采取适当的军事行动，就有可能粉碎荷兰共和国，吓退英国人。路易十四认为马尔博罗作为宫廷的宠信虽然精明能干，忙于策划阴谋，但他的权势完全是女王钟爱他妻子的结果。于是，适合作战的季节一到，法军统帅部便毫不犹豫地把大部分军队调到离内伊梅根不到20英里[1]的默兹河和莱茵河之间的地方。

马尔博罗于5月率军向内伊梅根挺进。他发现联军普遍士气低落，将军们互相猜忌。经过他的一番整饬，面貌焕然一新。荷兰的副司令们对军队的行动有否决权，大敌当前，他们同意迎击敌人。马尔博罗在皮尔一带石南丛

1 1英里约合1.6千米。——编者注

生的荒地受阻，失去了利用优势进行决战的机会，然而法国人很快陷入守势。经过此次辉煌战役，这位新任总司令收复了默兹河一线的全部堡垒，整个河道畅通无阻。过去威廉国王作出了勇敢而徒劳的努力，而此时马尔博罗则看到了联军迅速挺进的壮观场面。原来咄咄紧逼的法国人此时茫然失措，犹豫不定，终于开始撤退。在攻占列日之后，马尔博罗在默兹河上有幸躲过敌人的伏击，回到了海牙，受到荷兰人的热烈欢迎。他回到英格兰以后，马上受封为公爵。在战争的第一年里，形势对联军不利，"强大联盟"似乎就要解体，但不久战局便转危为安，坚定的态度和胜利的希望使联盟又得以巩固。

英格兰在1702年的另一次军事行动，是派海军进攻加的斯港。威廉三世早已认识到地中海及其入口处的港口对英格兰的重要性。由于法国人野心勃勃，英格兰同勒旺岛的贸易受到严重威胁，一个法国人[1]继承西班牙王位也使英格兰的贸易利益受到危害。7月底，一支强大的舰队在奥蒙德公爵和舰队司令乔治·鲁克爵士的指挥下，运载大批陆军向加的斯港驶去。两位指挥官在临近港口时不敢贸然发动袭击，而是采取了似乎比较保险的打法。他们派部队登陆夺取岸边要塞，开始了无序而费时的争夺战。英军肆意抢劫，亵渎神明，西班牙各地对这种暴行愤慨异常。港口加强了防御，入口处设置了水栅，有些英国船只被敌方击沉。一个月以后，英军指挥官决定收兵回国。

他们得到一笔意外横财，减轻了这次失败的耻辱。正当鲁克和奥蒙德气急败坏、互相指责、郁郁不乐地返航时，突然接到一份报告，说来自印度群岛的一些西班牙运宝船载着亿万财宝进了维哥湾。他们马上兴奋地召开军事会议，决定袭击这个港口。黄金的引诱和加的斯受挫的耻辱刺激着指挥官们，他们派出勇敢的部下。这些部下疯狂地投入战斗，在日落时分攻克了维哥湾，敌人的船只统统被击沉、烧毁或俘获。战斗之前，船上的财宝已经用牲口从陆上仓促运走，不过还是剩下100万英镑。胜利者得到这批财宝，足

---

1 即法王路易十四的孙子腓力五世安茹公爵，他继承了西班牙王位，开始波旁王朝在西班牙的统治。——编者注

以填补国库，平息国会的不满。然而，鲁克和奥蒙德指挥加的斯战役的细节仍然受到详细调查。马尔博罗曾经赞同这次远征，希望夺取加的斯港，把它作为进入地中海和夺取米诺卡岛的跳板，此时他只好出来保护受到怀疑的两位指挥官。假如他们在加的斯表现出在维哥湾战斗中的一半勇气，那么“海上强国”在 1703 年便会成为地中海的主人了。

*　　　*　　　*

托利党的兴盛时代似乎随着安妮女王的即位而开始了。威廉国王任用的辉格党大臣全部下台。在戈多尔芬的政府中，女王的叔叔罗切斯特和威廉国王的托利党大臣诺丁汉发挥了重要的作用。但是安妮统治时期一开始，同戈多尔芬休戚与共的马尔博罗便和他们的托利党同僚发生了严重分歧。托利党历来认为，英国不应奢望在欧洲大陆的斗争中取得主导地位，她的正确方针应该是以海军力量进行斗争，乘欧洲发生冲突之机在新大陆夺取大片土地。托利党人对于派遣大军介入大陆事务十分反感，对英国在大陆取得的胜利不屑一顾。他们对战争的重负连连叫苦，或者假装力所难支。他们断言，主张积极介入欧洲事务的利益集团，通过向政府提供贷款的方式从大陆战争中牟取暴利。他们还说，乡绅的财产被人骗走，而伦敦的银行家和商人却大量收买抵押的地产。

辉格党人虽然失势，仍然积极主张全力进行大陆战争。他们支持马尔博罗的所有计划，讥讽殖民扩张的错误战略。他们表示，如果英国在主要的、具有决定性意义的战场上不能取得胜利，就不可能保护本国的利益。双方都振振有词、言之凿凿，这种意见分歧左右着安妮时代的政治斗争。在如何进行战争这一关键问题上，马尔博罗和戈多尔芬同托利党内的其他同僚始终存在着分歧。倘若英国不是一心一意地参加大陆战争，那么路易十四就会获胜。这是个根本性的问题。马尔博罗感到遗憾的是，他必须动用自己对女王的影响来对付托利党领袖。

这场斗争还牵涉到宗教问题。安妮女王、马尔博罗和戈多尔芬是纯正托利党人，也是圣公会教徒。安妮以前认为她父亲的儿子、流亡在外的威尔士亲王不是她的亲哥哥，现在她早已放弃了这种看法。威尔士亲王在法国人的保护下生活，在英国历史上被称为“长期觊觎王位者”（Old Pretender），法国的编年史把他誉为“圣乔治的勇士”（the Chevalier of St. George）。安妮女王觉得自己是篡位者，并且为自己对已故父亲[1]的态度而感到内疚。她唯一聊以自慰的是，她坚定不移地信奉英格兰国教，不惜一切代价保卫这个教会，这是她的职责所在，关系到她的王位和国内的安定。如果她把王位让给信奉天主教的哥哥，那么她不仅是背叛自己的信仰，而且会在她所统治、所热爱并在许多方面所真正代表的国土上打开内战的大门。

托利党人在下议院继续进行反对非正统教派（即非国教）的斗争。《忠诚宣誓法》（*Test Acts*）仍然有效，但由于战争中的合作气氛和人民对新国王的忠诚，有人不遵守该条例的规定，并得到普遍的默许。希望担任官职的清教徒商人在某一天根据英格兰国教的仪式庄严宣誓，然后又继续到他的清教派教堂做礼拜。1702年秋，托利党人提出一项《禁止一时遵奉国教议案》（*Occasional Conformity Bill*），禁止人们采取手段逃避刑法，从而使他们的政敌失去任职的资格。他们说，形式上服从国教是虚伪和渎圣的做法，它是为了戴上乌纱帽而违反法律中的规定，这种做法应该立即加以禁止。这个法案在下议院几次获得通过，在上议院却受到抵制。威廉时代成立的主教委员会也持反对态度。女王的丈夫乔治亲王是路德宗[2]教徒，这个法案对他十分不利。安妮女王对她的教会忠贞不渝，然而她也不赞成迫害忠诚的臣民，因而在二者之间取舍难定。受害者包括她的丈夫，他们都是马尔博罗战争政策的最有

1 即詹姆斯二世。——编者注

2 Lutheranism，新教主要宗派之一，以马丁 · 路德（Martin Luther，1483—1546）的宗教思想为教义依据。——编者注

力的支持者。而托利党的势力又是如此强大，马尔博罗和戈多尔芬都不敢公开反对这个法案，他们表面上投票赞成，背地里却利用自身的影响来消除新法案带来的危害。

* * *

1703 年，马尔博罗把盟国的“强大联军”集中到马斯特里赫特，此处位于内伊梅根以南 80 英里，是前一年战役开始的地方。他决心要夺取奥斯坦德和安特卫普，前者可以为他和英格兰提供一条新的联络线，后者则控制着斯凯尔特河、利斯河和一些运河的航道，这些河流和默兹河一起构成了向法军要塞群进军的主要通道。马尔博罗听从荷兰人的意见，开始攻打位于莱茵河畔的波恩。在攻克波恩以后，他把令旗指向安特卫普，部队立即开始了迅速的行动。他所说的这个“宏伟计划”未能实现，因为荷兰人不愿意进行如此艰难的战役。这次战役由于攻克林堡和马斯河畔的于伊而闻名。荷兰人认为这是胜利的一年，他们制造了勋章，上面有一条比较贴切的题词：“不流血的胜利”。在多瑙河和莱茵河上游，神圣罗马帝国的军队连连失利，他们在巴伐利亚也遭到失败，丢掉了壁垒森严的著名城市奥格斯堡、拉蒂斯邦和更为重要的兰道，结果法国人控制了德意志南部和莱茵河上游地区。

托利党把局势的恶化归咎于辉格党的大陆战争政策，辉格党人在下野和责难的双重压力下抬不起头来。1703 年冬天，“强大联盟”成员国的国内外形势处于低潮。此时安妮女王高大的形象凸显，她用身边的挚友之间常用的称呼写信给萨拉说：“我永远不会抛弃你心爱的‘自由人先生’（Mr Freeman，指马尔博罗），也不会抛弃‘蒙哥马利先生’（Mr Montgomery，即戈多尔芬），一定永远做你的忠实仆人。只要死神尚未用它那不公正的手将我们打倒，我们四人就不应分离。”马尔博罗有了这样的支持，便在冬天的数月里拟订了宏伟的战略计划，它将扭转整个战局。

他在奔赴欧洲大陆之前，必须重建托利党强硬派政府。罗切斯特早已丢官罢职，诺丁汉也行将去职，需要另选一人填补此项空缺。积极主张裁军并反对威廉国王外交政策的哈利是下议院议长和托利党温和派的领袖，也是下议院的实际领袖。他接到出任国务大臣的邀请，政府核心圈子为了接纳他而有所扩大。除了原有的成员安妮女王和萨拉以外，这个小圈子还包括马尔博罗、戈多尔芬和哈利。在哈利的班底里，年轻的议员亨利·圣约翰成为军务大臣，此人以发表拥护《禁止一时遵奉国教法案》的精彩演说而出名，并深受托利党人的拥护。军务大臣的职务使他同马尔博罗建立起密切的联系。马尔博罗把一切安排就绪，并在国会促成托利党温和派和辉格党人占多数议席，然后便启程前往荷兰。

巴伐利亚选帝侯已经背叛神圣罗马帝国皇帝，转而成为法国的盟友。马桑元帅率领的法军奉命前去支援他，因此神圣罗马帝国的首都维也纳翌年必将受到严重威胁。马尔博罗在海因修斯一人的配合下，通过劝说和欺骗的巧妙手段，使荷兰议会答应同英军和英国雇佣军一起在摩泽尔河发动一次战役。他与驻防荷兰的主力部队分手，率领队伍穿过波恩迅速向科布伦茨挺进。这时，敌友双方都料到他要向右转，沿摩泽尔河逆流而上，直奔特拉巴赫和特里夫斯，于是他的真正意图的第一部分暴露了。穿着红色军服的士兵组成纵队越过摩泽尔河和莱茵河的汇合点，通过一座浮桥渡过莱茵河，日夜兼程地穿过美因茨和海德堡向德意志中部急速前进。跨过内卡河以后，马尔博罗同普鲁士和德意志其他地区的部队会师。6月11日，他同统帅神圣罗马帝国莱茵河军团的巴登总督路易斯侯爵以及尤金将军会合，后者虽无具体的指挥权，但代表着神圣罗马帝国的最高军事当局。马尔博罗和尤金从此开始了长达七年的精诚合作，在以后的七年里互不嫉妒，所向无敌。

马尔博罗率军从北海向多瑙河的挺进是英国军事史上最壮丽的篇章。在这个过程中，法国人的所有作战计划都落空了。马尔博罗离开尼德兰以后，维勒鲁瓦元帅前往摩泽尔河迎击。马尔博罗到达海德堡以后，法国将领们预测双方会在莱茵河上游交战。直到他来到多瑙河边，他们才醒悟到，他的目标是进攻巴伐利亚，解救维也纳。于是，法国当局立即派塔拉尔元帅率领另一支军队，前去增援巴伐利亚选帝侯以及马桑元帅统率的法军。马尔博罗和巴登总督接近多瑙河以后，经过浴血奋战攻克了施伦贝格的坚固工事，将敌军赶进河里，强行进入巴伐利亚境内。选帝侯不肯屈服，马尔博罗下令进攻，巴伐利亚受到重创。

尤金在塔拉尔的优势兵力面前决定退却，并设法同马尔博罗的队伍会合。法军与巴伐利亚军队会师，然后再渡多瑙河，塔拉尔以为他能够迫使盟军灾难性大撤退。马尔博罗说服常常唱反调的巴登总督围困因戈尔施塔特，他自己突然率军去同尤金会师。这两位指挥官被称为“一个魂灵的两副躯体”。8月13日清晨，他们在多瑙河畔的赫希斯塔特对法军和巴伐利亚军队展开进攻。法军人数略占上风，他们的大炮威力远比盟军大，占据有利地势，有内尔河作为屏障。双方进行了残酷的厮杀。尤金指挥盟军的右翼，马尔博罗指挥中阵和左翼。进攻布莱尼姆村的英军受挫，双方相持了几个小时，胜负难定。法军不停抽调兵力支援两翼阵地，中心阵地力量渐显薄弱。马尔博罗借机采用巧妙策略，在下午5点半左右越过内尔河，集中优势骑兵，在步兵和炮兵的配合下，向法军中心阵地猛扑过去。他率领80支骑兵队攻破中阵，击溃法军骑兵，将成千上万的敌兵赶进多瑙河，使之葬身鱼腹，同时分割并围歼其余的法军步兵方队，将挤在布莱尼姆村的大量法军团团围住。当这个难忘日子夜色降临时，他终于有时间给妻子写信了。信中说：“我无暇细述，请你代我向女王表示敬意。请告诉她，她的军队已经取得辉煌胜利，我已经俘虏了诺拉尔先生和另外两名将军，此刻正在追击残敌。”

布莱尼姆大捷几乎彻底打垮多瑙河一线的法军和巴伐利亚军队。四万多人的军队中有的战死，有的受伤，有的被俘，有的溃散，剩下的残部穿过黑森林向莱茵河上游狼狈败退。法军和巴伐利亚军队都有三分之一的人阵亡，1.3万战俘，包括赫赫有名的法军团队，在英军步兵的看押下度过了8月13

日的夜晚。乌尔姆城一打即降。之后，马尔博罗迅速西进，直奔莱茵河，不久便在那里集结起十万大军。他同尤金和巴登总督一起，沿着莱茵河左岸把法军赶向斯特拉斯堡，进而包围了兰道（该城在 11 月投降）。10 月，马尔博罗不知疲倦地从莱茵河奔向摩泽尔河，攻克那里的特拉巴赫和特里夫斯，从而在军事史上留下浓墨重彩的一笔。

在这些惊人的大事件面前，整个欧洲目瞪口呆。路易十四不能理解，他最精锐的军队为什么不光战败，甚至被摧毁。从此，他考虑的不再是称霸世界，而是如何体面地结束这场由他挑起的战争。“强大联盟”的力量得到恢复和巩固，威胁欧洲二三十年的法军已被粉碎。马尔博罗甚至超过他的伙伴尤金将军，成为当时首屈一指的伟大军事家。他不仅掌握着联盟的外交政策和重要事务，还一度成为该联盟的实际首脑。英格兰随着马尔博罗升到荣誉的顶峰。自从 400 年前的克莱西战役和阿让库尔战役以来，英国人尚未取得如此伟大的胜利，所以他们欣喜若狂。托利党反对派之前对于马尔博罗深入欧洲腹地十分愤怒，认为这是不可饶恕的罪过。他们曾表示，如果马尔博罗失败，他们就要“像猎狗撕碎野兔一样对待他”。如今，他们也不能完全抑制由于爱国而对马尔博罗产生的钦佩之情。安妮女王摆脱了窘境，为自己的荣耀所陶醉，她赏赐马尔博罗大量财富和无上的荣誉。新年这一天，成队的车辆插着军旗、载着战利品，庄严地经过伦敦街头向威斯敏斯特宫开去。塔拉尔元帅和其他重要的法国俘虏被软禁在条件优越的乡间住宅里。党派之争以及个人嫉妒似乎暂告结束。

* * *

同年，英国在海上也取得了重大胜利。不久以前，英国同葡萄牙签订了一项盟约，因而有权使用里斯本港，进而能够有效干预地中海事务。1704 年 5 月，一支强大的英荷联合舰队在鲁克司令的指挥下进入地中海。这是海军取得长期优势的前奏。鲁克同克劳兹利·肖维尔爵士率领的增援舰队会合以后，于7月把目光转向直布罗陀要塞。这个要塞当时只是过往船只的补给点，但它扼守地中海门户的可能性已经得到公认。8月4日，在一阵炮击之后，黑森—达姆施塔特侯爵乔治指挥的联军在陆上攻陷直布罗陀要塞。这次胜利与布莱尼姆战斗发生在同一个月。法国和西班牙两国政府由于一个新的敌手进入地中海而感到惴惴不安。海上力量的平衡处于岌岌可危之中，法国海军倾巢出动，寻找战机。他们在马拉加附近进行了漫长而血腥的战斗，始终未能取得优势。法国人因此决定坚决攻下直布罗陀要塞。1704年冬和1705年初，英荷守军在达姆施塔特的指挥下，击退了法军的猛攻。攻打直布罗陀失利后，法国和西班牙在战略问题上发生了激烈的争吵。直布罗陀仍然在英国人手中，成为夺取海上优势的根本保证。

* * *

这场战争的旋律十分奇特。盟国处于不利地位时，它们一致服从马尔博罗，期待他找到安全之路，可是当他似乎无可指摘地开创出大好局面时，恐惧心理和形势需要所促成的纽带又松弛下来，马尔博罗再度受到阻挠和抵制。1702年取得辉煌胜利，而1703年则令人失望；1704年有了重大转折，而1705年却出现了分裂状态。马尔博罗计划在1705年沿摩泽尔河而上，向巴黎进军。他在1704年底就为这一行动做好了准备。他于4月到达海牙，5月率军出征。他率领六万荷兰和英国军队，先后以科布伦茨、特拉巴赫和特里夫斯为基地，经过艰难危险的行军之后到达萨尔路易，维拉斯元帅带领一支规模更大的军队正在那里等待他。马尔博罗预计将同巴登总督的帝国军队以及莱茵河沿岸各地诸侯的队伍会合，并为此作了周密的安排。可是各支部队均未能准时到达集合地点。巴登总督因为没能参加辉煌的布莱尼姆大捷而耿耿于怀，故意同马尔博罗作对，只是由于自己重病缠身而稍减怨恨情绪。

马尔博罗孤立无援，只好放弃调动十万大军进行决战和进军巴黎的计划。在那十天里，他的处境岌岌可危，因为军需供应极其紧张。他写道："我们在这个国家找不到任何物资，而我们如果一天没有面包，就会毁灭。"6 月 17 日，经过一夜的长途行军他摆脱了险境，回到特里夫斯。紧接着，他穿过摩泽尔河和默兹河之间森林密布、人烟稀少的山区，到达马斯特里赫特，解救了被法军团团围困的列日。

荷兰人见到总司令回到他们的战区无不兴高采烈。法国人从安特卫普到那慕尔构筑了 60 英里长的防线，这条著名的布拉班特防线由维勒鲁瓦元帅带领精兵防守。马尔博罗知道，他不可能说服荷兰将军们考虑直接进攻的方案。他采取了敌友双方均未看破的英明战略，假装奔袭那慕尔，而后率军深夜急行，在蒂勒蒙附近突袭法国人，切断坚固的布拉班特防线，而自己未折一兵一卒。接着他又亲自率领骑兵打了一个漂亮仗，击退增援的法军，从而在比利时境内的法军堡垒群中站稳脚跟。他马上准备打一场更漂亮的战斗。他下令用辎重车装载八天的给养，大军离开基地向维勒鲁瓦的右侧迂回运动。8 月 18 日，他在后来得名为"滑铁卢战场"（Field of Waterloo）的地方以优势兵力同维勒鲁瓦交锋。

像百年后的拿破仑那样，马尔博罗以攻克布鲁塞尔为目标，同样像拿破仑那样，马尔博罗事先为取得决定性胜利做好准备。两军摆出奇特的阵势，各自面对祖国的方向。马尔博罗对胜利充满信心，但荷兰的将军和副司令们在马尔博罗的政敌斯兰根堡将军的统帅下，极力拖延和阻止这场战斗。马尔博罗的辎重车上粮草将尽，他只好返回基地。1705 年的战事就这样在失望情绪和盟国之间的争吵中结束了。马尔博罗曾经指责巴登总督未能赶到摩泽尔河畔援助他，如今他设法使荷兰免除了斯兰根堡将军的职务。然而，英格兰国内怨声再起。托利党人认识到，荷兰人贻误战机的做法证明了大陆战争不得人心的可憎面目。马尔博罗回到国内，陷入困境。布莱尼姆大捷似乎失去了它的光彩。"强大联盟"开始衰落，而法国君主制的中央集权又恢复了元气。

马尔博罗对荷兰人和莱茵河沿岸各地诸侯的若即若离的态度感到厌烦，他在那年冬天打算实现比 1704 年更大胆地向多瑙河畔挺进的计划。他对普鲁士国王有很大的影响，曾经说服他派一支强大的普鲁士军队到意大利北部援助尤金将军。此时他计划带领 2.5 万英军和雇佣军穿越欧洲大地，经过科布伦茨、斯图加特和乌尔姆，穿过阿尔卑斯山的山口，到意大利北部同尤金将军会师。在那里的葡萄园和橄榄树丛中，这两位伟大的将军即将再次取得布莱尼姆大捷，从南方攻入法国。荷兰议会这一次比 1704 年更是独出心裁，采取更为坚定的态度。他们的条件很简单：如果马尔博罗要去进攻法国，他不能带荷兰军队去。安妮女王和英国内阁完全支持马尔博罗的计划，他遂将自己的计划付诸实施，甚至为英军的每个营订购六个手磨，用来在新的征途中磨碾粮食。

1706 年初的战事破坏了远征意大利的计划。法国先发制人，在莱茵河一线和意大利同时向盟军发动进攻。旺多姆元帅在卡尔西纳多沉重地打击了神圣罗马帝国的军队，不过战斗规模较小。维拉斯在德意志对巴登总督发动进攻，把他赶过莱茵河。兰道地区的要塞因此受到威胁。此时，马尔博罗的希望均已落空。所以他在发动最辉煌的战役之时心情忧郁。他在给神圣罗马帝国使节的一封信中写道：“我渡海出征的时候，心情非常沉闷。”他还给戈多尔芬写信：“丹麦国王和几乎其他所有君主对事态的发展漠不关心，这使我感到悲观，对胜利几乎失去信心。”他毫不犹豫地忍痛抽出大量兵力去增援尤金将军，如果他把这些部队留在身边，那么就能够在尼德兰占绝对优势，而且有机会取得“轰动一时”的胜利。他决心以微不足道的兵力在布拉班特周围的要塞之间展开“全面行动”，而这时个人的胜利对改善他在英国的处境显然是十分必要的。马尔博罗怀着悲愤的心情，毅然地遣走了命运女神，而她却固执地带着珍贵的礼物又回到他身边。

在马尔博罗突破布拉班特防线并威胁布鲁塞尔之后，路易十四感到，在这样的强敌面前采取守势是不行的。于是他命令维勒鲁瓦元帅在战役开始之前尽量捕捉战机，并拨给他军服崭新、阵列整齐和装备精良的法国军队。马尔博罗的情报系统在 5 月 18 日报告说，大批法军正在蒂尔河左岸瓦夫尔至卢万之间集结。次日又有消息说，法军已经渡过蒂尔河，到达离蒂勒蒙不到四英里的地方。这一带的地形对双方来说都很熟悉，它早就是公认的适合大规模战斗的战场，在欧洲也是人们最熟悉的地区之一。马尔博罗命令丹麦骑兵前去迎击法军，在此之前由于未领到军饷他们一直没有上阵。

5 月 23 日黎明时分，两支大军俱已到达拉米伊村[1]附近。马尔博罗将队伍部署停当以后，在将近中午时指挥英军对法军的右翼发动猛烈的佯攻。他利用起伏的地势，派出荷兰、英国和丹麦所有的骑兵共计 2.5 万人，漫山遍野地向塔维尔村和拉米伊村之间的法国骑兵杀去。他们攻击法国骑兵的精华，包括皇家近卫军。

马尔博罗抛开虚虚实实的惯用手法，他高呼道："我的骑兵占着 5∶2 的优势。"实际上，他在战斗刚开始时只占 4∶3 的优势，最后提升至 5∶3。不过，这个优势足以取胜。在这场四万骑兵参与的大混战中，马尔博罗突破法军防线，击溃了他们的右翼，削弱了他们的中阵。他忘记自己身居总司令之职，挥刀冲入混战的骑兵当中，结果被打下马来，落在敌人的马腿之下。他的马夫宾菲尔德扶他上另一匹战马时，被一颗炮弹炸飞了脑袋，而这颗炮弹从马尔博罗大腿边擦过。然而，他马上又控制了战局。他的步兵进攻拉米伊村，已获胜利的骑兵从背后全力冲击法军。

盟军全面向前推进，法军溃不成军，逃离战场。在这场经典之战中，两军的兵力和战斗力不相上下，富有军事天才的马尔博罗损失不到 5000 人，却击垮了他的敌人，杀伤甚众，生俘数千。夜幕挽救了溃逃的敌人，可是敌军逃脱者不超过四分之一，他们的大炮全部留在了战场上。

1　Village of Ramillies，比利时村庄，在那慕尔以北 13 英里处。——译者注

*　　*　　*

拉米伊战役比布莱尼姆战役的影响还要大，如果说布莱尼姆大捷挽救了维也纳，那么可以说拉米伊大捷征服了比利时。要夺取那里的任何一个堡垒，都需要发动一场长期战役，而它们现在相继陷落。安特卫普和布鲁塞尔开门投降，在威廉统治的最后一年里所丧失的抗法屏障，重回荷兰人的怀抱。除了这些巨大的胜利，尤金将军在意大利北部也打了胜仗。他经过长途行军，以少胜多，解救了都灵，将法国人彻底赶出意大利北部。

同时，盟国在西班牙也取得了胜利，几乎大获全胜。它们选定的西班牙王位继承人查理大公已经在里斯本居住。盟国计划的一个组成部分是努力实现他的权利。起初，他手下只有大约 5000 人的英国和荷兰部队。这支部队的指挥官高尔韦伯爵是胡格诺教派的人，在威廉发动的战争中声名显赫。他得到一支葡萄牙军队的协助，这支军队的人数是他们的两三倍。凭着这一点兵力，他只能沿着西班牙边界作出一些虚张声势的姿态。1705 年，盟国决定在这里采取更大的行动。彼得伯勒伯爵奉命率领 6000 多人的军队从英国来到葡萄牙，还带来一支力量可观的舰队，舰队司令是肖维尔将军。他们将在里斯本和援兵会合，然后带上查理大公，打入地中海。

指挥官们就目标问题争论不休，最后他们决定攻打巴塞罗那。人口稠密的巴塞罗那是加泰罗尼亚的首府，它长期不满于马德里的统治，对法国人扶植起来的腓力五世也有严重的离心倾向。盟国联军于 8 月在巴塞罗那北部登陆，准备攻打该城。蒙特惠奇山是主要的障碍，它兀立于巴塞罗那城以南的海面上，海拔 600 英尺[1]左右，山顶上盘踞着一座虎视眈眈的要塞。彼得伯勒是个想法多变的人，时而当机立断，时而犹豫不决。他与指挥官们激烈争吵

1　1 英尺约合 0.3 米。——编者注

好一阵，这将影响联军在西班牙的整个行动。争吵过后，他突然大胆夜袭蒙特惠奇山，次日将它攻克。在这场混战中，曾经守卫直布罗陀的达姆施塔特阵亡。巴塞罗那城向查理大公投降。加泰罗尼亚、阿拉贡和巴伦西亚都站到盟国一边，宣布忠于“查理三世国王”。西班牙东部各省坚决支持查理大公，伦敦为此洋溢着一片欢乐气氛。

1706 年春天，正当马尔博罗朝拉米伊村挺进的时候，巴塞罗那城的联军成功抵御了一支法国大军的进攻。加泰罗尼亚的游击队不断骚扰法军，破坏他们的通讯联络。经过长时间的攻打，法国人又夺回了蒙特惠奇山，但他们无法攻进巴塞罗那。正当城内联军处境危急时，一支英国舰队及时赶到。法国人只好作罢，向北面的比利牛斯山退去。法军的混乱正是盟国向马德里进军的大好时机。早已从葡萄牙出击的高尔韦伯爵于 6 月到达西班牙首都，伦敦人所说的“胜利之年”（Year of Victory）在这一战斗之后终于结束。

第五章 CHAPTER 5

奥德纳德之役与马尔普拉凯之战

在这次彻底的胜利之后，荷兰人不愿再作必要的努力。他们在 1702 年曾经可怜地蹲在内伊梅根城墙的墙垛后，英国的新指挥官手提军刀请他们出战，不过这已是往事了。默兹河一直通到那慕尔的城门前，整个莱茵河航道和沿岸的所有堡垒全部控制在盟国手中。布鲁塞尔已被盟国攻克，具有头等战略价值的安特卫普不战自降。布鲁日、根特、奥德纳德和奥斯坦德均被盟国占领，纽波特、伊普尔、梅嫩和阿特可能也要面临同样的命运。过了这些地方，法国边界上碉堡林立。可是，攻克这些碉堡是维护荷兰共和国的必要措施吗？荷兰人希望削弱法国的力量，而法国的力量已经受到削弱。路易十四的使节不是正在通过多种渠道，建议在保留荷兰的抗法屏障的基础上与之单独媾和吗？假如马尔博罗只打赢拉米伊战役，攻占卢万，或者再拿下布鲁塞尔，那么盟国在 1706 年的战事中就可能得手，从而在 1707 年获得大胜。可是他的胜利过于显赫，所以贪婪的荷兰人百般阻挠和抵制他。荷兰人的这种行为必将使盟国再度陷入极端被动的局面。

英国国内的反应也是如此。当马尔博罗和尤金驰骋疆场之时，英国国内互相竞争的党派和个人准备彻底改变胜利的形势。辉格党人要求和托利党人分享官职。辉格党人是战争的重要支柱，他们的表决权成为女王政府的依靠力量。他们选中詹姆斯二世时代摇摆不定的大臣森德兰之子、保守固执而精明能干的森德兰伯爵，把他作为打入政府统治集团内部的尖兵。用现代的观点来衡量，他们在国会上下两院拥有的多数席位使其有权主宰国家事务，而当时多数席位使他们有权过问国事。森德兰伯爵的妻子是马尔博罗的女儿。辉格党领袖由此推论说："他（指马尔博罗）不会认为他们的行动是对他本人的攻击。"他们对戈多尔芬则明确表示，如果他不能说服女王将森德兰吸收到内阁，他们就会利用国会的势力攻击政府和他本人。马尔博罗和戈多尔芬必须得到下议院的拨款来进行战争，所以只好敦促女王吸收森德兰加入政府。安妮女王最初执意不肯，直到拉米伊大战以后才回心转意。

英国人在军事上的勇敢和位居欧洲强国之首的自我意识产生了更为深远的影响。英格兰和苏格兰的合并事宜此时已接近尾声。安妮继位以来，两国一直就合并问题进行谈判，有时争论得非常激烈。后来英格兰在财政上对苏格兰慷慨解囊，苏格兰人因此表示拥护汉诺威家族的成员继位。马尔博罗是相关的钦差之一，他认为同苏格兰重修旧好是英格兰强盛的必要之举。这两个国家不仅要联合起来，两国的议会也要携手。如果苏格兰人在安妮女王逝世以后拥戴其他家族，那么两国在中世纪的种种敌意便会死灰复燃。双方认为，为了避免两个王国之间再次发生类似的裂痕，作出一些牺牲是完全值得的。1707 年，《联合法案》（*Act of Union*）获得通过，虽然出现了一些摩擦，但人们基本上持拥护态度。苏格兰人可以同英格兰及其殖民地进行自由贸易，从中逐渐获益。英格兰人对苏格兰人在英国政治和贸易中发挥的重要作用也渐渐习以为常了。随着岁月的流逝，统一的局面日益巩固。苏格兰的思想和文学在 18 世纪下半叶得到发展，涌现出著名的哲学家大卫·休谟[1]、经济

1 David Hume（1711—1776），苏格兰启蒙运动代表人物之一。——编者注

学家亚当·斯密[1]和历史学家威廉·罗伯逊[2]。不久又出现了罗伯特·彭斯[3]和伟大的沃尔特·司各特[4]爵士。毫无疑问，两国合并带来的和平、繁荣和责任感有助于思想和文学的蓬勃发展，这一切的影响至今仍依稀可见。

*　　　　*　　　　*

此时，萨拉和安妮女王的关系开始破裂。萨拉首先必须忍受女主人对吸收辉格党人加入内阁的反感。安妮对辉格党人恨之入骨，可是她的大臣们知道，如果他们失去辉格党的支持而只有一半的托利党人作为后盾，那么他们便无法进行战争。萨拉由于力促女王建立同国会保持一致的政府，耗尽了同她的友情。同时，在她们之间出现了第三者。萨拉由于具有超过内阁大臣的权限，重务缠身，而且年事已高，总希望摆脱多年陪伴女王的重负。安妮对女伴们要求苛刻，要她们整日不离左右，陪她打牌到深夜。萨拉逐渐设法减轻日夜作陪的负担。她发现穷亲戚阿比盖尔·希尔是个合适的替身，便把她带到安妮身边当侍女。过了一段时间，安妮对阿比盖尔亲热起来。萨拉从此如释重负，得以常到乡间消遣，也可以更多地享受家庭生活的乐趣。到1707年初，阿比盖尔建立了自己对女王的影响，这种影响后来将在某种程度上改变欧洲的历史进程。

阿比盖尔是森德兰的表妹，也是哈利的表妹。辉格党人森德兰伯爵进入内阁使哈利陷入困境。哈利是一个经验丰富的政治家，他独具慧眼，看出这是辉格党进一步扩大权势的前奏。作为托利党温和派的领袖，他感到自己的

1　Adam Smith（1723—1790），出生于苏格兰，经济学的主要创立者。《国富论》是其不朽名著。——编者注

2　William Robertson（1721—1793），苏格兰史学家，与大卫·休谟和爱德华·吉本（Edward Gibbon,1737—1794）同为苏格兰启蒙运动的重要人物，代表作有《苏格兰史》《美洲史》《查理五世》等。——编者注

3　Robert Burns（1759—1796），苏格兰诗人，其作品多歌颂大自然和农村生活，在英国文学史上享有特殊地位。——编者注

4　Walter Scott（1771—1832），苏格兰著名历史小说家和浪漫主义诗人，其作品对后世诸多文学家影响至深。——编者注

处境十分不妙。

有一天，一名园丁向他转交了安妮女王的密信。女王在信中向他求援。对于 18 世纪的一位政治家来说，这是最诱人的事情。而且，就他对政治形势的预判以及对机密和阴谋的热衷来说，这封信大有可取之处。于是他立即着手在女王喜欢的人当中暗自组阁，影子内阁包括托利党人和辉格党的温和派。为了借助马尔博罗的威望，他还希望得到马尔博罗本人的帮助。这个计划暗示着戈多尔芬的垮台。哈利以为这不会构成任何障碍，可是马尔博罗知道这个计划以后，执意不肯同他的忠实朋友和同事分道扬镳。所以哈利的阴谋不可避免地触犯了马尔博罗。而此时，萨拉对女王的影响已经消失殆尽。

1707 年对马尔博罗来说，可谓流年不利。他计划再次派兵支援尤金，使后者在普鲁士军队和英国军队的援助下，从意大利进入法国，夺取土伦。马尔博罗企图利用土伦这个巩固的海军基地来控制地中海，并且在翌年大举进攻法国。当时他仍然身居权力的顶峰，竭力推行这一宏伟的计划。在克服重重障碍、消除各种分歧之后，尤金率领的一支帝国军队沿着意大利和法国海岸前去进攻土伦。马尔博罗在尼德兰的主要战场上牵制着旺多姆元帅的优势兵力。为了使同伴能够在南方取得决定性胜利，他自己甘愿在北方抵挡敌人的进攻。他将大量部队拨给尤金，因而自己失去了进行大规模攻坚战的能力。即令在敌众我寡的情况下，他仍在伺机扭转困境。然而旺多姆也十分机敏，使他难以如愿。两军近距离对峙了一段时间，后来马尔博罗率军进行了十分危险的快速行动。可是旺多姆除正面交锋以外总是避开战斗，而马尔博罗又无力发动正面进攻。北方的战事就这样陷入了僵局。

西班牙出现了极为不利的局面。路易十四把威震四方的贝里克将军派到伊比利亚半岛，以挽救腓力国王的命运。贝里克从法国得到源源不断的增援部队。到 1706 年初秋，高尔韦伯爵率领的 1.5 万人马在西班牙中部处于明显的劣势。他在马德里受到冷遇，渴望查理大公和彼得伯勒分别从巴塞罗那和巴伦西亚迅速赶来。可是他们过了数星期才开始行动，只带来为数不多的援兵。卡斯蒂尔以及西班牙中部和北部的其他各省并不欢迎奥地利的查理大公取替西班牙国王腓力五世，因为后者同这些地方的居民相处已有五年。盟军人数太少，无力迫使西班牙人改变这种冷淡态度。高尔韦、彼得伯勒和查理大公被迫向地中海沿岸撤退。1706 年底，腓力国王在马德里复辟，而联军牢牢地控制着西班牙东部地区。1707 年，盟军将领们分散兵力，犯了一个致命的错误。他们只带一部分军队向马德里进军，在阿尔曼萨与贝里克公爵率领的西法联军交战。法军的指挥官是一个信奉天主教的英国人，而英军的指挥官则是信奉新教的法国人，不同的信仰使他们各自占据了如此奇异的位置。联军遭到惨败，在 1706 年接近全胜的西班牙战局此时急转直下。在莱茵河地区，巴登总督据守的施托尔霍芬防线遭到维拉斯元帅的袭击。这条著名防线是德意志的安全屏障，它的坚固工事在一夜之间全部落入敌手。德意志的大部分地区随后遭到入侵和洗劫。

马尔博罗十分重视的进攻土伦的计划也宣告破产。尤金似乎只是在这次战斗中没有表现出他的胆略，名义上统率联军的萨沃伊公爵则更加缩手缩脚。尤金是个旱鸭子，他从来不喜欢依赖海上力量的作战计划。一支强大的英国舰队在海滨同他会合。舰队司令肖维尔将军坚决执行马尔博罗的战略计划，他沿着海岸线支持尤金的军队，并给他们补充给养，用舰上的大炮轰击许多敌军阵地的侧翼。接近土伦时，他派几千名水手和海军陆战队官兵携带数百门大炮登陆。肖维尔一直对尤金保证说，如果他的通路被切断，舰队将载着他的全部军队前往他要去的任何地方。

法国人调动了大量军队，不仅要守卫土伦，还要为它解围。尤金发动了几次进攻，伤亡惨重，只好停止攻打土伦，向意大利撤退。英国舰队轰击土伦，严重破坏了这个港口，击沉了困在港内的法国军舰，然后启航回国，或者说回去过冬。然而，舰队正面临着一场灾难。克劳兹利・肖维尔爵士在回国途中遇到了风暴，两艘主力舰和一艘护卫舰在西西里岛附近被尖利的礁石撞得粉碎，1500 名水手丧命海中。最令人痛心的是，英国的一流舰队司令、马尔博罗信赖的海军将领——肖维尔上岸后与世长辞。

*　　　　*　　　　*

在这些不幸的事情发生以后，马尔博罗回到国内。托利党掀起的一场狂风暴雨在等待着他。哈利的目的很明显，联军失利为他积蓄了力量。马尔博罗和戈多尔芬决心把他赶出内阁。一场严重的政治危机即将来临。这时，哈利的力量也受到削弱，他办公室的职员格雷格向法国政府出卖绝密信件时被抓获。哈利在保管绝密信件方面犯了渎职罪。那些未能掌握应有权力的辉格党人自然怒不可遏，千方百计地要给他定为叛国罪。格雷格承认自己有罪，在泰伯恩上了绞刑架，临死前一口咬定他的上司与此事无关。据说，他如果把罪责推到哈利身上，自己尚可保全性命。

马尔博罗要求撤销哈利的国务大臣职务。安妮女王这时已经同萨拉彻底决裂，身边有了形影不离的阿比盖尔，并竭力保护宠臣哈利。马尔博罗拒绝和哈利在内阁里共事，向女王提交辞呈。女王说，他如果这样做，倒不如拔出匕首把她当场刺死。作为斯图亚特家族的真正后裔和詹姆斯二世的女儿，她是不会辞退哈利的。于是马尔博罗回到故乡圣奥尔本斯。当哈利在内阁会议上站起来宣读一份文件时，一位大臣生硬地向女王问道：内阁在没有马尔博罗将军和戈多尔芬财政大臣的情况下怎么能够工作？哈利对此漠然置之。安妮女王气得几乎窒息，激动地离开了会场，大臣们混乱地各自散去。马尔博罗和戈多尔芬被解职的消息不胫而走，国会上下两院决定，如果他们二人未能复职，国会就不处理任何问题。伦敦城里人人感到震惊。安妮的丈夫乔治亲王由于亲眼看到民众的反应加之他本人对事态也有看法，忧心忡忡地恳求她向这场风暴低头。即便这样，安妮也不低头。结果哈利作了让步。他建议安妮接受他的辞呈，并且在她的哭声中去职下野。马尔博罗待之如养子的亨利·圣约翰也随其辞职。

马尔博罗通过这场斗争重新获得权力，不过这是最后一次了。他在很大的程度上已经失去女王的支持，也失去了托利党温和派的支持。因此他必须逐步与辉格党联合起来，而在这条道路上每迈出一步，他和女王的分歧就要加深一步。他在1708年的军事行动就是在这样危险的基础上开始的。他的计划主要是打算恢复上一年兵分两路入侵法国的活动。这一次的主攻方向在北面，萨沃伊公爵从南面进攻法国是次要的，不过也是不可缺少的。马尔博罗本来想把尤金在莱茵河一线的军队调到尼德兰，利用优势兵力打垮法军，摧毁堡垒群，可是一些不测事件发生了。莱茵河一带局势紧张，尤金只好把他的军队留在原地。荷兰人在被占领的比利时城市实行的统治引起了当地居民的不满。控制斯凯尔特河和利斯河航道的根特城和布鲁日被人出卖给法军。旺多姆元帅统率的军队除去驻军之外，还有八万人，和他在一起的还有勃艮第公爵、贝里公爵和“觊觎王位者”（the Pretender）威尔士亲王。

马尔博罗在一生中首次被战场和国内的重重压力压弯了腰。尤金只带骑兵卫队到布鲁塞尔附近同他见面，看到他处境狼狈。他正在发烧，病情严重，只得放血治疗。马尔博罗听到根特和布鲁日陷落的消息后，过了好几个小时才恢复常态。这两个战略要地是拉米伊大捷的胜利果实，它们所控制的水路在当时的作用相当于今日的铁路。此时尤金前来鼓励他的伙伴。马尔博罗离开病床，爬上马背，大军又开始行动了。他们经过长途急行军来到蒂尔河畔的莱西讷。7月11日黎明时分，他们开始向斯凯尔特河畔的要塞和桥头堡奥德纳德前进，旺多姆企图攻占这个要塞。法军没有想到会发生战斗，正悠然自得地在加夫勒渡河。10点半钟的时候，卡多根将军带领英军先头部队到达奥德纳德北面的高地。他们共准备了九座桥梁，其中包括要塞的桥梁。在卡多根的后面，八万大军怒气冲冲、杀气腾腾地随后赶来。荷兰的副司令戈斯林格写道：“那不是行军，而是一次长跑。”士兵们求战心切，纷纷把军官的行李扔到路边。他们赶到斯凯尔特河的桥头之前，在65小时内行军50

英里[1]。卡多根此时渡河，袭击法军的一些支队和侧翼的警戒部队。

旺多姆起初不相信盟国联军已经赶到，他策马上前观察敌情，逐渐卷入战斗的洪流之中。当联军涌过斯凯尔特河时，法军转向左边迎击他们。无论从哪个方面来看，奥德纳德战役都有现代战争的味道。它比18世纪的任何一次重大战役都更像1914年的坦嫩贝格战役[2]。马尔博罗把右翼部队交给尤金指挥，他自己指挥中阵对付优势敌兵，而其他部队正在向左翼展开。左翼阵线像臂膀一样不断地向前伸展，它伸展到哪里，战火就燃烧到哪里。当时的军方舆论认为，在势均力敌的大军面前，一个军团接一个军团地渡河几乎是一场灾难。战斗的速度和变化使人难以作出固定的安排。法国人作战十分勇猛，但是缺乏协调指挥，他们的一大部分军队根本没有投入战斗。夜幕降临了，它笼罩着布满篱笆、村庄、树林和水道的战场。正当两军在这个战场上打得难分难解之时，荷兰人终于在沙场老将奥弗克的率领下跨过奥德纳德的桥梁，向北面的高地杀去。同时，尤金以惊人的胆量从右边杀入法军的纵深阵地，使联军的两侧部队几乎合拢。法军被切为两段，顿时大乱。他们有四万多人已被联军包围，另外四万人则站在一道山梁上不知所措。战斗停止时天色已经漆黑。双方的军队交织在一起，因而联军指挥官下令部队熄灭篝火，枕戈待旦。可是当时的武器不能对如此庞大的军队形成封锁圈，被包围的法军大部分在夜幕的掩护下逃之夭夭。在盛怒与惊愕之余，旺多姆下令向根特撤退。他的军队有四分之一被消灭或四散奔逃。7月12日早晨，马尔博罗和他的伟大伙伴策马走上古老漂亮的奥德纳德广场，他们带着包括许多高级军官在内的7000名俘虏以及无数军旗和战利品。

这次伟大的胜利改变了战局。盟国恢复了主动精神。马尔博罗企图进兵法国，将坚固的里尔要塞置于身后。他已在怀特岛组织了一支7000人的军

---

1 原文如此，疑有误。——译者注

2 Battle of Tannenberg，即1914年坦能堡会战，是第一次世界大战东部战线的一次战役。德军对战俄军，并取得胜利。——编者注

队，准备夺取阿布维尔，在法国人的后方建立一个新基地，以便由此直接进攻巴黎。可是他未能说服尤金将军。尤金虽然比马尔博罗年轻，却素有“老诸侯”（the old Prince）之称。他认为绕过里尔深入法国境内过于冒险，同时他也不赞成由海上力量配合战斗。于是他们决定攻打法国最坚固的堡垒里尔。

里尔之战就其规模和复杂程度而言，在当时是前所未有的。从许多方面来看，它在军事史上是举世无双的。布弗雷元帅率领 1.5 万军队守卫里尔。尤金指挥部队攻城，马尔博罗负责掩护，牵制由根特附近地区和法国本土前来增援的大批部队，这些部队企图解里尔之围或者切断围城军队的供给线。1.6 万匹马把马尔博罗的攻城炮从布鲁塞尔拖到离里尔城不远的阵地上。运送这样庞大的炮队需要掩护部队的全力保护。这些重炮轰向里尔城，攻城部队在数星期内向突破口频频发起进攻，打得血肉横飞。后来，法国人切断了联军与荷兰的交通线，但马尔博罗又从奥斯坦德开辟了一条新的交通线，从海上补充给养。法国人打开敦刻尔克的水闸，沿海地区成为一片汪洋。一场水上战争开始了，运送每一发炮弹、每一包炸药或者每一袋粮食都要作出艰苦的努力。从大船转到小船，从小船装到高轮车上，再从这些高轮车搬到普通车辆上，攻城部队的给养一直没有中断过。

旺多姆和法国公侯们绕到里尔的南面，与贝里克指挥的军队会师。贝里克已经从西班牙调到比利时边界。马尔博罗在他们和里尔城之间全力阻击。尤金尽量从攻城部队中抽出兵力支援他。法军的优势兵力以战斗队形向前挺进，同时布弗雷元帅对已经削弱的阻击线展开了猛烈的突击。马尔博罗深信战斗不可避免，因而一连数日不去加强他的防线。可是他选择的阵地易守难攻，法国人不敢交战，只是遥望即将陷落的里尔城兴叹不已。

一场漂亮仗像闪电一样划破了这年秋季阴霾的天空。两万多法军向前猛扑，威胁着英军从里尔到奥斯坦德的漫长运输线。正在向里尔前进的联军运输队处境危险。马尔博罗派遣追随詹姆斯二世的托利党人、杰出的指挥官韦布将军带领一支较弱的部队前去解救危局。韦布选择维南达厄尔城堡旁边的树林作为阵地，法军发动正面进攻，在纪律严明的英军士兵面前碰得头破血流。这次战斗决定了里尔城的命运，它于10月宣布投降。为了弥补这一损失，旺多姆和贝里克在里尔堡垒仍在坚守之时前去进攻布鲁塞尔。但马尔博罗和尤金向东北方向前进，突破斯凯尔特河防线，解了布鲁塞尔之围。里尔堡垒是在12月占领的，可是根特和布鲁日仍在法军手里，马尔博罗不肯就此休兵。他趁大地开始封冻之机，下令将大炮运到这两个地方去攻城。他在12月底再度攻克布鲁日，1月初进入根特。这场艰苦的战役就此结束。尤金将军说："没有见过这场战役就等于没有见过世面。"

同时，联军夺取了米诺卡岛[1]。该岛优良的马翁港至少为英国海军在地中海提供了巩固的长期基地。这年年初联军失利，而到年底时它已经取得了彻底的胜利。路易十四向荷兰人提出了意义深远的和平建议，马尔博罗为了同一目标开始同他的侄子贝里克进行秘密谈判。盟国获得全胜，而法国的力量则被彻底摧毁，"伟大国王"也受到削弱。饱尝战争忧患的欧洲大地上出现了一场罕见的冰冻，种子冻死在地里，牛冻死在田里，兔子冻死在洞里。法国人民的痛苦到了无法忍受的程度。人人寻求和平，可是人人都找不到和平。

* * *

辉格党终于实现了他们长期奋斗的目标。他们迫使马尔博罗和戈多尔芬完全依赖他们，制服了安妮女王，把托利党人统统赶出内阁，建立了一党政府。不过，马尔博罗和戈多尔芬这两位超级大臣仍然留在内阁里。在这以前，关于战争的方法问题尽管有许多分歧，但战争是全国的共同目标，而此时战争已成为一党的政策。辉格党人热衷于议会斗争，而且是议会斗争的行

---

1 Minorca，位于地中海西部，西班牙所属巴利阿里群岛中第二大岛。——编者注

家里手。当国家最不需要他们的力量和好战精神的时候，他们夺取了政权。马尔博罗和戈多尔芬已经同女王疏远，他们必须执行辉格党内阁的决定。托利党人在逆境中情绪暴躁，企图卷土重来，盼望他们以前的领袖早日垮台。哈利才华出众又手段不凡，地位显著且受过打击，自然成为他们的领袖。年迈的政治家罗切斯特和诺丁汉也加入他的阵营。哈利深受女王的宠幸，又有阿比盖尔的暗中支持，他企图把施鲁斯伯里拉到自己一边。施鲁斯伯里在长期隐退之后重返英国政界，野心勃勃地准备扮演颇有影响的中间角色。

马尔博罗的统治结束了，从此他只得听从别人的指挥。他在欧洲和军内有突出的地位，只要战争继续下去，两党就都离不开他。起初他为辉格党服务，然后又帮助托利党。他在辉格党政府里是全权大臣和将军，后来在托利党政府中只是一名将军而已。他在 1702 年至 1708 年的黄金时代已经过去。还有三次艰巨的战役在等待着他，这三次战役的规模是前所未有的，可是他已经丧失决策权了，而这种决策权对于赢得严峻的军事斗争是极端必要的。

如果我们看到路易十四多年来使“强大联盟”的各国君主处于恐惧状态和遭受劫掠，那么他们在胜利之时表现出的怀疑心理就应当得到充分的理解。如今，法国主动作出大幅让步，盟国的所有合理要求均已得到满足。荷兰的边界屏障得到承认，萨沃伊公爵已经如愿以偿，德意志诸侯在莱茵河一带的地位得到保证。只有西班牙问题悬而未决。然而，这次战争是西班牙王位继承问题引起的，而马尔博罗和尤金取得的一系列胜利并未解决这个问题。法国只是在西班牙比较走运，但西班牙的斗争已经发展成国内斗争。西班牙各阶层人士纷纷支持安茹公爵继位，他们在严酷的斗争中放弃了保持西班牙王位谱系连续性的希望。现在他们只希望根据自己的意愿选择一位国王。这样一来，盟国和路易十四之间的一切问题也就迎刃而解了。可是西班牙会出现什么样的局面呢？腓力五世宣布，他宁死不愿抛弃支持他的西班牙人民。他甚至不愿听从他的家族首领、伟大国王路易十四本人的意见。

我们无法知道路易十四和腓力在这个重要关头保持着怎样的家庭关系与

政治关系。盟国中有一种颇有道理的主张：如果盟国将在西班牙继续进行长期的战争，它们不应同似乎任凭它们摆布的法国媾和，以免后者有朝一日东山再起。荷兰人甚至明确宣布，他们无论如何也不去西班牙打仗，因为他们已经收复抗法屏障，并实现了一切目标。英国的辉格党则持完全相反的态度，它决心要把腓力赶出西班牙，还提出了“不解决西班牙问题决不讲和”这种脱离实际的口号。法国外交大臣、著名的柯尔贝尔[1]的儿子托尔西问道，盟国要求他的主人作出哪些让步？路易愿意同腓力断绝关系，将法军从伊比利亚半岛全部撤回，甚至交出一些重要的法国要塞作为保证。参加谈判的盟国代表以为，只要路易下一道命令，腓力就会退位。其实，事情绝非那么简单。路易唯一不愿做的事情，就是利用法军将其孙子赶出他曾经据为己有的西班牙王国。这是一块致命的礁石，和谈正是在这个问题上触礁中断的。

受辉格党人密切注视的马尔博罗看出了潜在的危险。他认为最好的办法是同法国讲和，接受法国的要塞作为履行和约的保证，而西班牙问题则另行解决。他拟订了发动西班牙战役的宏伟计划，由他从里斯本发起进攻，尤金从巴塞罗那开始进攻。从后来形势的发展来看，这个计划可能是奏效最快、最宽容的方案。可是各方有影响的势力固执己见。托利党人要求立即实现全面和平，而后来他们得到的是四年残酷的战争和最后的悲惨结局。盟国要求路易负责把他的孙子赶出西班牙，否则它们便会在他要交出的要塞和基地对他重敲战鼓，这个条款引起的分歧破坏了和谈。路易十四年迈力衰，心灰意冷。法国国内生灵涂炭。在这种情况下，他本来是会屈服的，可是皇太子愤怒地说，他的儿子不应该为了他自己的亲戚而丧失王国。托尔西在谈判破裂以后过访维拉斯的法军司令部，这位无所畏惧的元帅恳求他转告国王，法军能够捍卫国王的荣誉。在上述压力和鼓舞下，路易十四说出了那句千古名

1 Colbert（1619—1683），路易十四时代法国最著名的政治人物之一，长期担任财政大臣和海军国务大臣。——编者注

言："倘若必须战斗，我将同敌人一决雌雄，而不会同我的子孙自相残杀。"

马尔博罗为实现和平作出了真诚的努力，可是他尚未完全运用自己残存的大权。他为和平而忧虑，但也抱着法国人会屈服的希望。当外交信使带回法国拒绝盟国最后通牒的复信时，他突然问道："难道没有任何反建议吗？"他和尤金作出了最后努力，而此时和平的希望已成泡影。盟国大失所望，它们徒然感慨万端，它们再次受到路易十四的欺骗和愚弄。于是盟国的军营中战鼓齐鸣，那个兵荒马乱的年代常见的大军又相继滚滚出动，1709 年的战事和马尔普拉凯战役就此开始了。

*　　　*　　　*

从这时起，战争的性质发生了重大改变，正义之神突然停止支持交战的一方，转而支援另一方。起初一些民族、国会和新教教会分散而勉强地反对专横的侵略军，后来它们的行动逐渐发生变化，现在它们作为获胜的联盟公然进行入侵活动。法国形成了反对外国侵略和压迫的民族阵线，西班牙也形成了较弱的民族阵线。法国人和西班牙人迸发出惊人的爱国热情。18 世纪初，一股新的力量由未曾测知的深处一涌而出，使虚弱的贵族、精疲力竭的职业军队和崩溃的财政为之一振，面目一新。

此时，盟军已达到极盛时期。马尔博罗和尤金在根特南边集结军队，开始围攻图尔奈。经过大规模的猛烈进攻，图尔奈城和它的要塞在 8 月底投降。马尔博罗接着把进军的矛头指向蒙斯。在这段时间内，幕后谈判一直在进行，双方仍然认为，他们之间的和平障碍随时都可能消除。突然，一股狂热的战争情绪和怨恨一齐迸发出来，攫住了双方的政府、军队乃至普通士兵。他们不再认真思考，把审慎的态度抛到九霄云外。路易十四授予维拉斯采取军事行动的全权，马尔博罗和尤金则作出同样积极的反应。双方的各个阶层激发出可怕的狂热情绪，他们渴望割断敌人的喉咙，结束这场旷日持久的战争。

马尔博罗和尤金迅速包围了蒙斯，在它南面两片树林之间的空地上与维拉斯遭遇。那里有一座村庄，叫作马尔普拉凯村，位于现在的法国边界上。9月11日，11万盟军向9万法军防守的阵地发动进攻。两军酣战，几乎无人求饶，也无人手下留情。马尔博罗主要采取了布莱尼姆战役中的战术。他首先进攻法军的两翼。左侧的荷兰人进攻受挫，伤亡甚众，尤金指挥的右翼部队穿过茂密的森林，最后冲到一片开阔地带。在这些压力下，维拉斯和他的副手、勇敢的布弗雷被迫抽出中阵的部队前去增援。这正是马尔博罗等待已久的时机，他命令奥克尼指挥的英军向兵力已经削弱的法军堡垒杀去。他夺取这些工事以后，下令把已经在附近等候一天的三万多骑兵调上阵来。联军的骑兵部队以“灰衣”龙骑兵和苏格兰灰骑兵[1]为先锋冲过敌人的战壕，在开阔地带摆好阵势。维拉斯身受重伤，但法国骑兵以旺盛的斗志迎上前来，于是双方的骑兵进行了长时间的大混战。最后，法军骑兵败北，他们的步兵已在撤退。马尔博罗在数小时后给萨拉写信说，“我非常疲倦，只能告诉你，我们今天进行了一场血战。我们在上午打败了他们的步兵，继而战胜了他们的骑兵。感谢上帝，我们现在可以任意确定和平的条件了。”

马尔普拉凯战役造成的重大伤亡令欧洲各地感到震惊。盟军损失了两万多人，法军损失了这个数字的三分之二。双方几乎没有俘虏。胜利者在战场上扎营，他们攻克了引起这次大战的蒙斯城。对每个人来说，这场战役是对和谈失败的严厉惩罚。荷兰共和国由于它的精锐部队受到屠杀而大受震动。英国的辉格党人仍然主张进行最残酷的战争，他们在讲演中和小册子里宣称取得了决定性的胜利。但是托利党人谴责他们，也谴责马尔博罗，说他们失掉实现和平的良机，进行了欧洲前所未有的、毫无意义的大屠杀。确实，马尔普拉凯战役是18世纪规模空前、伤亡最大的一次战役，它只比百年之后拿破仑在博罗季诺取得的一无所获的胜利略显逊一筹。

---

1 The Scots Greys，现役英军最古老的骑兵部队，有着无数辉煌战绩。——编者注

第六章 CHAPTER 6

《乌得勒支条约》

人人注视着英国宫廷的一举一动。欧洲各地都知道，马尔博罗对安妮女王的影响已经消失。哈利通过巧妙的手腕和阿比盖尔的帮助力图建立托利党政府，以结束人人厌倦的战争。

1710 年，两支大军仍然虎视眈眈地对峙着。它们的实际兵力比以往任何时候都多，但是马尔博罗和尤金不能或未曾抓住维拉斯与其交战。也许有人以为，马尔博罗为马尔普拉凯战役中的流血而痛心，由于在国内遭到敌视而灰心，因而他从此将像下棋一样慎重对待这场战争。不过可以肯定，马尔博罗和尤金将军一直在捕捉战机，但他们只希望进行那种使维拉斯难以发挥军事才能的战斗。他们经过猛烈的攻打夺取了杜埃，然后攻克艾尔和圣沃南，打通了利斯河的航道。对于一次兴师动众、代价巨大的战役来说，仅仅取得这些战果是不够的。

当马尔博罗艰苦奋斗之时，安妮统治时代的国内政治危机逐渐达到了顶点。英格兰国教会开始行动，托利党的教士宣传反对战争及其领导人，尤其是反对戈多尔芬。高教会派教士萨谢弗雷尔博士在伦敦作了一次布道，猛烈抨击政府，攻击辉格党人和财政大臣戈多尔芬。政府极不明智地下令以国家的名义对萨谢弗雷尔提出起诉，即提出弹劾。挺身支持他的不仅有托利党人，还有伦敦的市民，当时的情景使人想起20多年前审讯七位主教的场面。最后法庭以微弱的多数在名义上给萨谢弗雷尔定了罪，这使他成为轰动一时的英雄豪杰。

安妮女王依靠哈利出谋划策，她感到自己实力雄厚，可以为之前由于辉格党人打入枢密院而令她受到的侮辱报仇雪耻了。她在一年里采取了一系列步骤以后，政府的成员改变了。首先是森德兰罢了官，然后安妮在8月份命令戈多尔芬遣散他的属员，要他立即去职，还说："不过，我将给你4000镑的年金。"戈多尔芬轻蔑地拒绝了这笔年金，开始过着清贫的隐居生活。地位不甚显赫的辉格党大臣也相继去职。哈利组成了以托利党为主的政府，追随他的亨利·圣约翰出任国务大臣。新政府主要以施鲁斯伯里公爵为核心，并且得到许多出身高贵、才能超群、野心勃勃的知名人士的支持。在适当时机举行的大选中，托利党在下议院赢得了绝大多数席位。

马尔博罗在结束第九次战役之后回到英国时，发现国家已经控制在他的政敌和仇人手中。安妮女王要求他强迫萨拉辞去一切宫廷职务，他跪下求情，可是无济于事。他在当年得意之时帮助和爱护过的圣约翰，如今以傲慢无礼的态度对他讲话。哈利冷若冰霜地向马尔博罗鞠躬，因为他也要清算旧账。尽管如此，对于敌视的政府和决心报复的女王来说，马尔博罗仍是无价之宝。托利党人出任主要大臣之前，以为只要表示出和平愿望，就能够以胜利者的姿态实现和平。他们如今才意识到，马尔博罗的垮台意味着路易十四的东山再起。他们发现，面前的法国同1709年低声下气的法国已经大不相同了。参加"强大联盟"的各国追悔莫及，感到它们错过了良机。在失望和恐惧之中，它们重新把希望寄托在马尔博罗身上。荷兰人、普鲁士人和莱茵河地区的诸侯们宣布，他们的军队只服从马尔博罗的指挥。哈利和他的助手、迅速飞黄腾达的圣约翰此时醒悟到，他们还得发动一次战争。各方人士，甚至连最不友好的人，都纷纷敦促、哀求或者恳求马尔博罗再次出征。失势的辉格党人、得意的托利党人、哈利和圣约翰、安妮女王、荷兰共和国议会、普鲁士国王、莱茵河地区的诸侯们，还有最积极的神圣罗马帝国皇帝，所有这些人都呼吁他出来捍卫共同的事业。虽然后来有人嘲笑他留恋宦海、喜爱战争，但应召出征是他的职责所在。他和托利党大臣们就保证前线军队的需要达成了协议。于是，马尔博罗总司令连续第十年挂帅出征。

哈利和圣约翰开始为自己的目标全力以赴。他们把马尔博罗派往战场之后，便开始坚定、巧妙而积极地全面推行托利党的政策。圣约翰派遣一支远征大军去夺取法国手中的魁北克[1]，这支军队指挥不当，出师不利。哈利作为副财政大臣，正在反复考量财政方面的计划，准备建立一个规模较大的“南海公司”（South Sea Company），由它购买一部分公债，另外通过向南美洲输送奴隶和商品的办法来增加收入。不久，所谓“南海泡沫”[2]骗局便发生了。但是，哈利的主要目标是同法国讲和。他通过盟国尚不知道的秘密渠道同托尔西建立了联系。法国人坚决不肯妥协，于是哈利派圣约翰同他们谈判。谈判在1711年进行了整整一年，英国国会不知此事，联盟的所有成员国均被蒙在鼓中。哈利等人在这方面虽采取卑鄙的手段，但他们追求着正确的目标。

哈利和圣约翰虽有共同保守的秘密，但他们的关系不久就破裂了。到3月份，他们之间的斗争已经十分明显。一个法国难民同敌人联系的叛国行为被人发现，他在枢密院接受审讯时，用削笔刀刺杀哈利。大臣们十分气愤，拔剑刺伤凶手。凶手伤势严重，一个星期后死亡。哈利的伤势并不重，而他在全国的威望陡然上升。安妮女王授予他牛津和莫蒂默伯爵的光荣称号，并任命他为财政大臣。自戈多尔芬下台以后，这个职务一直空缺着。哈利在宦海中处于踌躇满志的浪头之上。

---

1 Quebec，加拿大省份，曾为法国殖民地。——编者注

2 South Sea Bubble，指18世纪初南海公司在南美进行股票投机的骗局，现已成为经济学专有名词。——译者注

*　　　*　　　*

马尔博罗希望在1711年的战役中再次同尤金合作。他在杜埃附近集中了14万大军，可是在4月底，一个不测事件影响了整个战局。神圣罗马帝国皇帝约瑟夫因患天花去世，一直在巴塞罗那坚持斗争的查理大公继承了奥地利王朝的世袭版图，必将当选为皇帝。为了破坏在法兰克福举行的选举，路易十四把维拉斯的一支部队调到莱茵河一线。尤金因此必须采取相应的行动，他的军队在5月份离开马尔博罗的军营。于是，马尔博罗只剩下9万人马，而维拉斯的军队仍有12万人。

这年冬天，维拉斯从海边经阿拉斯要塞和布尚要塞到桑布尔河畔的莫伯日，修筑了一条由许多工事和洪水组成的复杂防线，并称之为“铜墙铁壁”（Ne Plus Ultra）。他本人则在他的机动部队前面诱敌进攻。马尔博罗在6月似乎没有做任何事情，实际上在准备突破这条坚固的防线。他通过狡诈的手段和策略，使维拉斯确信他要在阿拉斯以南发动和马尔普拉凯战役具有同等规模的正面进攻。

两军对垒，列好了阵势。双方都期待对方发动进攻。盟国的将军们意志消沉。他们以为，马尔博罗由于在国内受挫而愤愤不平或者丧失理智，将使他们受到敌人的无情杀戮。8月4日，马尔博罗带着大批军官到前线观察地形。他标出要配备大炮的地方，用手指着他选定的法军阵地突破点。只是因为他享有崇高的威望，军官们才不敢直言抗议，许多在场的人认为他对战斗计划谈得过于露骨。当天晚上，维拉斯满怀希望，他把能够抽出的所有部队和大炮调到马尔博罗预定的突破点。马尔博罗从未指挥部队走上错路，所以士兵们盲目地信任他。然而，高级指挥官们此时疑虑重重，痛楚不安。他们没有注意到，卡多根将军在他们观察敌阵时悄悄地走了。他们对自己的阵地上没有火炮感到奇怪，这是因为他们不知道马尔博罗在靠近前线的地方调动部队的情形，他们对他已拨重兵云集杜埃一事同样一无所知。

夜幕降临了，军鼓终于敲响，传来拆除帐篷准备战斗的命令。接着，参谋人员前来指挥列成四路纵队的队伍。不出半小时，全军便向左行进。在月色苍茫的整个夜晚，他们一直向东挺进。他们越过维米里奇到阿拉斯之间地势起伏的地区，那里在200年以后将遍染英国人和加拿大人的鲜血。这是一次强行军，中途只作片刻停留，但全军上下情绪激动，因为到底是没打那场令人担心的血战。看来这位“老伍长”[1]自有妙计。5日清晨5点钟前，队伍到达维特里附近斯卡尔普河边。这里已经架好一座座浮桥。随着天色渐明，他们发现一长列大炮同他们一起前进。

天亮时，率领50支骑兵队走在全军前面的马尔博罗，遇到从卡多根那里飞奔而来的一名骑兵。来者报告说，卡多根和普鲁士将军霍姆佩施已经率领22个步兵营和20支骑兵队，在凌晨3点钟穿过阿尔勒地区的狭窄通道，实际上已经夺取了敌人阵地。马尔博罗派他的副官和参谋到行进的队伍中，向各团官兵解释他的意图和目前的形势，并且向他们说明，战斗的胜败将完全取决于他们的行军速度。“我们的公爵大人希望步兵能疾步如飞。”天色越来越亮，部队可以看见，在他们右侧大约不到炮火一半射程的地方，法军在沼泽地和桑塞厄河的另一边同他们平行前进，不过法军的骑兵先头部队刚好和联军的步兵齐头并进。8月5日，大部分联军渡过了桑塞厄河，在敌人的阵线后面摆好阵势。上千名士兵精疲力竭地倒在路旁，许多人倒毙在急行军的路途中。

马尔博罗穿过法军的防线之后，立刻构筑起阵地。维拉斯的队伍稀稀拉拉地赶来，无力发动进攻。在马尔博罗应否主动进攻这一问题上，人们以前有过争论，现在也有不同的意见。在布莱尼姆之役和奥德纳德之战中，他遇到的危险当然比现在大得多，但是马尔博罗此时没有发动进攻，而是迅速挥

1 Old Corporal，马尔博罗的绰号。——编者注

军向左前进，渡过斯凯尔特河，将布尚要塞团团围住。欧洲认为，突破“铜墙铁壁”防线以及包围并攻克布尚要塞是军事艺术的杰作。维拉斯的兵力和马尔博罗的军队相当，维拉斯发动猛攻，企图解救布尚。马尔博罗从佛兰德和布拉班特强征了6000名民工，让他们在布尚周围修筑了一道壁垒，并且为了保护通往斯凯尔特河的交通线而修了两道工事。他亲自指挥围城和打援的两支部队。在围困布尚要塞的日子里，他不分昼夜地在自己构筑的迷宫般的工事里走来走去。攻城炮于8月21日从图尔奈运到阵地，30日开火。在马尔博罗轰击布尚的时候，维拉斯也对他发起猛烈攻击。这是在包围圈内进行的包围战，围城者时刻可能同外面的敌人发生敌众我寡的战斗。这次围城最能反映马尔博罗的军事艺术水平。布尚城在9月初投降。一支同样庞大的法军眼睁睁地看着布尚的强大守城部队乖乖地出来当了战俘。马尔博罗希望继续战斗，因此接着又包围了凯斯努瓦。他的军队实力尚存，但将领们斗志低落。于是军队进入冬季营房，马尔博罗回到国内。他统率“强大联盟”的军队转战十年，攻无不克、战无不胜，这在战争史上实为空前之奇观。

*　　*　　*

英国官方无法继续隐瞒一直进行的秘密和谈。有关和谈的消息传出后，狂躁的伦敦各界立即为之哗然。哈利在下议院控制着托利党的绝对多数，而辉格党人仍然垄断着上议院的席位。托利党领袖们确信，如果马尔博罗持支持态度，他们就能实现和平。为了使马尔博罗服从他们的意志，他们在战争期间便开始调查军队的账目，企图给他扣上侵吞军费的罪名。如果马尔博罗和他们共同致力于和平，并且强迫盟国接受这一立场，或者单独同法军媾和，那么他们就不追究其罪过，而且他还可以继续得到“宫廷的保护”（the protection of the Court）。否则，他们会用足够的王牌令他声名狼藉。马尔博罗同选帝侯、汉诺威家族的英国王位继承人乔治关系密切，还得到了普鲁士国王和“强大联盟”各国君主的支持，他无论如何也不同意单独媾和。

英国国会于1711年冬天在严重的危机中召开会议。两大政党在有关长期战争的所有问题上进行了较量。辉格党人利用他们在上议院的多数席位，以12票的多数通过了一项反对政府的决议。哈利有下议院作为坚强后盾，并且充分利用安妮女王的支持，对辉格党人的进攻予以坚决反击。他抛出马尔博罗盗用公款的罪状，并且使女王破例地任命12名上议院议员，以改变托利党在上议院的少数地位。这些行动效果显著，马尔博罗被免除一切职务，受到下议院的谴责。他平素生活节俭，注意积蓄，靠英军总司令、荷兰军队代理总司令和许多其他职务的报酬积累了大量的财产。他的罪名主要是在担任联军司令的十年期间，把盟国所交军费的2.5%移作私用。

马尔博罗为自己作了有力的辩护。他拿出安妮女王在1702年下达的一道手令，上面授权他从军费中提取这部分资金。而且，自威廉国王时代以来，这是“强大联盟”内部的惯例。马尔博罗说，这笔钱（将近25万英镑）已用于军队的情报系统。他的情报系统比以往任何时候的情报网都更为完善，这是不可否认的事实。可是，下议院仍以276票对165票的多数否定了他的行动。政府对这位解职的将军提出控告，要他偿还巨款。所有盟国的君主在汉诺威选帝侯和普鲁士国王的带动下，在正式文件中郑重声明：“他们曾经无条件地为马尔博罗公爵提供了占军费总数2.5%的情报经费，而且不要求他报告这些经费的使用情况。”选帝侯还说，“我们深信，马尔博罗公爵每年把这笔经费用于情报工作……他对这笔经费的正确利用有助于我们打赢多场战役，夺取敌人的许多工事，突破敌人的防线。我们的胜利靠上帝的保佑，但在很大程度上也多亏马尔博罗公爵掌握敌人的动向和详细情况。对于这一切，我们深感满意”。

英国在战争与和平的问题上分为两派。看来英国只有单独媾和了，联盟的其他成员国一致谴责英国政府，说它无权抛弃联盟而自寻出路。在傲慢和偏激的英国社会及欧洲社会，要达成协议是不可能的。同时，狼狈的法军为其劲敌的垮台而感到振奋，正在加强力量。路易十四绝路逢生，他勇敢的臣民们纷纷赶来相助。哈利和圣约翰无法避免 1712 年的战役。他们任命在加的斯碰壁的贵族奥蒙德公爵担任统帅，并且向荷兰人保证忠于联盟的事业。神圣罗马帝国皇帝把尤金派到低地国家[1]。尤金曾经访问英国，徒然希望托利党政府对联盟抱忠诚态度，他还表示永远同马尔博罗保持牢固的友谊。他到低地国家后已经掌握相当可观的军队，可以与敌人相周旋了。尤金被伦敦政府背信弃义的行为所激怒，发动冒险的攻势，包围了凯斯努瓦。他要求奥蒙德给予援助，但英国政府即将同法国单独媾和，所以圣约翰给奥蒙德秘密下了禁令，不许他“参加可能引发战争的围城行动”，好像这样的战术真的行得通似的。

在一个阴暗的日子，一向冲锋在前、受到盟国钦佩的英军怀着受辱的心情离开了联军的阵营，受到昔日友军的咒骂。英国的雇佣军中只有极少数人随着英军离开。大多数人尽管得不到报酬并失去拖欠的军饷，却一致宣布为“共同的事业”（common cause）继续战斗。马尔博罗麾下许多老兵痛心疾首，气倒在地。荷兰人义愤填膺，紧闭城门不让临阵逃脱的英军入内。维拉斯迅速前进，袭击尤金在德南的弹药库，然后沉重地打击了尤金的军队，结果尤金的许多士兵淹死在斯凯尔特河里。经过这次战斗，维拉斯夺取了联军的所有前线据点，攻克杜埃、凯斯努瓦和布尚，因此一笔勾销了联军在过去三年里取得的成绩，成为这场残酷战争的胜利者。根据一项英法军事协定，英军向暂时让给他们的敦刻尔克撤退。这一系列惨败迫使“强大联盟”的所有国家同法国讲和，他们只希望得到最宽容的和平条件。

* * *

所谓《乌得勒支条约》（*Treaty of Utrecht*）实际上是联盟的各个成员国同

---

1 Low Countries，历史上比利时、荷兰、卢森堡及其北部的部分地方被称为“尼德兰”，即“低地”，因此它们也被称为“低地国家”。英国将其视作自己的安全缓冲区。——编者注

法国和西班牙单独达成的一系列协议。神圣罗马帝国单独地继续进行战争。最引人注目的事实是，成为腓力五世的安茹公爵控制着西班牙和印度群岛，根本不理会英国国会长期坚持的无理要求。

不过，英国政府也得到了特别有利的条件。法国宫廷承认新教徒在英国继位的合法性，同意把“觊觎王位者”威尔士亲王逐出法国，拆除敦刻尔克的工事，割让北美和西印度群岛的一些地区。这些地方是哈得孙湾、纽芬兰、圣克里斯托弗岛以及马萨诸塞的一支部队夺取的新斯科舍。

西班牙作出的让步是，由英国占领米诺卡和直布罗陀，这个海上强国从而掌握了进入地中海的通道和地中海的控制权。英国在西属南美殖民地获得的贸易利益是，它在30年内拥有向新大陆出卖非洲黑奴的权利，这些利益后来引发另一场战争。法国和西班牙都宣布反对合并两国的王位。法国王室的许多成员莫名其妙地相继去世，因此它反对两国王位合并的声明是否有效，要取决于一个脆弱的小孩，即后来世称路易十五的态度。加泰罗尼亚人响应盟国，尤其是英国的号召参加战争，紧跟他们称之为查理三世的查理大公，如今被人以委婉的外交辞令抛弃给西班牙的胜利一方，遭到报复。

荷兰人得到了他们的堡垒群组成的屏障，这个屏障有所缩小，不过它的外围仍然包括弗内斯、诺克堡、伊普尔、梅嫩、图尔奈、蒙斯、沙勒罗伊和那慕尔。荷兰还得到与外界通行所需要的根特城和控制斯凯尔特河口的一些重要堡垒。普鲁士得到了荷兰要求获得的盖尔德兰。荷兰堡垒屏障以外的要塞统统归还法国，里尔尤其不能例外。萨沃伊公爵得到西西里，此外，在阿尔卑斯山脉有了稳固的边界。葡萄牙有过微薄的贡献，因而获得在亚马孙河上进行贸易的权利。莱茵河地区的疆界以及巴伐利亚和米兰的命运只好留待以后的战争去解决。上述决定就是1713年春天在乌得勒支达成的协议。查塔姆伯爵后来宣布这些协议是“这个时代无法洗刷的污点”。

查理皇帝因西班牙投降而感到愤怒，在1713年又战斗了整整一年。法国人虽然精疲力竭，却夺取了重要堡垒兰道，再次侵入德意志。1714 年 3 月，查理皇帝被迫签订《拉施塔特和约》(*Peace of Rastadt*)。根据这项和约，法国重新得到斯特拉斯堡和兰道，让出它在莱茵河右岸占领的所有地区，巴伐利亚选帝侯重登宝座，米兰、那不勒斯和撒丁划归神圣罗马帝国。在这个基础上，欧洲实现了不稳定的和平。这次和平的条件跟同盟国在 1706 年、1709 年或 1710 年可能得到的条件是不能相比的，但它们毕竟暂时结束了基督教世界长期遭受的磨难。

*　　　*　　　*

马尔博罗受到托利党的猛烈攻击，何况政府以盗用军费的罪名对他提出起诉，更使他陷入困境，因此他在 1712 年底自动流亡国外，寄居荷兰和德意志，直到安妮时代结束。他同英国在野的辉格党和汉诺威王朝保持着密切联系，而且同卡多根将军和其他老部下准备夺取驻扎在尼德兰和敦刻尔克的英军的指挥权，以便率领这些军队到英国去支持新教徒继承王位。

托利党在执政的最后阶段十分狼狈。荣升为博林布罗克子爵的圣约翰同牛津伯爵哈利发生了激烈的冲突。他的卑鄙生活和侵吞公款的行为使他险些被无情的哈利定罪，可是他贿赂阿比盖尔，在她的帮助下取代了哈利在女王面前的得宠地位。安妮女王因患痛风和其他疾病而十分虚弱，数月以来生命已经危如累卵。她曾经坐享胜利的荣耀，而如今面临屈辱的末日。多少年来，她深受臣民的爱戴，而此时却成为一个臭名昭著的派系之工具。在敌意和责备的打击之下，可怜的女王现在行将就木，不胜悲怆。然而，她的意志之火熊熊燃烧到生命的最后一息，她密切注视着内阁里的激烈斗争。无人知道她是否打算立同父异母的哥哥——“觊觎王位者”为继承人。自从内战以来一直在英国进行较量的两股势力又开始了搏斗，它们的面目和角斗场地有所改变，而主要矛盾则毫无变化。辉格党人以《继位法》(*Act of Succession*)

作为武器，得到全国新教徒的支持，他们公开准备以武力反对詹姆斯二世党人的复辟活动。汉诺威王朝的选帝侯在荷兰人的支持下和马尔博罗的帮助下，集中军队，准备像奥朗日亲王威廉那样进攻英国。

1714 年的最后几个月，内战的乌云布满了天空。博林布罗克子爵拥有优势力量，然而他不敢而且无力进行这样一场致命的游戏。“觊觎王位者”威尔士亲王宣布他永远不放弃天主教信仰，这一举动使他失去了登上英国王位的可能性。他的审慎态度值得尊敬，特别是因为它有助于国家的利益。白金汉公爵在被迫下台后激动地说：“天啊！这个不幸的国家受到的是怎样的统治呀！在查理二世统治期间，统治我们的是一群法国妓女；在詹姆斯二世时代，统治我们的是一群天主教教士；在威廉国王的时代，统治我们的是一群荷兰步兵；而现在统治我们的是一个卑鄙的宫廷侍女，一个威尔士律师和一个荒淫无度、厚颜无耻、不讲信义的坏蛋。”

许多记载都得出这样的结论：牛津伯爵和博林布罗克子爵在 7 月 27 日的内阁会议上进行了长期冲突中的决战，这导致了安妮女王的死亡。安妮早已不能行走，甚至不能站立，而她仍然关心着周围激烈的政治斗争。她以手势和含糊不清的声音通知牛津伯爵交出财政大臣的白色权杖。这个慵懒的政客曾经打倒马尔博罗而改变欧洲历史的进程，此时要向得胜的敌人进行最后一次反扑。他和博林布罗克离女王都不到 6 英尺远，他隔着桌子十分粗暴地指责博林布罗克是一个无赖和盗贼，并且以暧昧而颇有威胁性的语言说，他要在国会上揭发博林布罗克。安妮突受打击，窘困异常。她一直承受着这种冲突的压力，现在不知如何是好。她被人抬出了这一激烈的对抗场所。两天以后，长期折磨她的病痛向大脑转移了。

博林布罗克成为胜利者和当世英雄，可是他只得意了两天。7 月 30 日，女王已经奄奄一息，枢密院在宫内召开会议。当他们正要讨论问题时，门开了，萨默塞特公爵和阿盖尔公爵走了进来。二人都是枢密院成员，但却没有接到开会的通知。他们说，鉴于女王生命垂危，他们有责任出来效劳。这次会议无疑是宫廷大臣施鲁斯伯里策划的，他对二位的爱国热情表示感谢。博林布罗克像牛津伯爵在几年前那样，在这种挑战面前退缩了。大臣们来到寿数将尽的女王榻前，要求她把牛津伯爵交出的财政大臣白色权杖授予施鲁斯伯里。这将使施鲁斯伯里成为政府的实际首脑。安妮女王在掌玺大臣[1]的帮助下，用最后的一点力气将权杖交给他，然后便陷入昏迷状态。

枢密院的会议一直开到深夜，大臣们采取积极措施，设法保证汉诺威家族的成员继位。他们向四方派出信使，通知全国的政府官员和军官履行自己的职责。舰队在辉格党人伯克利伯爵的指挥下动员起来，奉命在英吉利海峡巡逻，监视法国港口。政府从佛兰德撤回了十个营的军队，下令各地驻军进入备战状态，通知民兵做好准备，提醒荷兰人履行条约的义务。一切准备工作均已就绪，以确保汉诺威家族的选帝侯继位，成为乔治一世。在这些命令上签名的不仅有施鲁斯伯里、萨默塞特和阿盖尔，还有博林布罗克及其托利党同僚。后者除此之外，别无他法。宫廷的传令官和近卫军也做好了拥戴乔治国王的一切准备。安妮女王在 8 月 1 日 7 时 30 分去世。英国既不会发生天主教复辟和王位之争，也不会发生内战和法国入侵。

英国历史上最伟大的一个时代就此结束。马尔博罗的指挥及其取得的胜利为这个时代增添了光彩。不列颠岛达到统一和强盛。法国统治欧洲的力量遭到粉碎，只有拿破仑才能使她东山再起。作为斯图亚特王朝的末代君主，安妮女王大大提升了英国的国力。她在统治末年身心衰弱，不过她毕竟无愧于“贤明女王安妮”（the Good Queen Anne）这一千古英名。

1 The Lord Chancellor，即大法官，负责保管国玺，为英国政府重要官员。——编者注

PART 8
第一大英帝国的兴起

THE FIRST BRITISH EMPIRE

第七章 CHAPTER 7

汉诺威王朝

1714 年夏末，英国举国上下都在等待乔治一世国王的到来。9 月 18 日，乔治在格林尼治登陆。这位幸运的德意志王子不会讲英语，对自己的新王国也毫无热情。对他来说，接受联合王国的王冠似乎是他对新的臣民普施恩宠。他在满足英国政客的需要。他希望利用英国的力量和财富为他的汉诺威领地和他在欧洲的利益服务。由于要履行国王的职责，他不得不离开故国，到他以前只去过一次而且不太喜欢的海岛上生活。他作为英国王储，多年来一直密切注视着英国政界的派系斗争。他厌恶地观察着党派领袖的活动，他不理解这些活动的背景，也不理解处于危险之中的各种原则。在泰晤士河畔，他以怀疑、警惕和轻蔑的态度打量着前来接驾的贵族和大臣。从此，英国的大地上出现了人们以前从不了解的一个德意志人。他头脑简单，举止粗俗，固执己见，态度严厉。作为指挥官，他在以前的战争中由于行动迟缓而未能尽职；而作统治者，他缺乏鼓舞人心的能力和宽宏大量的气度。不过，他经过深思熟虑后显得比较精明，这个特点弥补了他那刻板的脑筋。在英国登基并非易事，何况他又是一位外国王子。乔治国王勉强地挑起这副重担，却不善于扮演这个角色。他凭借时运戴上英国王冠，不过他后来永远没有放弃它。

前朝的许多官员对新国王满怀希望，也有一些人由于某些原因感到不安。博林布罗克则更是惶恐万状，后来他不可避免地迅速垮台了。安妮女王驾崩时，他仍然是国务大臣。人们怀疑，如果女王多活几个星期，他大概会点燃詹姆斯二世党人复辟的导火线。其实，这个见风使舵的出色的机会主义者即使心中有计，人们也难以预测。他可以根据形势的需要，令人信服地阐述政策。他善于中肯地说明一切问题，当然，对他来说，应该对哪些问题加以说明是无关紧要的。他进行着大赌博，但在关键时刻踌躇不决，结果一败涂地。人们不会宽恕他，也不会对他长期采取容忍的态度。在新国王到来之前成立代行职权的摄政团时，他的名字已被排除在外。不久，他接到新国王发出的撤职令。他罢官回乡，毫无目的地生活在懊悔和恐惧之中。新国王统治时期的第一届国会要求弹劾他。在绝望之中，他向被他无情打倒而此时已经结束流亡生活回到国内的马尔博罗请教对策。马尔博罗在会晤中彬彬有礼，但他说博林布罗克的生命处于危险之中。他暗示说，在托利党领袖当中，只有博林布罗克一人将以生命为他们抵罪。当天夜晚，博林布罗克乔装成一个男仆逃到法国，平日的斯文一扫而光。数月之后，他打定主意，成为“觊觎王位者”的国务大臣。不久，他对长期与之勾结的圣日耳曼宫廷大失所望。他后来又过了八年的流亡生活。笔者以后还要提到这个虚伪的家伙。博林布罗克的强敌牛津伯爵罗伯特·哈利被囚居伦敦塔，虽未受到应有的惩罚，不过他获释时已经老朽不堪了。

*　　　　*　　　　*

17 世纪的政治热情在安妮统治的末年消失了。辉格党同托利党的斗争把英国带到内战的边缘，斗争的核心问题是由信奉天主教的詹姆斯二世之子还是由信奉新教的选帝侯继承王位。如今这个问题已经解决，再无类似的重大争议了。乔治一世顺利登基，托利党被打垮，英国在辉格党的长期统治下稳定发展，国内虽有怨言，但不会发生意外。在 1714 年以后的十年里，国内气氛迅速发生变化，互相斗争的敌意让位于冷淡的宽容态度。根本原则已经不起主导作用，政治感情被政治利益所代替，社会生活由于单纯追求物质利益开始堕落，政治斗争则成为辉格党内各派争夺权势和国王恩宠的手段。

君主制也失去了它的光芒。汉诺威王朝的国王已经不能自称根据神圣的权利实行统治，他们保持王位是由于得到国会的特殊许可。甚至连王室的威严派头也今不如昔了。宫廷已经不是浮华、地位和时尚的汇合中心。朝臣显得有些邋遢，他们的礼仪也有点过时了。宫廷生活的格调取决于一个德国小侯的全副甲胄和他周围的气氛。当时的传略中充斥着日耳曼妇女难听的名字，如基尔曼斯埃格、瓦尔莫登、普拉滕和舒伦贝格，她们很快都得到了英国的爵位头衔和大量财富。在政治方面，关于德国“帮”（gang）的消息颇多，这个“帮”中有乔治一世带来的谋臣伯恩斯托夫和博特默，还有他的私人秘书、胡格诺派人物罗伯特恩。

安妮时代领导辉格党的人物从政治舞台上迅速消失，该党的著名组织者沃顿在 1715 年逝世；受封为哈利法克斯勋爵、在威廉国王统治期间为重建英国财政制度作出重要贡献的查尔斯・蒙塔古于同年去世；勤奋的历史学家、坚定无比的辉格党教士伯内特也离开了人间；前掌玺大臣萨默斯勋爵身体瘫痪，生活不能自理，只比上述几个人多活了一年；他们当中最伟大的人物马尔博罗公爵约翰在布莱尼姆和圣奥尔本斯的家宅中过着孤独的生活，长期遭受瘫痪的折磨，直到 1722 年停止呼吸才摆脱苦难。他的妻子萨拉比他多活了 20 年，是已经消逝的伟大时代的见证人，可惜她孑然一身，形影相吊。

英国出现了新的一代政治家，如沃波尔、斯坦霍普、卡特里特和汤申德等，他们将保证安妮时代到乔治时代的和平过渡。斯坦霍普逐渐成为这些大臣中的核心人物。战争期间，他在西班牙指挥作战，攻克了米诺卡岛。现在他主要从事外交方面的工作。就国内事务而言，困难重重，政府的担子很重。国会把一个德意志王族强加在英国人民头上时，他们默认了。然而，全国许多地区对斯图亚特王朝有着深厚的感情，伦敦、牛津和英格兰西部不断发生骚乱，发生愤怒的吼声。不信奉国教者的家宅和集会场所再次遭到抢劫和破坏，这是辉格党新政权的标志。威廉国王的肖像在史密斯菲尔德举行的仪式上被烧毁。詹姆斯二世和马尔博罗的妹妹的私生子、“觊觎王位者”的积极支持者贝里克元帅估计，1715 年英国有六分之五的人支持詹姆斯二世党人。这当然是夸张的说法。尽管政府在前一年成功地操纵了选举，它并不是无缘无故地害怕民众的情绪。它靠冷静的领导和周密的组织在选举中取得大胜，并不幻想控制全国的情绪。它既要迎合德籍国王，又要讨好易怒的全国人民，这双重任务对它的耐心是严峻的考验。政府采取的第一个行动，就是使英国为了汉诺威王朝的利益卷入北欧事务。英国舰队被派去占领德意志北部沿海的瑞典港口。长期以来，这些港口一直是汉诺威选帝侯垂涎的目标。英国人纷纷抱怨说，英国的力量被用来为德意志人的利益服务。辉格党大臣们感到紧张，因而采取了有效的预防措施。英国驻法大使不断地向他们报告詹姆斯二世党人在法国的动向。詹姆斯二世党人策划在英格兰和苏格兰发动全面暴动，当时苏格兰对《联合法案》深感不满和失望。暴动开始时，英国政府已经做好准备。此外，詹姆斯二世党人由于路易十四在 9 月 1 日逝世，再次受到沉重的打击。这位“伟大国王”一直是他们的保护人和支持者，而接管法国大权的摄政王奥尔良对他们的计划则漠然置之。

9 月 6 日，马尔伯爵在珀斯发动了支持詹姆斯二世党人的暴动，不出几个星期便纠集了一万人马，企图推翻汉诺威王朝对苏格兰的统治。可是，他们没有周密的计划，也没有同流亡在法国的詹姆斯二世党人建立稳定的联系。伦敦政府立刻采取行动。国会通过了《暴乱治罪法》(*Riot Act*)，以制止英格兰城镇的混乱状态。一部分骑兵进驻牛津。出售煽动性小册子和散布煽动性言论的人立即遭到逮捕。《人身保护法》(*Habeas Corpus Act*) 暂时无效。

政府还悬赏十万英镑捉拿“觊觎王位者”威尔士亲王，生死不论。根据保证新教徒在英国继位的《保障条约》(*Barrier Treaty*)，英国要求荷兰派兵支援。正规军悄悄地开往北方，去镇压叛乱者。

在英格兰北部，一批绅士在德温特沃特勋爵带领下开始武装支持斯图亚特王朝。他们无法同马尔伯爵建立有效的联系，但在4000苏格兰人的援助下，贸然到南边的城乡地区谋取支持。军事当局请教马尔博罗公爵，他用拇指在地图上按着普雷斯顿说：“你们将在那里打败他们。”11月13日，叛乱者果然在那里被打败。

同一天，辉格党人阿盖尔公爵指挥的政府军在苏格兰的谢里夫缪尔同詹姆斯二世党人的叛军交战。这次战斗并没有使叛军受到致命的打击，可是他们在战斗之后士气低落，士兵纷纷开小差。“觊觎王位者”鉴于失去胜利的希望，选择12月份一个天气恶劣的日子在苏格兰登陆。他既没有带来金钱，也没有带来弹药，而是把叛乱头目集中起来，用一艘法国船载着他们撤回法国。英国政府镇压叛乱以后，以叛国罪对一些人进行审讯，处死约30人。叛乱被镇压下去了，但英国政府看到了全国自发产生的反抗新政权的力量，不免感到害怕。政府认为必须加强统治，于是通过了《七年法案》(*Septennial Act*)，规定将本届下议院的期限延长四年，以后每隔七年选举一次国会。这是为国会争取权力而作的最大胆、最完善的尝试。他们颁布了一项法案，规定国王任命的上议院新议员不得超过六名，企图把辉格党在上议院的统治地位长期维持下去。这个行为过于露骨，下议院在已经离开政府的反对派领袖沃波尔的领导下，发出强烈的抗议声。他们不是反对削弱王权，而是反对阻止他们晋升上议院议员的决定。他们以绝对多数否决了这个法案。

此后，政权依靠感化手段，例如广施国王的恩惠，颁发星形勋章，提供闲职年金，灵活使用情报经费，替依附者在海关谋个差事，为年轻人在军队和教会里寻找职务，等等。辉格党就这样控制了议会机器。诚然，他们内部已经分裂，但要有组织地反对辉格党寡头政治集团是不可能的。前两代乔治国王全神贯注于欧洲事务，对他们统治的夷邦的国内政治则毫不关心。博林布罗克逃走以后，托利党在国会内群龙无首。由于1715年的叛乱，政府可以轻易地把所有托利党人说成是詹姆斯二世党人和扰乱治安分子。只有极少数人具有政治权力和影响，其他人则开始在别的方面进行新的冒险活动和尝试。

*　　　*　　　*

金融投机受到鼓励。英国政府约有5000万英镑的战争债务，颇想从蓬勃发展的世界贸易中获得利益。早在1710年，托利党政府授予一个公司在南海进行贸易的特许权，并让它认购部分公债。这种特权令南海公司的资产迅速增加。1720年，一些董事向政府提出购买全部公债的计划，当时公债总额达3000万英镑。这个计划原本是个骗局，可是政客们贪婪成性，实在经不住引诱，因为它可以把25年来积压的债务一扫而清。据说有125万英镑用于贿赂大臣、国会议员和宫廷官员。在这一计划提交下议院之前，副财政大臣、辉格党人约翰·艾斯莱比就购买了2.7万英镑的南海公司股票。英格兰银行见到金融界对手的崛起而感到不安，同它拼力争夺这笔大买卖的特许权。但是，南海公司击败了英格兰银行。1720年4月，有关批准这些权利的法案提交到上议院。声名渐噪的罗伯特·沃波尔对这个法案进行了严肃且猛烈的攻击："这个计划把我们民族的天才从贸易和工业方面引开，从而支持了股票批发营业的恶劣做法。它以可以获利的假象为诱饵，诱使那些不警惕的人破产，使他们为了追求想象中的财富而损失惨淡经营的成果。"他说，成功与否要看南海公司的股票是否上涨。"这个计划的本质是极端错误的，它要刺激人们对这个计划保持盲目的迷恋心理，向他们保证能够从这笔不足的资金中分得红利，企图以这种手段人为地提高股票价值。"下议院议员们为获利的前景所迷惑，在沃波尔侃侃而谈的时候，所有议员都悄悄地走了。4月

2日，这个法案以172票对55票的多数获得通过。五天以后，它又以同样的多数在上议院得到通过。考珀勋爵在上议院把它比作特洛伊木马[1]。

投机狂猛烈地爆发出来，股票在三个月之内从128点涨到300点，过了数月又涨到500点。在股票经纪人和投机者响亮的叫喊声中，许多真假公司纷纷涌现。到1721年6月，南海公司的股票涨到1050点。罗伯特·沃波尔在他的私下投资中幸运地捞到大笔利润。在伦敦的每一个咖啡馆里，都有男男女女拿着他们的积蓄向乐于接受他们钱款的公司投资。他们的盲目轻信到了无以复加的程度。一个公司的发起人说，他将制造一种新式武器，叫作"帕克尔机关枪"（Puckle's Machine Gun）。这种机关枪能够发射圆形和方形的子弹，将给战争艺术带来一场彻底的革命，圆形子弹打击基督徒，方形子弹打击土耳其人。其他企业的创办人要求投资的项目有海水淡化、生产永动轮以及从西班牙进口公驴以改良英国骡子品种等。有一个骗子在一则浮夸的广告中鼓吹"一家公司将进行一项重要发明，可是谁也弄不清这项发明到底是什么"。这个和蔼可亲的骗子在康希尔设立一个办事处，专门接受投资者的款项。他的办公室被热心的投资者团团围住。他在收够2000英镑后，便带着钱款逃之夭夭了。

政府在惊恐之余，开始镇压这些小公司。南海公司由于急于发展业务，无暇消灭它的竞争对手。在这些虚假的公司被揭穿以后，迅速出现了静如死水的萧条局面。大拍卖开始了。到了10月份，南海公司的股票跌到了150点。数以千计的人倾家荡产。买了马车和漂亮服饰的杂务工和侍女们发现，他们又恢复到从前的光景。普通教士、主教、诗人和绅士发现，他们一生的积蓄在一夜之间全部付诸东流。每天都有人自杀。在这些轻信的人疯狂追求财富的行动背后，隐藏着内在的贪欲，此时他们大嚷大叫地要求报仇。邮政

---

1 The wooden horse of Troy，出自《荷马史诗》。传说中希腊联军围攻特洛伊久攻不下，于是将士兵藏入一具巨大的中空木马后假装撤退，特洛伊守军不知是计，把木马作为战利品运入城中。是夜，木马腹中躲藏的希腊士兵打开城门，特洛伊沦陷。——编者注

大臣服毒而死，他的儿子国务大臣受到控告，不幸得天花去世，才免去一场官司。首席大臣斯坦霍普由于精神紧张而呜呼哀哉。南海公司的董事们遭到逮捕，他们的财产被没收，用以补偿无数的投资者。下议院成立了一个秘密委员会，调查这些惊人交易的性质和内幕。南海公司的账目被人篡改，残缺不全。不过当局最终还是查出，462 名下议院议员和 122 名上议院议员与南海公司事件有牵连。国会的休息室挤满了疯狂的破产者。当局宣读了《暴乱治罪法》，但人们一致对德意志妇女的贪婪提出抗议："我们被又老又丑的娘们毁了，连德里剧场里最热情的观众也不会欢迎她们。"沃波尔把南海公司的一大部分资本换成英格兰银行的股票，发放公债，以此摆脱僵局。除了南海公司董事们的财产之外，还有几份资产分给大批的投资者。梦寐以求的片刻富贵在瞠目结舌的痛苦中结束了。在混乱中恢复秩序成为第一任英国首相的当务之急。

第八章 CHAPTER 8

罗伯特·沃波尔爵士

“南海泡沫”的丑闻激起了托利党人的希望，他们似乎即将作为一支政治力量重新上台。辉格党政府已经信誉扫地。流亡国外的博林布罗克此时满怀希望，同他在英国的支持者加紧策划活动。才华横溢而尖酸刻薄的罗切斯特主教弗朗西斯·阿特伯里正在同流亡法国的詹姆斯二世党人建立秘密联系。汉诺威王朝的致命弱点——政府的金融信誉——受到了打击。

在 1721 年的大恐慌中，只有一个人能够使辉格党保持垄断地位，此人就是罗伯特·沃波尔，他已经位居要人之首。不久以后，他受封为嘉德勋章[1]的骑士。享受这种荣誉的下议院议员寥寥无几。在马尔博罗时代，这个每周狩猎五天的诺福克郡乡绅升到陆军大臣的显赫地位。1710 年辉格党下野之后，他被关进伦敦塔，获释以后成为下议院的辉格党领袖。他当了三年副财政大臣，在 1717 年和他的妻舅汤申德一起辞职，以抗议某些辉格党人对乔治国王奉行的汉诺威外交政策采取屈从态度。沃波尔亲眼看到了弹劾萨谢

1 Order of the Garter，世界上历史最悠久的骑士勋章和英国荣誉制度最高的一级，由英王爱德华三世创立。详见本书卷一。——编者注

弗雷尔的运动给辉格党带来的灾难性后果，他不愿重蹈覆辙。政治危机迅速结束，詹姆斯二世党人的阴谋立刻被悄悄地粉碎了。阿特伯里依法被处叛国罪。他还未来得及施展雄辩之术和编写小册子的才能，便默默无闻地流亡异乡了。同时，沃波尔没有阻止博林布罗克得到赦免和回国的机会。据说阿特伯里在多佛碰见从法国回来的博林布罗克，对他说道："大人，我们现在互换位置了。"

沃波尔成为政府首脑之后，立即开始恢复金融工作。他担任第一财政大臣，因为昔日那种财政大臣职务已经取消，其权力交给了一个委员会。南海公司认购的最后一笔公债分摊给英格兰银行和财政部。沃波尔在 1717 年设立了还债基金，即每年从岁入中提取一部分款项来清偿公债。不出数月，形势有所好转，英国又在辉格党的统治下安定下来了。

*　　*　　*

一位实业家担任英国政府的首脑，所以国内的政治气氛越来越具有实利主义的倾向。沃波尔意识到，他的政府要想维持下去，就必须避开可能使国家分裂的重大问题。他知道英国贵族和牧师的住所里充满敌意的黑烟，他决定不去触动它。

沃波尔在任命主教的问题上小心翼翼，他的党内朋友伦敦主教埃德蒙·吉布森细致地处理这方面的事务，使辉格党加强了在上议院的优势。沃波尔拒绝对非正统教派给予全面宽容，否则会使宗教斗争卷入政治事务之中。他在原则问题上不愿广泛地采取立法措施，但对于地方官员中违背《忠诚宣誓法》的非正统教徒，却以每年颁布《豁赦免法》(*Acts of Indemnity*)的方式予以保护，因为这些人是他的支持者。可是只要托利党人稍有抬头之势，他就给他们扣上詹姆斯二世党人的严重罪名。其实，他是心地善良的人，许多托利党人的生命操在他的手里，但他从不利用自己的权力杀人害命。

伯克写道："相比长期担任大臣的其他人，经常受贿的罪名对罗伯特·沃波尔爵士并不适用。"他对追随者的品德不抱任何幻想，但他也知道，贿赂之风并不是畅行无阻。至于同他打交道的人，他们唯利是图的本性是受到限制的；显然，在必要的时候，他们不是仅因一己私利来投票，而是受到恐惧或愤怒情绪的支配。凡是可能引起危机的事情，必须像对待瘟疫一样尽量加以避免。另外，由于拨给德意志命妇[1]年金以及拨给王室丰厚的年俸，沃波尔得以继续受到国王的信任。

沃波尔的目标是要使汉诺威王朝和辉格党的权力在二三十年内保持稳定。国内税收较低，托利党绅士所担心的土地税由于政府厉行节约而减少到一个先令。公债逐渐减少。由于全面检查关税制度和削减许多过高的关税，贸易受到刺激而得到发展。沃波尔同法国签订协约，严格奉行不介入欧洲政治的政策，从而避免了另一场战争。他像一名护士，精心护理英国，使它从安妮女王时代的创伤中恢复了元气。然而，人们怀念过去的伟大时代，厌恶乔治一世统治时期的无聊生活。保险、安定、繁荣的政策对他们毫无吸引力，许多人准备攻击国内政治的衰败和英国在国外无能为力的境地。

在沃波尔执政的 21 年里，一直有一股反对势力，它缺乏远大目光，也未曾成功，但它始终是不可忽视的。不赞成沃波尔的政策或者由于未获官职而心怀不满的辉格党人，同身处逆境的托利党人建立了关系，这是反对势力的力量所在。逆境之中的托利党人颇懂人心。博林布罗克在攻击马尔博罗的时候曾经把他们誉为"英国的栋梁"（the gentlemen of England）。这些人感性浪漫，他们为失败的事业而痛心，以自己的国家及其光荣历史和繁荣富强为自己的力量源泉，仍然不失为国家的精英。他们保持着尊严和信心，为失败而愤慨，铭记着自己的传统，怀念旧时代。而且，他们心里还有名正言顺的国王，尽管他们关于国王的观念也许正在逐年淡薄下去。

1　指跟随乔治一世从德意志来到英国的女眷。——编者注

博林布罗克作出友好的姿态，但沃波尔不允许他重返上议院。威廉·普尔特尼和约翰·卡特里特等年轻的辉格党人为聪明所误，未能在沃波尔的权力集团里获得重要地位。他们也无力削弱沃波尔对下议院的控制，因为他得到了国王的支持。他们唯一的办法是破坏他和国王的关系。他们以恭维和贿赂的手段拉拢德意志命妇，可是沃波尔在满足德意志命妇的贪欲方面常常比他的政敌动作更迅速。议会反对派的核心人物是威尔士亲王。从汉诺威王室的传统来看，父子之间向来不和，未来的乔治二世也不例外。政府依靠国王，反对派则依靠他的儿子，双方都从不同的角度关心这个王朝。要不是威尔士亲王之妻卡罗琳的有力支持，沃波尔一定会面临险境。乔治二世在1727年继位之后，沃波尔立即失宠。新国王将他撤职，但反对派领袖未能组织起自己的有力政府，他们临时政府的挂名首脑只好请沃波尔为国王代写乔治二世时代首届国会的开幕词。由于深得卡罗琳王后的信任，沃波尔官复原职，地位比以前更加巩固。

心怀不满、野心勃勃的内阁成员可能会利用国王对汉诺威王国事务的关注，这个危险一直存在。他们会支持国王所珍视的事业——世代生活的故国、伟大的欧洲舞台、“强大联盟”以及马尔博罗的战争。沃波尔身旁的几个人无力对付欧洲的政治斗争。沃波尔的目标较低，他只想维护和平，保住职务，玩弄权术，维持统治。其他人则推行比较积极的政策，沃波尔被迫同他们斗争。他在1729年底解除了妻舅查尔斯·汤申德的职务，然后同纽卡斯尔公爵托马斯·佩勒姆·霍利斯开始了密切的合作。纽卡斯尔公爵天赋不佳，过于烦琐，但拥有大片领地，对选举颇有影响。他成为国务大臣是因为他像沃波尔所说的那样，“经历过一个能干的人在这个职位上造成的麻烦”。沃波尔被他的敌人讥讽为“首相”，这个深受尊敬的头衔最初是个贬义词。反对派似乎永远失去了成功的希望，聚集在博林布罗克和他的报纸《工匠报》（*The Craftsman*）的资助者、乔治一世的情妇肯德尔女公爵周围的年轻人才华横溢，善于辞令和讽刺，但对古板、腐败而稳定的沃波尔政府却无可奈何。

然而，1733年爆发了一场风暴。沃波尔建议由税收官对烟酒征收货物税，以代替关税。这一措施主要是针对吞噬政府收入的大量走私活动。反对派利用一切武器攻击这一措施，国会议员收到大量信件，民谣书籍和各种小册子被偷偷塞进家家户户，全国各地组织了大规模的请愿活动和群众集会。税收官的粗暴行为为他们自己塑造了可悲的形象。每个英国人的家就是他自己的城堡，如今这个城堡将受到税收官的日夜骚扰，他们会来检查税金是否缴清。人们如此传言，这种说法在当时还比较新奇。军队里也到处传说，他们将为烟草付出更多的钱。有一位军官报告说，他可以肯定，他的部队反对"觊觎王位者"，但并不反对这种税收。这场风暴席卷全国，震惊了下议院中亲政府的多数议员。他们害怕失去既得圈地，因而不敢接受贿赂。沃波尔的多数派缩小了，他的支持者像羊群溜出敞开的大门一样离开了他。沃波尔被英国历史上最不择手段的一次运动所击败，取消了税收改革计划。在下议院发生分裂的危机过去之后，他说了一句名言："这场舞跳不下去了。"他成功地从混乱中挣扎出来，没有大肆报复，只是开除了帮助反对派的一些军官。激烈批评他的人搬起石头砸了自己的脚。反对派没有得到长远的好处。

博林布罗克失去了重掌权柄的希望，于1735年再次退居法国。丢官罢职的辉格党人聚集到新的威尔士亲王弗雷德里克的周围。弗雷德里克也成为反对派的希望，可是反对派只能为这个平凡的家伙增加一些年俸。他们的傲慢态度使沃波尔感到，人们对他死气沉沉的统治已经不耐烦了。对他批评最凶的是骑兵部队的一名年轻旗手，名字叫威廉·皮特，沃波尔由于这个旗手积极参加反对派的攻击活动而撤销了他的职务。1737年，沃波尔的坚定盟友卡罗琳王后逝世。这位诺福克郡的绅士为人严厉而缺乏感情，精于数字又嫉贤妒能，保持着对英国的统治，偶尔也为自己牟取私利。全国各地和下议院对他长期垄断政权日益反感。

反对派终于发现沃波尔掌权的秘诀，原来他尽量避免可能扰乱国家安定局面的冲突。反对税收的运动为不受沃波尔控制的广大臣民支持，这也指明了导致沃波尔彻底垮台的方向。沃波尔在下议院和宫廷的小圈子里地位最高，但他的名字令许多人反感，不受任何人欢迎。整个国家对他厌烦了，不重视这种缺乏生机的平静的繁荣。商业财富迅速增加，贸易数字急剧上升，但全国上下仍不满意。国内似乎缺少些东西，当然不缺少詹姆斯二世党人的复辟情绪，也不缺少野心勃勃、丢官罢职的辉格党政客的不满心情。英国人的刚强性格和冒险精神在拖沓而缺乏生气的政府统治下极度压抑，寻找着发泄口。有时候，下议院开会解决不了任何问题。

要摧毁沃波尔的统治机构，只需激起民愤，即可使死气沉沉、受贿不多的议员一致反对沃波尔。西属南美殖民地的一系列事件导致了沃波尔政府的垮台。

* * *

1713 年签订的《乌得勒支条约》规定，英国每年可以向新大陆的西班牙种植园输送一船黑奴。西班牙政府的工作效率极低，所以违约偷运黑奴是十分容易的。这种非法贸易在和平的年代里逐渐得到发展。西班牙政府终于开始整顿和扩大殖民统治，英国船只在西班牙海域进行非法贸易的活动受到西班牙缉私队的阻拦和检查。多年来，缉私队以落后的装备在西班牙殖民地海岸镇压偷运黑奴的活动，而不制止奴役黑奴的行为。缉私队没有取得成效，所以他们一旦在辽阔的海洋上截住一艘英国船，不会以礼相待。贩运黑奴的利润很高，伦敦商人迫使沃波尔挑战西班牙的检查权。于是，英国同马德里政府开始了一系列谈判。

南海公司的董事们对上述地区颇感兴趣。镇压私运黑奴的活动对他们并无害处，但是根据《贩卖黑奴协定》(*Asiento Contract*)，他们为了每年往南美运送一船黑奴而不得不向西班牙国王纳税。他们在这个问题上同西班牙发生了冲突。他们濒于破产，希望利用伦敦的反西班牙情绪逃避纳税义务。他们声称在1719年至1727年的战争中受到西班牙舰队的损害。这次冲突还牵涉到其他问题。遭到扣留和损害的船只多半来自英国在西印度群岛的殖民地，因为这些殖民地长期在坎佩切湾和洪都拉斯湾购买木材。沃波尔和纽卡斯尔希望和平解决争端。1739年1月，英西双方在马德里举行谈判，达成初步的《普拉多公约》(*Convention of Prado*)。西班牙的经济也濒于崩溃，因而它同样希望避免战争。它主动提出许多让步，沃波尔也大幅降低了英国商人的赔偿要求。可是反对派拒不接受他和西班牙人拟订的解决方案。南海公司被排除在这个初步公约之外，它单独继续同西班牙政府斗争。5月份，西班牙停止《贩卖黑奴协定》的效力，拒绝支付《普拉多公约》规定的补偿金。

同时，英国国会中的反对派对政府同西班牙的谈判进行了大肆抨击。他们大谈英国的荣誉以及伊丽莎白和克伦威尔时代的伟大传统，助长了全国人民的偏见和不满情绪。同西班牙殖民地进行贸易的船长詹金斯被带到下议院，他拿出一个瓶子，瓶中装着他的一只耳朵。他说，这只耳朵是他的船受到西班牙缉私队检查时被割掉的。议员们问道："你打算怎么办呢？"他按照反对派事先告诉他的口径说："我把灵魂交给上帝，把我的事业交给祖国。"詹金斯的耳朵使人们作出各种推测，引起了一阵骚动。至于他的耳朵是被西班牙人割掉的，还是在某个港口的殴斗中被割掉的，现在仍是不解之谜，但这只已经萎缩的耳朵发挥了很大的作用。以普尔特尼为首的一些大肆叫嚷的煽动家被人谑称为"爱国者"(Patriots)。反对派不看《普拉多公约》的内容，就竭力发动猛烈的攻击。沃波尔的一名支持者写道："爱国者还不了解这个公约就决定破坏它，煽动人民反对它，他们在这个问题上达到了目的。"正如英国驻西班牙公使本杰明·基恩在几个月之后对沃波尔所说的那样，"反对派在发动战争"。

西班牙人对英国国会中好斗的反对派可能满不在乎，可是沃波尔和纽卡斯尔却不能置之不理。假如全国上下要求同西班牙进行战争，大臣们宁可随波逐流也不会辞职。在签订《普拉多公约》之后，西班牙解散了海军舰队，以表示它的诚意。英国在地中海的船只接到撤回国内的命令，可在威斯敏斯特发生骚乱之后，这些命令在 3 月份又撤销了。法国的敌对态度更使沃波尔吃惊。他只好退却，不过尚有退路。1739 年 10 月 19 日，战争爆发了。伦敦的教堂响起了钟声，成千上万的人高喊着涌上街头。沃波尔首相俯视兴高采烈的人群，生气地说："他们现在这么高兴，不久就会难过的。"一场激烈的争斗开始了，起初争斗的对象只是西班牙，不久，法国因波旁君主之间的血缘关系也卷入冲突。英国同它近邻的最后决斗因此开始了，这个近邻在不到百年的时间里将经历查塔姆的胜利、诺思勋爵[1]的蠢行、法国革命的恐怖和拿破仑的兴衰。

沃波尔像他自己预见的那样，在统治不力和混乱的局面中丧失了权力。海军严重缺员，作战连连失利。它攻克巴拿马地峡波托贝洛这唯一的胜利，是在反对派英雄弗农司令的指挥下取得的。安森上尉率领的小舰队，满载着切尔西退休军官驶入茫茫无际的太平洋。它对西班牙人没有造成任何损失，却在将近四年的时间里成功地环航地球一周。安森一边前进一边标出他的航线。在这次航行中，他训练出新一代海军军官。同时，国内民族情绪高涨，伦敦发生骚乱。威尔士亲王到处抛头露面，处处受到反对派的欢呼。他们嘴边挂着一个新口号，用汤姆森的名言来说，就是"恢复不列颠的秩序"（Rule，Britannia）。

1741 年 2 月，反对派议员塞缪尔·迪斯建议向国王请愿，要求国王撤销沃波尔的职务。老臣沃波尔再次斗智克敌，不过这是他的最后一次胜利。他向下议院的詹姆斯二世党人暗示，甚至向他们建议说，他将支持詹姆斯二世党人复辟。结果詹姆斯二世党人出人意料地投票支持他。正像切斯特菲尔德勋爵所说的那样，反对派"四分五裂"。根据《七年法案》的规定，该举行大选了。威尔士亲王拼命花钱拉选票，他的竞选运动由威廉的弟弟托马斯·皮

1 Lord North（1732—1792），曾任英国首相，美国独立革命主要英国相关人物。——编者注

特直接负责，结果反对派赢得康沃尔郡的 27 个席位。苏格兰伯爵们利用他们的力量反对沃波尔。当新国会召开时，沃波尔内阁提交的抗议行贿的“选举诉愿书”（election petition）遭到否决，他因而辞职（当时，有争议的席位完全由下议院从党派立场出发作出裁决），这是 1742 年 2 月的事情。罗伯特爵士统治英国 21 年。他在垮台之前常常连续独坐数小时，默默无言，回顾着在唐宁街[1]生活的每个片断。他是在唐宁街 10 号居住的第一位英国首相。他一生作出了许多贡献，保证英国的王位顺利地传给新教徒，使怨声载道的英国上下在新政权的统治之下平静下来。他建立了一个有力的机构，使它在内阁的保护下得以生存和发展。他监督着国家的日常事务，使之不受国王的干涉。1714 年以后，国王除了重大场合之外不再亲自主持内阁会议。这虽是一次偶然事件的结果，然而非同小可。安妮女王身体健康的时候，常常在肯辛顿宫主持星期天晚上的内阁会议。大臣们认为，他们对她本人负有责任，他们之间也互相承担着某种义务。乔治一世不会讲英语，和大臣交谈必须用法语以及他们从伊顿公学学到的不正宗的拉丁语。在失去挂名首脑的内阁里，沃波尔建立了自己的统治地位。他试图居于大臣之上，并且确立由国王将违抗命令的大臣撤职的惯例。但他没有确立大臣集体负责的惯例。他倒台以后，有一项罪名就是他企图成为“唯我独尊的首相”（sole and Prime Minister）。

沃波尔为英国保持了近 20 年的和平局面，下台后作为牛津伯爵进入上议院。一切有才能的人都反对他在下议院垄断大权的做法，反对派利用他的政策煽动他所极力安抚的反对情绪。他是英国历史上第一位伟大的下议院领袖，倘若他在西班牙战争爆发之前辞职，也许堪称最成功的下议院领袖。

1 Downing Street，指唐宁街 10 号的英国首相官邸。——译者注

第九章　　CHAPTER 9

奥地利的王位继承与1745年的战事

反对派强加给沃波尔的英西战争不久便扩大为一场欧洲大战。英国本想在西班牙殖民地和西班牙本土进行海陆战争，没想到却卷入欧洲战争。这次大陆冲突是由 1740 年两位国王的逝世引起的。在易北河东岸，正在崛起的普鲁士王国有了新的统治者。腓特烈二世，即后来的腓特烈大帝，继承了父亲的王位。他同时继承了一支强大的军队，并对它加以充分利用。他有远大的抱负，企图扩张分散的领土，缔造最强大的德意志国家。他精通兵法，善于治人，判断准确，残忍无情。在继位之后，他很快就有了检验这些才能的机会。哈布斯堡王朝的皇帝查理六世于 10 月驾崩。除了神圣罗马帝国皇帝的称号之外，他的辽阔版图传给了女儿玛丽亚・特雷莎[1]。他在生前得到欧洲各国的正式保证，它们将承认他女儿对奥地利、匈牙利、波希米亚和尼德兰南部的继承权。腓特烈根本无视这些保证，攻占了自己领土南面的奥地利省份西里西亚。法国一向嫉妒哈布斯堡王朝，因而鼓励并支持腓特烈的行动。欧

1 Maria Theresa（1717—1780），奥地利首位女大公，匈牙利国王以及波希米亚国王。作为哈布斯堡家族的女性继承人，对奥地利甚至整个欧洲的历史进程起到推动作用。——编者注

洲由此陷入奥地利的王位继承战争。

英国国王乔治二世被这些棘手的问题所困扰。在他的心目中，他世袭的汉诺威选帝侯国比大不列颠王国更为可贵。他看出侄子、普鲁士国王腓特烈的野心，担心普鲁士下一步的进攻目标会包括他在德意志统治的地区。沃波尔垮台以后，在伦敦控制乔治政府的是第一财政大臣亨利·佩勒姆和他的弟弟、长期担任国务大臣的纽卡斯尔公爵。他们控制着辽阔的领地和选区，从而保持了辉格党在下议院的统治地位。他们精于党派斗争，而在外交和军事上却是外行。纽卡斯尔十分了解欧洲，但他生来谨慎小心，无所作为，把控制内政看得重于指挥战争。乔治二世因此求助于佩勒姆兄弟的对手卡特里特勋爵。在沃波尔执政时期，卡特里特同其他因过分聪明的人一样，遭到了厄运，被贬为爱尔兰总督。沃波尔下台以后，他重返国会，跻身国家的政治舞台。他此刻通过维护乔治二世在德意志的利益，取代了佩勒姆兄弟二人在国王面前的得宠地位。他希望汉诺威和英国保持并促进欧洲力量的平衡。他认为自己掌握着打开欧洲迷宫的钥匙。他能够讲德语，并且是乔治二世的挚友。他看出了普鲁士日益构成渐成隐患，如果法国和普鲁士结成联盟，将对英国构成莫大的威胁。1742 年，他被任命为国务大臣。为了对付法国、西班牙和腓特烈大帝的联盟，他同玛丽亚·特雷莎谈判达成一项条约，并且延长了英荷两国的一些旧有协定。他答应为奥地利提供财政援助，同时准备组建一支军队以支援这位匈牙利女王（玛丽亚·特雷莎的尊称）。40 年前，英国曾支持她父亲查理大公为争夺西班牙王位而进行的斗争。今天，不列颠岛再次同奥地利王族合力对付法国，但这不是最后一次。

不幸的是，卡特里特既缺少个人地位，又缺乏政治上的追随者，因而无力有效贯彻自己的决定。他性情孤僻，不善于拉帮结派，只能依靠国王的宠幸。国会里迅速出现了反对他的势力，为首的是代表古老而无人居住的旧塞勒姆自治市的议员威廉·皮特。皮特的祖父是马德拉斯[1]总督，拥有著名的皮

1　Madras，印度东南部城市。——编者注

特钻石。威廉 · 皮特从伊顿公学毕业后进入军界。他的上司科巴姆勋爵由于煽动反对征收货物税而被沃波尔撤销团长职务，这位年轻旗手随即中断了军事生涯，于是他追随主子科巴姆加入了反对派阵营。科巴姆勋爵是坦普尔家族的首脑，同格伦维尔家族和利特尔顿家族[1]均有亲戚关系。皮特同这批愤愤不满的辉格党人建立密切的政治关系，开始了他的政治生涯。他在反对西班牙战争的运动中扮演了重要的角色，并且无情地抨击纽卡斯尔指挥不力。

这步行动实在可悲，然而反对派主要攻击的是把战争扩大到欧洲大陆。他们说，这是可耻而不负责任地屈从汉诺威王朝的权势。皮特发表措辞激烈的演说，抨击拨款建立汉诺威军队，从而招致乔治二世的长期反感。他在另一次讲演中谈到，如果说沃波尔"由于优柔寡断而葬送了国家利益的话，那么现任首相则以堂吉诃德[2]式的冒险行为牺牲了国家利益"。佩勒姆和纽卡斯尔由于卡特里特受到攻击而暗自庆幸，他们非常嫉妒这个才能出众的同僚，伺机要把他赶下台。这一天到来之时，皮特将以令人难忘的雄辩讲演而受到奖赏。

马尔博罗的老部下斯泰尔伯爵指挥的三万英军正在大陆战斗。1743 年春，乔治二世在他的幼子坎伯兰公爵的陪同下，离开英国亲临战场。盟国军队集中在美因河一线，企图切断法军同他们的德意志伙伴的联系。巴伐利亚趁混乱之机进攻玛丽亚 · 特雷莎女王。巴伐利亚选帝侯在法国支持下被宣布为神圣罗马帝国皇帝。300 年来，哈布斯堡皇族首次失去帝位。这只是一段短暂的插曲。诺阿耶元帅指挥的一支精锐法军就在附近，企图切断敌军同荷兰基地的联系，以便在两军对垒中将其消灭。在阿沙芬堡附近的代廷根村一带，两军展开战斗。法军骑兵急不可待，立刻向盟国联军的左翼发起冲锋。

---

1 The Temple family，The Grenvilles，The Lytteltons，均为英国知名上层社会家族，彼此之间有亲戚关系，在政治上相互扶持。——编者注

2 Don Quixote，西班牙作家塞万提斯 · 萨维德（Miguel de Cervantes Saavedra,1547—1616）所著长篇讽刺小说《堂吉诃德》的主人公，他常幻想自己是中世纪骑士，言行令人匪夷所思，不合时宜，四处碰壁。此处用于形容沃波尔脱离实际的行为。——编者注

乔治二世的战马脱缰而走，但他步行挥剑前进，带领汉诺威和英国的步兵同法国骑兵厮杀。法国骑兵战败溃逃，许多人在争渡美因河时溺死。法国步兵未能挽回败局。经过四小时战斗，盟军取得全胜。盟军损失不到 2000 人，而法军的伤亡人数比这多一倍。在英国历史上，这是国王身先士卒的最后一次战斗。乔治二世的儿子坎伯兰公爵在这次激战中也表现出骁勇的气概，年轻军官詹姆斯·沃尔夫亲眼看到他作战的情景。汉诺威王族虽然在战场上敢于冲杀，但他们缺乏将佐之才。他们在代廷根战役中取得的胜利并没有产生决定性的影响。

战事停顿下来，英国人和汉诺威人互相争吵，没有采取其他军事行动。代廷根战役在伦敦激起一时的热情，但人们逐渐又开始反对继续进行大规模的欧洲战争。英国又成为另一个“强大联盟”的首脑和冤大头。法国和西班牙签订了新的《波旁家族盟约》(*Bourbon Family Compact*)。另外，谍报人员报告说，詹姆斯二世党人正在巴黎策划阴谋。伦敦纷纷传说法国人将要入侵不列颠岛。英国政府急忙把荷兰军队调到希尔内斯。1744 年底，已经受封为格兰维尔勋爵的卡特里特被赶下了台。纽卡斯尔重新控制了政府，可是他无法推卸卡特里特和乔治二世强加给他的义务，也没有足够的力量迫使乔治二世使用皮特。他对他的兄弟说：“我们决不应由于掌权而忘记我们说过要永远赶走格兰维尔勋爵的话。”

1745 年，乔治国王任命坎伯兰公爵担任大陆英军的总司令。这位严厉的年轻司令官在代廷根战役中的表现勇敢，人们以为他颇有军事才能。他的一名军官说，他在战斗中一马当先的作风是“令人震惊的大将风度”。接下来，坎伯兰必须同当时的一流军人萨克斯元帅较量一番。法军集中在荷兰堡垒屏障附近，这里因马尔博罗率军战斗过而为人们所熟知。萨克斯把图尔奈的防务安排妥当之后，以蒙斯公路附近的丰特努瓦村为中心布置了坚固的阵地。坎伯兰将他的部队列成战斗队形，在炮火的掩护下推进到离法军阵地 50 步远的地方。法军几乎占着 2∶1 的优势。第一近卫兵团（掷弹兵）的中校查尔斯·海勋爵走出前面的行列，举起一个火药筒向法国王家近卫军致意，然后说："我们是英国近卫军，希望你们等到我们冲到你们身边。而不要像在代廷根战役中跳入美因河那样，老早就跳进斯凯尔特河里游泳。"话毕，两军阵中一阵高呼。英军开始前进，离法军30步远的时候，法军开火了。法军一齐射击造成的杀伤未能挡住联军步兵，他们把法军赶出了阵地。法军骑兵冲杀了数小时，试图打乱联军的队伍。坎伯兰看到法军中的爱尔兰旅投入战斗时激动地说，"真该死，这些人竟成了我们的敌人"。在有关他的记载中，这句话可谓相当宽容。黄昏时，他带着队形整齐的部队撤向布鲁塞尔。

代廷根和丰特努瓦这两次战役也许没有起多少作用，然而它们是英军在18世纪中叶参加的最值得称道的战斗。后来英国在奥地利王位继承战争中未发挥更大的作用。

1745年10月，坎伯兰将部队撤回国内，以应付"小觊觎王位者"[1]对英国的入侵。当时，我们的大陆盟友在各条战线不断遭到打击。只有大西洋彼岸传来了一些好消息，英国殖民者在一支海军舰队的支援下，夺取了法国在新大陆最坚固的堡垒路易斯堡。这个堡垒虎踞布雷顿角，素有"北美的敦刻尔克"[2]之称，它控制着圣劳伦斯河口，保护着加拿大和法国的交通线，是法国人花100多万英镑买到手的。伦敦认识到夺取这个堡垒的重大意义。切斯特菲尔德写道："我们刚刚控制的布雷顿角是我国的珍宝，它比昔日的直布罗陀要珍贵十倍。"

被乔治二世称为"傻瓜"（the impertinent fool）的纽卡斯尔茫然不知所措。他没有确立战争政策，把卡特里特赶下台以后，被迫"扩大政府的根基"（broaden the bottom of the administration），这是当时流行的说法。佩勒姆政权依靠辉格党家族集团的支持，虽缺乏广泛基础，但也有它的长处。亨利·佩

1 The Young Pretender，即詹姆斯二世的孙子。——译者注

2 Dunkirk，法国北部靠近比利时边境的港口城市，因第二次世界大战发生在这里的敦刻尔克战役和英法军队敦刻尔克大撤退而闻名于世。——编者注

勒姆是个出色的统治者，节俭而有能力。他像沃波尔那样面临着一场欧洲大战，而处境又不如沃波尔。纽卡斯尔想入非非地把政府工作看作是本阶级的职责，但他不知道如何完成这一职责。后来担任首相的谢尔本勋爵对佩勒姆兄弟作了这样的评论："他们有掌握政府的才能，却无力统治这个王国。他们比较宽容廉洁，坚持辉格党的原则。……他们的长处是狡诈，善于辞令，颇有修养。他们知道宫廷的魅力，惯于实行统治，长期控制着一个政党。……佩勒姆先生比他的弟弟更为能言善辩，他弟弟对别人不是采取强迫措施，而是百般哄骗，在人们的印象中不如他那样富有同情心。"

战争压倒了其他一切问题。十年来，佩勒姆兄弟一直竭力建立稳定的政府。威廉国王的幽灵缠绕着他们。他们的外交政策是二三十年前的政策残存。奥地利和荷兰已经不是大陆上的强国，"强大联盟"已经不复存在。18世纪40年代的这个"扩大基础"的政府跌跌撞撞，已然跟不上欧洲的潮流。它对英国在海外的远大前程漫不经心，这让英国人民感到痛苦。有一个人看出制定新政策的必要性，他就是皮特。国王把他请进枢密院的可能性有多大呢？

*　　　　*　　　　*

苏格兰在1707年同英格兰合并以后，一直怨声载道。英国政府的政令难以达到的苏格兰高地，臣民们长期保持着对斯图亚特王朝和詹姆斯二世党人的忠诚。那里的部族像土著一样在山村里生活，无法无天，长期充满抢劫和格斗的欲望。同英格兰联合并没有使他们摆脱贫困状态。莱基写道："酋长们经常绑架青少年，把他们作为奴隶卖给美洲种植园主，以增加自己的微薄收入。苏格兰高地的野蛮人长期过着懒散和四处掠夺的生活，他们只要受到一点刺激，便向对方杀人报复。酋长和氏族之间的激烈冲突世代相传。在每个高地人被杀害的地方都有一堆石头为记，标志着部族之间的长期血仇。高地人在战斗中毫不手软，凶恶面目使他们的邻居不寒而栗。”[1]

当苏格兰的其他地区在长老会的严格管制下时，高地则在酋长们的统治中，他们既不联合，又不讲和，始终保持着好战精神和虚荣心。

1715 年叛乱失败后，詹姆斯二世党人偃旗息鼓，一俟英格兰卷入大陆战争，他们又蠢蠢欲动。“老觊觎王位者”[2]已经隐退，他的儿子查理·爱德华王子成为罗马和巴黎贫穷流亡者的领袖。查理堂堂的仪表和洒脱的举止为他的事业赢得了支持。1744 年，他谋求法国政府的支持，在格拉夫林建立了基地。他企图在这一年依靠法国人的援助入侵英国，这个希望未能实现。可是他并不灰心，在 1745 年 6 月带着一小撮追随者从南特启航，在苏格兰西群岛登陆，从而开始了英国历史上最大胆、最轻率的一次冒险活动。查理几乎没有做任何准备工作，他只得到高地的支持，可是那里的人口只占苏格兰人口的一小部分。当地部族随时准备战斗，但不愿受任何指挥。查理缺少军火，军费不足。低地人敌视高地军队，商人阶层把他们视为土匪。城市则早已接受汉诺威王朝的统治。

乔治·默里勋爵率领 1200 人在格伦芬南举旗造反，拥护詹姆斯二世党人。约翰·科普爵士率领约 3000 人的政府军在低地集结。叛军南下，查理王子进入荷里路德宫[3]。科普在普雷斯顿潘斯与叛军交战败北。到了 9 月底，查理以他父亲“詹姆斯八世国王”的名义控制了苏格兰的绝大部分地区。可是他的胜利犹如昙花一现。忠于乔治国王的爱丁堡城堡死守不降，时而沉闷地发射一颗炮弹。苏格兰大多数老百姓对战事漠不关心。伦敦则出现一片恐慌，存户纷纷到英格兰银行提取存款，结果被银行用六个便士打发走。绝大部分军队仍然驻在佛兰德。

“小觊觎王位者”率领 5000 人马越过了边界。英国政府调集三路大军迎击。韦德将军屯兵纽卡斯尔；坎伯兰到利奇菲尔德去封锁通往伦敦的公路，

---

1 引自 M.E.H. 莱基所著《18 世纪英国史》（*History of England in the Eighteenth Century*）第 2 卷。——原注

2 The Old Pretender，即詹姆斯三世，查尔斯·爱德华的父亲。——编者注

3 Holyrood Palace，苏格兰王宫。——译者注

如果叛军企图同威尔士山区的詹姆斯二世党人会合，他就向西进攻，第三路军队驻在芬奇利公地保护伦敦，至今在霍格思[1]的讽刺画中还可以看到他们的形象。乔治国王不喜欢这幅画，他觉得自己是个武士，认为画家在作品中不该取笑士兵。

高地的苏格兰人行动迅速，他们在南下途中一路抢劫，占领了卡莱尔、彭里斯、兰开斯特和普雷斯顿。加入他们队伍的英格兰人少得可怜。他们希望在曼彻斯特扩充人马。他们进城时，一个少年打着鼓陪着一个妇女在前面开路，以招人入伍。他们用尽种种办法，结果只招募了 200 名新兵。在南下的途中，许多高地人开小差跑回家。利物浦坚决拥护汉诺威王朝，利用它自己的财力武装起一个团。

酋长们要求返回苏格兰。查理王子知道伦敦的恐慌局面，企图从中渔利，无奈他的指挥棒对追随者不灵。乔治·默里勋爵巧施调虎离山之计，将坎伯兰引开伦敦公路，使通往首都的道路畅通无阻。这时已是 12 月。英格兰人控制着制海权，法国不可能派来援兵，而荷兰人和黑森人[2]正在向英格兰输送援军。伦敦正在加紧征兵，对每一个加入近卫军的人发放六英镑的额外津贴。

查理王子在德比下令撤退。两天以后，他接到有关威尔士的詹姆斯二世党人准备起事的消息。隆冬时节，叛军开始向苏格兰北部的要塞撤退。政府军穷追不舍，紧紧咬住叛军的后卫部队和两翼部队。默里在这次撤退中显示了非凡的军事才能，他的后卫部队在同追兵的冲突中从未失利。他们在福尔柯克反击追兵，对之予以重创。但坎伯兰公爵以条顿人[3]特有的顽强精神，集中政府军准备决战。在 1746 年 4 月的卡洛登荒原之战[4]中，斯图亚特王朝复

1　Hogarth，英国画家。——译者注

2　Hessians，即黑森佣兵，18 世纪受雇于英国的德意志籍佣兵组织。在英国服役的背景下，他们全部被归类为“黑森人”。——编者注

3　Teutonic，古代日耳曼人的一个分支，后世常以条顿人泛指日耳曼人及其后裔。——编者注

4　Battle of Culloden Moor，詹姆斯党人的最后挣扎，也是苏格兰高地部落最后一次大规模叛乱。结果英军以绝对优势取胜，并对詹姆斯党人和高地部落进行大屠杀。——编者注

辟的最后一线希望破灭了。斯图亚特王朝在人们的心中留下的只是有关善良国王的一些传说，这些传说毫无根据，却富有感情色彩。坎伯兰在这次战斗中对叛军概不饶命，从此得到“屠夫”（Butcher）的长期称号。查理 · 爱德华和几个忠实仆人逃离战场。他乔装成女人，被女英雄弗洛拉 · 麦克唐纳偷渡到斯凯岛，然后乘船去欧洲大陆，在流亡中度过自己的一生。弗洛拉由于在这段插曲中的英勇行动，被关押在伦敦塔过了一段铁窗生活。

英国政府的残酷镇压手段反映了它对自己政权的担心。它解除了苏格兰高地人的武装，废除了残余的封建制。詹姆斯二世党人从大不列颠的政治生活中消失了。韦德此时已成为陆军元帅，他攻入高地腹地，派兵镇守因弗内斯等地。七年战争爆发时，皮特利用高地人的好战精神为他的帝国美梦服务。沃尔夫指挥的高地军队在魁北克的战争中为苏格兰赢得了荣誉，从此一直是英军的精锐部队。沃尔特 · 司各特爵士在他的传奇作品中谈到高地的传统，并记载了有关詹姆斯二世党人的传说。时至今日，那里还有一个白玫瑰联盟[1]。

* * *

佩勒姆兄弟在这次叛乱危机中提出最后通牒，他们要求让皮特作为他们的同僚，否则就要辞职。1746 年 4 月，皮特出任军需大臣。在战争时期，这个职务的报酬很高。根据公认的传统，军需大臣可以把余款存入他的私人账户，获取利息。另外，他可以从付给盟国军队的作战补贴中提取佣金。而皮特除了他的薪水外，不多收一个便士。这种作风深得人心。他以本能而不是以计谋博得了中产阶级、伦敦商业区、新兴的商业城镇以及乡村地主的敬佩和信任。他是个天生的演员，通过这种清廉作风引起民众的注意，比以前任

1 White Rose League，即詹姆斯党人，白玫瑰为约克家族的徽章。——编者注

何一位政治家都更加牢固地控制着他们。在九年的时间里，皮特学会了日常行政管理工作。1748 年签订的《亚琛和约》(*Treaty of Aix-la-Chapelle*) 结束了令人失望的大陆战争，但没有解决英法之间的任何问题。唯一的受益者是腓特烈大帝，他在合适的时机加入战争，又在合适的时候退出战争。他仍然占领着西里西亚。

皮特同纽卡斯尔就是否有必要调整外交政策的问题进行了长时间的讨论。他指出，轻视普鲁士是危险的。他说："如果没有持久的和平，那么英国和欧洲则势难生存，而如果没有普鲁士的介入，那么目前的联盟则无力保持和平。"法国人的威胁使他忧心忡忡，他的观点在担任军需大臣期间逐步形成并厘清。佩勒姆因新伙伴加入而感到高兴。他说："我认为，皮特是我们当中最能干和最有用的人，而且秉性正直，值得尊敬。"皮特由于不能左右或批评政府政策，甚感烦恼。他通过不断的猛烈抨击才加入政府，如今却遭到国王的白眼，无能为力。他用惯常的手段无法得到最高政治权力，必须求助于全国舆论。但是，在 1748 年至 1754 年这段和平时期，情况复杂、阴谋迭起，他不可能采取激烈的行动。1751 年，反对派的名义领导者威尔士亲王弗雷德里克去世。皮特和其他年轻的政客曾殷切希望，一旦这个无足轻重的人物继位，他们便能掌握大权。弗雷德里克的逝世削弱了潜在内阁的团结。1754 年，亨利·佩勒姆逝世，他的脆弱政府摇摇欲坠。皮特积极参加派系斗争。他得到政治盟友科巴姆家族和格伦维尔家族的支持，受到莱斯特城堡的威尔士亲王残余追随者的拥护，因而成为高级职务的有力人选。可是国王对他深感厌恶，而且，拥有政治势力的坎伯兰公爵已把皮特最危险的竞争者亨利·福克斯拉入内阁。

皮特在政治上飞黄腾达的机会似乎已经消失。无论是威尔士亲王夫人的笑脸和纽卡斯尔喋喋不休的诺言，还是政治集团内部的有限支持，他都从中得不到任何好处。他在给利特尔顿的一封信中写道："总的说来，在下议院中的威望和力量只来自一两个方面，即来自国王的庇护或全国范围的影响，而这种影响一般产生于反政府活动。”皮特被迫走后一条路。纽卡斯尔在传统政治舞台上学沃波尔的方式保持了自己的统治。皮特离开了这个舞台，力图重新激发英格兰民族在马尔博罗战争中所表现出的那种情感。他通过小派系的首脑争取全国的支持，企图打倒当权的政客，把强劲的务实之风带入英国的政界。可惜福克斯是当代政治斗争中精通政治权谋的专家，他加入政府使皮特万念俱灰。在下议院发表了一场精彩演讲后，在1755年11月皮特被解除军需大臣职务。

两个月之后，欧洲四大强国寻求的外交革命发生了。英国和普鲁士签署了一项协定，法国和奥地利不久也签订了一项条约。两大联盟的组合发生了根本变化。第三次英法战争开始了，英国一方有生气勃勃的新盟友，即腓特烈大帝的普鲁士王国，但英国政府举措失当。好战的坎伯兰在战争初期指挥不当，给皮特提供了良机。米诺卡岛失陷以后，全国群情激愤。面对民族耻辱，政府失去了勇气。坎伯兰的亲信亨利·福克斯辞职隐退，政府把责任推到海军舰队司令约翰·宾的身上，因为他的舰队装备低劣，未能救出米诺卡岛的驻军。约翰·宾在他旗舰的后甲板上被枪毙，罪名是胆小怕战，这是英国政府为了推卸责任而采取的最卑鄙的行为。皮特曾经到国王面前为约翰·宾求情，他说：“陛下，下议院希望从宽处理。”国王回答说：“你使我学会了到下议院以外的地方去了解民意。”皮特的复出似乎指日可待。约翰逊博士曾经写道：“沃波尔是国王强加给人民的大臣，而皮特则是人民强加给国王的大臣。”皮特从自己的经历中体会到，如果在国会里没有纽卡斯尔公爵那样的影响，那么“在全国的影响”（weight in the country）也不会很大。纽卡斯尔公爵被全国的情绪吓呆了，他知道，如果举国上下要求追究他的责任，那么他的所有关系和一切保护都无法拯救他。于是纽卡斯尔和皮特联合起来，皮特希望纽卡斯尔处理一切抛头露面的事情，而纽卡斯尔则准备隐退，打算依靠皮特的成就和雄辩之才享受安静的生活。

第十章 CHAPTER 10

美洲殖民地

皮特的上台和他指挥的世界性战争的胜利，将对北美的历史产生深远的影响。现在，我们必须来研究一下美洲殖民地在过去 150 年里悄然发展的情况。在 17 世纪的上半叶，许多英国人蜂拥来到美洲大陆。在法律上，他们定居的殖民地是根据特许状建立起来的地区，隶属英王的统治。但由于英国无暇西顾，他们不久便学会了自治。英国在本土内战中自顾不暇，只得让他们自行其是。尽管克伦威尔的共和政体宣称，国会是整个英语世界的最高权力机构，然而它的法令却从未付诸实施，而是为王政复辟的浪潮所吞没。1660 年以后，英国政府有了明确的新计划。在此后的 50 年里，英国历届政府都企图在美洲殖民地实行国王的最高统治，在其他海外属地加强王室的权力和保护作用，从而希望能够名利双收。英国为了同美洲打交道成立了不同门类的委员会，在卡罗来纳和宾夕法尼亚建立了新的殖民地，并从荷兰人手里夺取了新尼德兰。英国采取了一些措施，以便在这些新获得的地区维护王权。它还试图废除或限制老殖民地的特许权。这一切使英国与殖民地议会不断发生冲突，殖民地议会对英国王室要加强殖民地统治的企图感到不满。大多数殖民地议会是地产占有者的代表机构，它们要求拥有威斯敏斯特议会那样的权利、程序和特权。不少议员是在仇视英王的环境中长大的。他们的祖先宁可流落他乡，也不愿屈服于暴政。他们认为自己也在为那些曾经使英国议会同斯特拉福德和查理一世相对立的问题而进行斗争。他们反对英国贸易和殖民委员会的干涉，因为这种干涉直接侵犯了原有的殖民地特许状所保障的特权，也粗暴地威胁他们的既得利益。

长期以来，英国国会并未参与这场冲突，斗争的双方是殖民地和决心制止美洲自治的枢密院大臣。1682 年，殖民者要求枢密院颁发一个特许状，允许他们到靠近西属佛罗里达边界的空旷地区定居。枢密院拒绝了这项要求，它说，王室的政策“不允许在美洲建立任何新的殖民地，也不授予可能会促进殖民地独立倾向的任何权力”。在詹姆斯二世统治期间，亲王室倾向得到了加强。1685 年，纽约成为王室的一个行省。效仿法国在加拿大的做法，英国把在新英格兰的一些殖民地合并为“新英格兰自治领”（Dominion of New England），其主要借口是“需要联合起来反对法国的扩张”。但是，这一行动遭遇强烈抵制。1688 年的英国革命是“新英格兰自治领”土崩瓦解的信号。

英国的行动并非完全出于“自私的意图”。法兰西帝国主义逐渐地威胁到英国属地的边界。路易十四的首相柯尔贝尔实行的改革，大大地提升了法国的实力和财富，英国的政治家和商人在海上和世界市场上面临着一场你死我活的竞争。他们看到，在中央集权政府的支持下，法国的殖民和贸易活动得到不断发展。可是在大英帝国，国会里党争激烈，殖民地议会躁动不安，一大批委员会吵吵嚷嚷。在这种情况下，英国怎样才能消除法国的威胁呢？

一个十分实用的方案出来了。英国殖民地的贸易必须在伦敦加以统筹协调。方案的一个主要目标是促进英国商船的发展，以便在战时能够提供船只和海员的后备力量。整个方案以《航海法》（*Navigation Laws*）为基础。殖民地贸易必须用英国货船，而这些船只必须使用英国船员，驶往英国港口。英国政府禁止殖民地与外界有贸易关系，以保证英国海运的发展。而且，当时的经济理论也支持这种遏制殖民地自主发展的行动。那时流行的贸易观点是以自给自足的愿望、经济民族主义或曰重商主义为基础的。一个国家的财富取决于她的贸易平衡。进口多于出口，意味着黄金外流和经济衰退。要使国家繁荣，就要有丰富的自然资源。殖民地在这方面起着不可或缺的作用，它们必须生产重要的原料，比如为海军生产木材，为日益发展的英国制造业提供市场。大英帝国必须是一个封闭的经济体系。殖民地的制造业应该受到限制，以免在帝国内部引起竞争。殖民地之间的贸易也要受到严格控制。简而言之，这就是17世纪的立法活动中体现的经济概念。在上述方案里，根本没有殖民地独立发展的余地，它们只能是英国的原料基地和产品市场。

这个方案没有得到不折不扣的贯彻执行，因为在17世纪，没有哪一国政府能够在几千英里之外推行这样的法令。美洲殖民地议会满腹牢骚，但它们自行其是，巧妙地摆脱了威斯敏斯特的羁绊。

1688年的英国革命改变了整个局势。迄今为止，殖民地把英国国会视为反对王室的盟友，但国会在国内的立宪斗争中一旦战胜王室，便会企图凌驾于美洲殖民地之上。这场冲突由于西班牙王位战争而推迟了。由于同法国在欧洲大陆进行着长期斗争，英国政府被迫避免在其他地区再开战。它希望集中英语民族的力量，以应付最主要的冲突，所以它只好放弃在美洲大陆树立权威的种种努力。贸易和殖民委员会不再剑拔弩张，基本上听任殖民地自行其是。

人们所渴望的和睦相处远未实现，其原因甚多。殖民地在观念上和传统上正在脱离英国而稳步地发展起来。美洲殖民地居住着在那里出生的一代人，他们在同大自然的搏斗中经受了磨炼，开始从东海岸向广阔无垠的西部迅速发展，并决心维护自己的权利和独立性。英国革命的原则和17世纪辉格党的思想在美洲比在英国更有影响。充满青春活力的美洲人发现，他们在开发资源时处处遇到法令的阻碍，因此他们厌恶根据英国立场采取的一切重要措施。另外，殖民者尽管很快意识到自己的潜力和财富，却迟迟没能组织起来。他们虽然本能地忠于自己的民族，意识到法国在边界对面的威胁，但却同英国一样，尽力避免严重的冲突。他们积极参与征服法属加拿大的计划，可惜缺乏组织性。他们在1711年发动的远征归于失败。他们不但嫉妒英国政府，彼此之间也嫉妒不已，因此不久便在争吵中陷入孤立的境地。

*　　　　*　　　　*

这种局面贯穿沃波尔的整个执政时期，他认为必须不惜任何代价避免冲突。但随着时间的推移，殖民者益发得寸进尺。18世纪中叶，殖民地议会猛烈攻击帝国政府的权威，力图成为拥有自主权的议会，以便掌握几个殖民地的内政大权，并摆脱伦敦的一切限制和干涉。英国委派的总督和殖民地立法机构之间发生了无数次斗争，双方各有不少怨言。国王把海外职务看作是给臣仆的珍贵恩典，英国政府则把海外职务视为对支持者的赏赐。因此，在整个殖民地的统治机构中散发着英国社会生活的腐败气味。总督、顾问、法官和其他官员均由国王任命，但很少有人是为了殖民地的利益而被选用的。一位历史学家说："美洲是大不列颠为腐败的议员和失宠的朝臣开办的一所医院。"但这绝不是说，英国派来的所有官员都属于这一类型。特别是在北方，总督多半出身于殖民世家，殖民地政府中最能干的官员也属于这一群体。各殖民地之间也发生了不可避免的斗争。总督们在财政问题上处于特别脆弱的地位。他们的薪金是由殖民地议会确定的，而这些议会往往不支持他们。随着岁月的流逝，官员同议会之间的对立情绪逐渐加深了。

日常行政管理发生了重大的变化。1688年英国革命后，王权在英国受到极大的限制，但在美洲却仍然备受尊重。尽管殖民地议会竭力效仿英国的做法，它们还是四处碰壁。它们要受特许状或宪法的限制，还有，特别海关、各种组织和海军法庭也在殖民地行使裁判权。虽然英国政府尽量避免公开干涉，情况却每况愈下。人们仍然认为美洲天然是为英国的经济利益而生。美洲大陆殖民地提供海军补给品和烟草，西印度群岛则向英国港口输送整船整船的食糖。但是，美洲的生产力和人口却在不断增长。有迹象表明，这些殖民地将生产自己的工业产品，不再为英国提供市场。早在1699年，英国国会就制定法规，禁止在美洲发展工业。在美洲，特别是在新英格兰，经济形势日益紧张。美洲人只能把他们的产品卖给邻近地区，或者卖给英国和其他国家在西印度群岛的领地，以获得从英国进口大量工业品所需的款项。这种做法违反了《航海法》的条例。来自英国的经济压力逐年加大，殖民地出现了贸易逆差，到17世纪中叶，每年的赤字达300万英镑以上。殖民地的商人只能用非法手段凑集足够的现金。美洲的货币外流使英国在未来的第一次世界性战争中有了支付能力。伦敦金融界对此十分清楚，皮特也心中有数。我们在伦敦市政厅的皮特纪念碑上至今还可以看到，他在执政期间是怎样通过战争来振兴贸易的。但是，美洲却遭受重创。美洲人既没有造币厂，也没有统一的货币，滥发纸币迅速造成货币贬值，结果情况日益恶化。殖民地信贷的不稳定使英国商人抱怨不已。

* * *

18世纪初，13个殖民地中的最后一个诞生了。博爱主义者詹姆斯·奥格尔索普痛苦地看到欠债不多但无力偿还的债务人在英国监狱里所受折磨。他经过深思熟虑，想出一个办法，让这些人迁居到一个新的殖民地。他向英国政府提出这项建议。1732年，一个管理委员会成立了，它将管理南卡罗来纳南部的广阔领土。翌年，第一个殖民点在萨瓦纳建立。那里开辟了一些小庄园，除天主教徒以外，人人都可享受宗教自由，英国的债务人首批迁来此地，引发欧洲许多地区的受压迫者对新生活的向往。一大批犹太人接踵而来。接着，萨尔茨堡[1]的新教徒、德意志的摩拉维亚教徒[2]和斯凯群岛的高地居民也纷纷前来。这个讲多种语言的地方叫作佐治亚，它很快就吸引了热心的传教士，约翰·卫斯理[3]就是在这个地方开始他的传教活动的。

在开始阶段表现出的这种道德上的纯洁气氛，不久便被世俗的争吵玷污了。许多移民同他们在其他殖民地的教友一样，对糖、酒垂涎欲滴，同时渴望占有奴隶。当地的管理人员对自己的管理工作感到厌倦，他们同萨瓦纳的新兴商人长期争执，最终这块殖民地的特许状被取消了。1752年，佐治亚归王室统治。这个殖民地后来成为英国在美国领土上的最后一个基地。英国移民的人数越来越少，但从其他地区来了新的移民。早在17世纪末，苏格兰和爱尔兰的难民蜂拥而至，因为他们在国内工商业方面的种种努力受到了英国国会法案的打击。他们在自己的新家园里组成了强大的反英势力。德意志移民不断来到宾夕法尼亚，很快就超过20万人。辛勤的胡格诺派教徒为了逃避宗教迫害也从法国逃到这里。殖民地之间也常有人口迁徙流动。于是，殖民地中环境宜人的拓殖区连接起来了，人口很快就增长了一倍。广阔无垠的土地不断向西延伸，为第一代移民的子孙提供了家园。尚无主人的肥沃土地吸引着无数的家庭。在处女地的垦殖活动中，拓居者开阔了眼界，更富有冒险精神。一个健康、独立的社会在周围环境的影响和熏陶之下，正在形成自己的生活和文化。以宾夕法尼亚的德意志人和北爱尔兰人为先驱的向西开拓大军开始发力。为了寻找新的土地，人们翻山越岭，迈步前进。他们当中有各式各样的人。在邻接印第安乡村的西部农场上，有强健的先驱者和身强力壮的自耕农，而在新英格兰殖民地里，则有盲目自信的商人、律师和绅士。这

1 Salzburg，奥地利西部城市，靠近德国边境，是奥地利历史最悠久的城市。——编者注

2 Moravians，即摩拉维亚教会的信徒。该教会形成于16世纪中叶，因最初主要活动于捷克莫拉维亚地区而得名。——编者注

3 John Wesley（1703—1791），基督教新教卫斯理宗创立者。1735年应英国驻北美殖民总督之邀去佐治亚州传教。——编者注

个五花八门的社会之所以能够存续，在北方是依靠卖身的奴仆和从英国城镇抓来的劳工，在南方则是依靠每年从非洲运来的越来越多的奴隶。在这个过程中，欧洲经历了许多大事件。大多数美洲人或许没有注意到这些事件，但它们已经开始对 13 个殖民地的命运产生影响。

第十一章　CHAPTER 11

第一次世界性战争

1756 年 11 月，皮特初次作为国务大臣参加内阁。当时腓特烈大帝宣称："英国长期处于临产的剧痛中，但她终于生下了一个伟人。"

自马尔博罗以来，还没有出现过这样的人物。他在克利夫兰街的办公室里运筹帷幄，策划了东起印度西至美洲的战争，并赢得了胜利。整个战争依靠他一个人的能力，他独揽财政、行政和军事大权，可谓集各种权力于一身。他的地位完全是以军事胜利为基础的。他不能和任何人平起平坐地合作，政敌无数。他不容许内阁中的同僚干涉他的工作，甚至不许他们提出忠告，也不同别人商量或友好相处。他干涉财政事务，引起纽卡斯尔和财政大臣的反感。但是，在执行自己的军事计划方面，皮特颇有知人之明。他撤掉无能的海陆两军将军，换上他可以信赖的年轻人，如沃尔夫、阿默斯特、康韦、豪、凯佩尔和罗德尼。通过这些手段，他取得了胜利。

皮特的胜利并非一蹴而成。他曾经反对国会把宾司令交付军事法庭审判的要求。他和同僚们意见不一，坎伯兰公爵利用自己的重要影响与他作对，伦敦金融界对于英国同普鲁士的联盟仍抱怀疑态度。1757 年 4 月，皮特被国王解职，但他早已深得民心。英格兰的城镇和市政机关向他表示深厚的感情和坚定的支持。在以后的三个月里，皮特虽然还掌握一切大权，仍在处理日常工作，但是英国失去了有效的政府。直到6月，一个稳定的战时政府才建立起来。在此后的四年里，皮特的权力达到了顶峰。

皮特并没有把自己限制在战争舞台的某个角落。英国在世界各地积极发起进攻，使法国人无法集中力量，打乱了他们的作战计划，消耗了他们的力量。皮特曾经猛烈攻击卡特里特的欧洲作战方案，而此时他认识到，如果像他在18世纪40年代所主张的那样，单纯在海上和殖民地进行战争，就不会取得彻底胜利。如果不在新大陆、东方和欧洲同时打垮法国，她就会东山再起。在北美和欧洲，她都处于优势。在海上，她是个强手。在印度，如果欧洲人能够在莫卧儿帝国[1]的废墟上建立起一个国家，那么它的旗帜上应是百合花[2]，而不会是圣乔治的十字架[3]。这场同法国的战争将是历史上的第一次世界性战争，这次战争的锦标将不仅是重定边界以及重新划分要塞和产糖的岛屿。

皮特是否具有这样的战略眼光，他发动的远征是不是整体战略的一部分，这些问题是可以置疑的。此刻同往常一样，他的政策像一架放映机，把他敢作敢为、支配一切的性格展现在一个大银幕上。在失宠落魄的困难时候，他能够在国会里取得领导地位，如今运气、勇气和同胞的信任终于为他提供了一个舞台，使他有机会施展雄才，同时任凭自己的弱点暴露出来。他力图使消沉沮丧而无精打采的英国振奋起来、行动起来，把她的人力和物力资源供给统一的战争机器，让它在欧洲和美洲大显神威，打垮波旁王朝，让英国国旗在各大洋迎风招展，实现征服和统治的目标而不计较人力和钱财的损失。这就是皮特的精神世界。他把这种精神注入英国各个阶层，他们上至海军将

1 Mogul Empire（1526—1857），是蒙古人帖木儿的后裔巴布尔在印度建立的封建专制王朝。——编者注
2 指象征法国王室的百合花徽章。——译者注
3 这里指代英国势力。——译者注

领和富商巨贾，下至弹药手和小商贩；他还把这种精神灌输给部队中最年轻的军官，让他们感到，在皮特的指挥下，失败可以原谅，而优柔寡断是不可容忍的；他也为曾经参加普雷斯顿潘斯战役的苏格兰高地人注入这种精神，他们正在横渡大西洋，准备为曾在卡洛登战役中对自己的兄弟大肆屠杀的国王建立一个大帝国。

英国在欧洲大陆只有一个盟友，即普鲁士国王腓特烈大帝。他面临着奥地利、俄国和法国的联合行动，瑞典也要向他报仇，从他手中夺回自己的权利。腓特烈迅速穿过萨克森进入波希米亚，企图打破敌人的包围圈。1757年，他被迫退回自己的领土。前去保卫汉诺威和不伦瑞克的坎伯兰公爵为法国人所打败，拱手交出这两个地区。俄国军队咄咄进逼，瑞典军队又出现在波美拉尼亚[1]，米诺卡岛早已陷落。蒙特卡姆从加拿大向英属北美殖民地边界的堡垒发起进攻。英国从来没有在哪次战争初期就处于如此不利的境地，而对皮特来说，这却是大好时机。他曾对德文郡公爵说："我知道自己能够拯救这个国家，而其他任何人都没有这个能力。"他遣走前来保护英国的外国雇佣军，不承认坎伯兰交出两个地区的决定。麻木的英国政府开始恢复生气。到了年底，命运女神似乎认出了自己的主人，于是改变了立场。腓特烈得到皮特在青年时期极力攻讦的补贴金之后，在罗斯巴赫击溃法国人，在洛伊特恩[2]打败了奥地利人。

皮特及其国家迎来了几乎令人心醉的胜利年代。法国人被赶出汉诺威，在东方阴谋中浑水摸鱼的荷兰人为克莱夫[3]所遏制，被迫在钦苏拉交出他们的船只。英国再度占领布雷顿角。在宾夕法尼亚的匹兹堡，"伟大议员"[4]的名字被印到了地图上。法国在地中海和英吉利海峡的两支主力舰队先后战败。

---

1 Pomerania，位于波罗的海南岸，是中欧一个历史区域名称。曾长期为神圣罗马帝国治下的波兰省份，帝国解体后先后为普鲁士王国、德意志帝国统治，二战后领土被并入德国与波兰。——编者注

2 Leuthen，中欧古代村庄，位于波兰境内西南部地区。——译者注

3 Robert Clive（1725—1774），也译克莱武，英国军事家和政治家。——译者注

4 Great Commoner，英国老百姓对皮特的称呼。——译者注

这两支舰队如果集中起来，便可以掩护法军侵入英国。博斯科恩司令夺取路易斯堡之后，奉命监视土伦舰队。他在这支舰队溜过直布罗陀海峡时进行截击，击沉五艘舰艇，其他舰只逃进加的斯湾，受到封锁后失去了战斗力。三个月以后，在11月一个狂风大作的日子里，霍克司令在暗礁密布而未曾标测的海域打垮了法国的布雷斯特舰队。在此后的战争期间，基伯龙一直是英国的海军基地，英国水手在法国的这块土地上种植白菜，以此消靡余暇，保持健康。取得上述胜利的同时，沃尔夫对魁北克发动进攻，阿默斯特去征服加拿大的其余地区，克莱夫和艾尔·库特则在印度打击法军残余力量。对英国来说，似乎还有更耀眼的锦标待入囊中。皮特建议夺取西班牙的东印度群岛和西印度群岛，截获每年一次的西班牙运宝船队。可是，在他扬扬得意、似乎就要实现世界和平及安定的时候，内阁拒绝支持他，于是他辞去了职务。

*　　　*　　　*

我们有必要仔细研究一下这些胜利和失败。皮特在美洲面临着困难复杂的局面。英国殖民地的总督们早就意识到边界以外的威胁。法国人在沿着阿勒格尼山[1]西面的水路向前运动，发展他们同印第安人的联盟，企图把他们在南方的殖民地路易斯安那同北方的加拿大连接起来。这样一来，英国殖民者的活动就会局限于沿海地区，他们向西扩张的运动就会停止。战争在1754年爆发了。英国把布雷多克将军从本土派往北美，要他在阿勒格尼山以西恢复英国的权威，可是他的军队在宾夕法尼亚被法国人和印第安人打得落花流水。在这次战役中，弗吉尼亚殖民地的一名年轻军官乔治·华盛顿初露锋芒。新英格兰各殖民地由于处在哈得孙河流域，容易遭到攻击。于是，在哈得孙河谷的咽喉地带争夺立脚点的斗争开始了。殖民地没能组织起来，它们都想

1　The Alleghenies，阿巴拉契亚山脉的一部分。——译者注

依靠自己的民兵击退印第安人和法国人的进攻。它们在不信任英国政府这一点上是一致的，此外没有任何共同之处。英国在美洲的殖民者已有100多万人，远远超过法国人的数量，可是他们互相争吵，彼此不和，使这个优势化为乌有。多亏皮特巧妙斡旋，殖民地之间才进行合作，但在整个战争期间，殖民地商人不顾英国政府的禁令和共同的利益，源源不断地向法国人供应一切必需品。

1756年，英国在美洲大大受挫，在各条战线都是如此。五大湖区唯一的英军堡垒奥斯威戈失守。1757年的战事同样不顺利。扼守圣劳伦斯湾的路易斯堡要塞在18世纪40年代被英国和殖民地的军队攻克，根据1748年的《亚琛和约》归还了法国，如今英军又前去攻打。这支进攻部队的指挥官是无能而保守的劳登勋爵。他准备进攻时，在哈利法克斯集中了新英格兰殖民地能够抽出的所有军队，此举导致哈得孙河谷向法国人敞开了大门。河谷的入口处有三座要塞：克朗波因特、爱德华和威廉·亨利。法军在加拿大总督蒙特卡姆的率领下，同印第安人一起翻过森林密布的山冈，冲过边界，包围了威廉·亨利要塞。驻守在那里的一小支殖民地军队坚守了五天，最后被迫投降。蒙特卡姆不能制止他的印第安盟友，以致俘虏们惨遭杀戮。这幕悲剧深深刺痛了新英格兰殖民者的心。劳登勋爵应受责备。英国人没有保护新英格兰殖民者，因为当新英格兰受到法军威胁的时候，原本可以保护他们的军队却在哈利法克斯浪费时间。到了7月底，劳登看到路易斯堡坚不可摧，便放弃了攻克这个堡垒的企图。

皮特把精力转移到美洲战争上来，他在这个冬天里一直在研究地图，向军官和总督们发出指令。在1758年分三路进攻的战略计划业已拟定。劳登奉召回国，由阿默斯特接替他的指挥权。阿默斯特将和沃尔夫准将在哈利法克斯海军的支援下，沿圣劳伦斯河上航，前去进攻魁北克。另一支军队将在阿伯克伦比指挥下攻占哈得孙河谷入口处的乔治湖地区，在到达魁北克之前同阿默斯特和沃尔夫会师。第三路军队将在福布斯准将带领下从宾夕法尼亚出发，沿俄亥俄河谷而上，去攻打俄亥俄河和密西西比河沿岸法国堡垒群中的迪尤肯要塞。海军舰队的任务是阻止援军离开法国。

此时，白厅当权者深谋远虑，指挥着这些战役。但在那个航海时代，远在3000英里之外监督作战情况几乎是不可能的。阿默斯特和沃尔夫向北边的加拿大边界发动进攻，于7月攻克路易斯堡。但阿伯克伦比从泰孔德罗加出发后，在茂密的森林中难以行动，前进受到阻挡，部队遭到沉重打击。宾夕法尼亚方面的行动比较成功，进攻的部队攻克并摧毁了迪尤肯要塞，将它改名为匹兹堡。可是英军兵力不足，组织混乱，被迫在那次战斗之后撤退。福布斯在给皮特的一份报告中愤然叙述了当时的情况："我在战斗初期徒然自慰，以为弗吉尼亚和宾夕法尼亚的军队能够发挥重要的作用，可是我失望地发现，除了主要军官当中的几个人之外，其余军官皆是破产的客栈主、赛马骑师或西印度群岛的商人，他们手下的士兵也无疑和他们是一丘之貉，因为这些人是从各国社会收集来的糟粕……"这番话表明，英国军官和美洲殖民者之间的关系正在恶化，他们彼此严重缺乏了解。

各路兵马的行动并未取得可喜的成果，然而皮特并不灰心。他感到，必须联合发动从新斯科舍到俄亥俄河的全线进攻，局部进攻法属地区不会对局势产生根本的影响。1758年12月29日，阿默斯特接到新指示，指示强调了阻止法国人扩张的必要性。指示中还说："很有希望在安大略湖畔推进到尼亚加拉城，你会发现对那里的堡垒发动进攻的机会。这个行动如果成功，将大大有助于我们建立起对安大略湖的绝对控制，同时也会切断加拿大同南方法属殖民地的联系。"

指示还详细论述了争取印第安人帮助的必要性，不过阿默斯特对此并不重视。数月以前，他写信告诉皮特说，一大批印第安人愿意和他结好，"他们是一群懒骨头，喜欢甜酒，一无是处，不过当我们采取攻势的时候，他们或许有些用处。法国人非常害怕他们。他们的人数越多就越可怕，可能会产生积极的作用"。值得英国人庆幸的是，在英法殖民地之间的五大湖区附近占据战略要地的易洛魁六族联盟[1]基本上是友好的，他们和美洲殖民者一样，对法国人在俄亥俄河和密西西比河一线的计划感到吃惊。

根据新的作战计划，海军将在翌年袭击法属西印度群岛。此外，海军将以更加凶猛的攻势沿圣劳伦斯河入侵加拿大，尽管它在这方面受到过挫折。自 1711 年以来，英国人已经几次沿这条大河向上游进攻。沃尔夫报告说，海军对这个使命“非常反感”。这是一次冒险行动，但另一支部队将进行配合，重新沿哈得孙河向上游湖区的法军尼亚加拉要塞进攻。皮特在指示中强调过这次配合行动的重要性。

这套作战方案胜利实现，英军在 1759 年威震世界。海军于 5 月攻占了西印度群岛中的主要产糖区瓜德罗普岛。阿默斯特在 7 月夺取泰孔德罗加和尼亚加拉要塞，从而把美洲殖民地的边界推进到五大湖区。9 月份，沿圣劳伦斯河而上的部队攻击了魁北克。沃尔夫趁着夜色亲自到河边侦察地形，并在军官们面前开玩笑地背诵格雷[2]的《哀歌》(*Elegy*)：“坟墓是荣耀的唯一归宿。”经过陆、海两军的密切配合，沃尔夫的部队在夜幕的掩护下偷偷登陆，沿着偏僻小路爬上亚伯拉罕高地的陡峭悬崖。在这次战斗中，蒙特卡姆战败阵亡，加拿大的这一重要堡垒落入英军手中。沃尔夫身受重伤，撑到胜利在望时死去。他在临死时喃喃念道：“感谢上帝，我将平静归天。”

要想为英语世界夺取加拿大，还需要一年的战斗。1760 年 5 月，英国驻魁北克的军队在被围一个冬天之后得到解救。阿默斯特经过艰苦谨慎的准备，前去进攻蒙特利尔。该城在 9 月陷落，法属加拿大的辽阔地区至此易主。这几年确实是胜利的年代。

法国舰队无所作为，这是这次战争的一个明显特点。假如它在 1759 年趁英国舰队集中在哈利法克斯的时候封锁纽约，就能够粉碎阿默斯特对蒙特利

1　The Six Nations of the Iroquois，印第安人联盟。——译者注

2　Thomas Gray（1716—1771），英国新古典主义诗人。——译者注

尔的进攻。假如它在沃尔夫和英国舰队动身前往圣劳伦斯河之后袭击哈利法克斯，就会破坏英军进攻魁北克的整个战役。可是现在时机已过，英国已向北美派出增援舰艇。1761 年，阿默斯特派兵进攻马提尼克岛[1]。在夺取这个富饶的海岛之后，伦敦一片欢腾。霍勒斯·沃波尔[2]在一封信中写道："我告诉你，皮特的雄辩之才征服了马提尼克岛……罗马人征服世界用了 300 年，我们征服世界只经过三次战役，而目前的世界比罗马时代扩大了一倍。"

从此，英语民族在北美可以稳坐江山。皮特不仅夺取了渔业发达、同西印度群岛贸易频繁的加拿大，而且永远打破了法国人要从蒙特利尔到新奥尔良建立一个殖民帝国的美梦。可是他没有预见到，在消除法国人的威胁之后，英国殖民地必然彻底脱离大英帝国。

*　　*　　*

皮特取得的胜利加速了他的垮台。正如马尔博罗和戈多尔芬在马尔普拉凯战役之后面临日益强烈的反战情绪一样，在政府内陷入孤立境地的皮特自 1759 年的大捷之后，也遇到迅猛的反战潮流。对于老百姓来说，他是"伟大议员"，这个孤独的独裁者符合他们的期待。他打破贵族政治的狭隘传统，以自己的魄力和口才博得了他们的支持。他还打破常规，把下议院作为向全国发表演说的讲坛。他不仅对纽卡斯尔公爵的支持者，更是对广大的听众发表措辞严谨、颇有古风的演说。他蔑视党派和党派组织，是依靠政界个别人士的支持而发迹的。在他的工作中，专心致志和不辞劳苦的作风使与之打交道的每个人感到疲倦。他在年轻时患有痛风病，因而在困难的局面中忍着病痛支撑战时政府。他很少会见同僚，一切事务都由他的办公室打理，他自己只

1　Martinique，西印度群岛的一部分。——译者注

2　Horace Walpole（1717—1797），英国作家，第四代奥福德伯爵，即第一代奥福德伯爵罗伯特·沃波尔的四儿子。——编者注

是每周同纽卡斯尔和财政大臣开一次例会，为执行他的战略计划筹措经费，拨给沃尔夫和克莱夫军费和援兵，为腓特烈大帝提供补贴金。然而，他的权力只是暂时的。不仅政府内部有人对他的傲慢态度和秘密行动表示憎恶，就连他以前的政治盟友威尔士亲王夫人及其追随者也与他为敌。小王储正在他妈妈和她信任的比特伯爵的反对派观点熏陶中成长起来。他们原来选中皮特作为老国王死后为他们执政的代表，现在却视之为叛逆，认为他在1746年受聘担任首相是背叛行为。比特伯爵在这个未来的宫廷中将任要职，因而是皮特最危险的敌人，正是他煽动社会舆论和报界反对皮特的战争政策。

皮特的处境确实很危险。他在印度和北美打垮了法国的势力，夺取了法属西印度群岛。英国似乎赢得了她所向往的一切，唯一的问题是对普鲁士承担了不得人心的义务。比特伯爵发现，要把这种厌战情绪变为反对皮特的有效力量易如反掌。在皮特的同事当中，有些正直的爱国之士怀疑这场战争继续打下去是否明智，因为英国已经夺取了超过自己保卫能力的领土，恢复她在拉米伊大捷之后所处的国际地位。打这场战争必须花钱，它早已产生即使最顺利的战争也要带来的必然后果。工业阶级和地主阶级担负着苛捐杂税，而股票经纪人和承包商却聚敛了惊人的财富。皮特极力阐述，如果不在欧洲击败法国，就没有持久和令人满意的和平，可是他白费力气。假如在法国耗尽力气之前讲和，英国必然会重犯托利党人在乌得勒支犯过的错误，充其量只能为下一次较量赢得喘息的时间。皮特痛苦地意识到自己的处境。他的帝国战争政策实现得太快，余下的工作只是为普鲁士提供补贴金。这笔数目可观的补贴金遭到反对，可是皮特知道，它对于彻底击垮法国是必不可少的。

1760年10月，乔治二世去世。他向来不喜欢皮特，但是学会了尊重皮特的才能。皮特也直率地评论说："为国王效劳可以说是一种义务，但对于那些有这个荣誉的人来说，却是世上能够想象到的最坏的差事。"乔治三世和乔治二世截然不同，他明确地知道自己想做什么，正在做什么。他想当一位国王，当一位所有的臣民都服从和尊敬的国王。在辉格党的长期统治下，下议院已经成为不负责任的独裁机构。英国的自由掌握在一位年轻、可敬、正直、外表显得完全英国化的国王手中，不是比在某个通过腐败的下议院统治国家的派系手中保险得多吗？应当让他结束家族的统治，自选大臣，支持他们，彻底清除政治生活中的腐败气氛。可是在这样的君主统治下，像皮特这样的人将处于何种地位呢？他既不腐败，也不欠国王的恩典，他取得的一切成就全靠人民的支持和他本人对下议院的控制。只要皮特掌握权力，他就会在全国和“恺撒”（即国王）分庭抗礼[1]。他在这个问题上不能克制自己。虽然他对乔治三世非常尊敬，二人却都意识到，皮特才华卓越，而乔治三世则是个十分平凡的人。“幕后大臣”（the Minister behind the curtain）比特此刻成为宫中极有势力的人物。纽卡斯尔早已对皮特的严厉和盛气凌人的作风感到不满，他时刻准备参与反对皮特的阴谋。当时有人主张同法国讲和。英法双方在海牙举行谈判，但谈判由于皮特拒绝抛弃普鲁士而中断。法国军政大臣舒瓦瑟尔像托尔西在 50 年前那样，看出时机已到，他意识到皮特的权力正在消失。于是他在 1761 年同西班牙结成紧密联盟。同年 9 月，同英国的谈判破裂。法国在美洲有了西班牙的支持，因而可能会恢复她在新大陆的统治地位。

皮特希望，对西班牙宣战会激起 1739 年那样的民族精神，夺取更多西属殖民地可能会引起伦敦金融界的兴趣。他向内阁提出对西班牙宣战的建议，结果无人支持。他对同僚们发表了慷慨激昂的演说：“我一定对自己的行动负责，但对于我没有插手的事情也决不负责。”被他打倒的老对手、已经成为格兰维尔勋爵的卡特里特对他进行了猛烈的攻击：“这位先生谈到对人民负责，这是下议院的惯用语。他忘记了在内阁里，他只对国王负责。”皮特无奈，只好辞职。

威廉·皮特和马尔博罗一样，是 1689 年至 1789 年这 100 年间的英国伟

1　此句的恺撒指国王，意为同国王对抗。——译者注

人。卡莱尔写道："他当了四年英国事实上的国王，这是世界史上的一个重要片断。"在英国政治家当中，皮特并不是第一个考虑全球战略并把威廉三世的政治观念运用于世界斗争之中的人，而是以大英帝国主义为目标的第一位伟人。皮特还利用社会舆论影响政治斗争，削弱辉格党几大家族的垄断地位。他的英雄时代已经结束。他对各派势力命令道："要团结一致。"五年以后，他将抱病重掌政权。同时，他以雄辩之才把继任者的政策驳得体无完肤。

* * *

纽卡斯尔公爵无法再借助皮特的威望，因而地位岌岌可危，政权轻易落入比特勋爵之手。比特拥有大量财富，控制着苏格兰选票，此外，当过太后的侍从官，这便是他掌权的唯一资格了。自白金汉公爵被杀以来，英国政权首次交给一个没有政治经验的人。他和国会的唯一关系是，20 年前曾经作为苏格兰的上议院代表短期参加过英国国会。伦敦市民以一只过膝的长筒靴和一条衬裙来表示他们对国王录用比特勋爵的看法[1]。

皮特辞职不到三个月，英国政府被迫对西班牙宣战，在西印度群岛和其他地区又取得了一系列的胜利。英国舰队夺取了哈瓦那港，该港位于通往西班牙本土的贸易航线的要冲，是运宝船队的必经之路。在太平洋，从马德拉斯出发的一支远征军进攻菲律宾群岛，占领了马尼拉。英国在欧洲之外成为海上和陆上的主人。可惜这些战果基本上付诸东流。

在《乌得勒支条约》签订 50 年之后，英国又同法国签订了一项新和约。比特派贝德福公爵到巴黎就具体条款举行谈判。贝德福公爵认为，他的国家在地球上占的地方过多，会永远遭到欧洲联合势力的威胁和不满国家的攻击。他主张对法国和西班牙采取绥靖政策，慷慨奉还所占领的土地。皮特则

---

1 此处长筒靴子象征男子，衬裙象征女子，整个比喻讽刺依靠女人向上爬的闺房政治。——译者注

主张大幅削弱敌人的力量。他觉得，如果不把法国和西班牙置于绝对弱势，就不会有持久的和平。可是他不能参加和谈。他猛烈攻击新和约，说它破坏了英国的国家安全。

然而，英国根据 1763 年的《巴黎和约》收获很大。她在美洲得到加拿大、新斯科舍、布雷顿角及其附近的岛屿，还得到在密西西比河上航行的权利，这个权利对于同印第安人发展贸易十分重要。她在西印度群岛得到了格林纳达、圣文森特岛、多米尼加和多巴哥。她从西班牙得到佛罗里达，在非洲保留了塞内加尔。在印度，东印度公司保住了它征服的辽阔土地，虽然有些贸易站归还了法国，但法国人在次大陆的政治野心终被彻底挫败。在欧洲本土，米诺卡岛归还英国，敦刻尔克的工事也终于拆毁。

史学家们对于承认英国为大英帝国的这个和约持乐观态度，而忽视了它在战略上的不利之处。条约充分反映了贝德福公爵的观点。法国的海军力量丝毫未减，她在美洲收回圣皮埃尔岛和密克隆岛，在圣劳伦斯湾得到在纽芬兰沿岸捕鱼的权利。这些地方成为法国海军 1.4 万军人的疗养所。它们的商业利润每年约达 50 万英镑。它们可以成为海军基地或者把法国产品运进加拿大的走私中心。在西印度群岛中，这次战争最宝贵的战利品、盛产食糖的瓜德罗普岛也归还法国，一并奉还的还有马提尼克岛、贝尔岛和圣卢西亚岛。瓜德罗普岛非常富饶，英国政府甚至想保留该岛而把加拿大归还法国人。上述诸岛也是法国日后反对英国的理想海军基地。

西班牙收复了加勒比海上的战略要冲哈瓦那港，此外还收回对华贸易中心马尼拉。如果英国人保留这些基地，法国和西班牙的舰队就会永远处于他们的控制之下。尽管皮特极力反对，非洲的戈雷还是归还了法国，它是极好的基地，海盗常从那里出发骚扰通往东印度群岛的贸易航线。另外，《巴黎和约》没有考虑到腓特烈大帝的利益，他只好自想办法。他认为这是一种背叛行为，为此永远不肯原谅英国。普鲁士王国后来的当权者也对此事长期耿耿于怀。

这些条款离全国的希望相差甚远，虽然人们普遍希望和平，但很难预料国会是否会予以批准。必须不惜一切手段来保证和约获得多数通过。达到这个目的之手段早已为人们所熟知。许多议员在国会里使用了种种阴谋诡计。反对政府的上下两院议员丢掉了他们有幸担任的一切职务。皮特抨击《巴黎和约》，预言战争将再次爆发，可是他无能为力。《巴黎和约》以 319 票对 65 票的多数获得批准。绥靖和妥协占了上风。皮特努力的成果遭到破坏，他的悲观看法反映出历史必然。他看到，和约的条款中埋藏着未来战争的种子。“这次和平并不保险，因为敌人又恢复了以前的强大。这次和平也并不理想，因为我们得不偿失。”

第十二章　　CHAPTER 12

同美洲的冲突

乔治三世的继位使英国的政治生活发生了深刻的变化。在原则上和法律上，国王在决定政策、选择大臣、任用官员和确定支出的问题上仍有决定性的影响和权力。数百年来，国王在这些方面和其他许多方面的决定一直具有重大影响，得到普遍服从，到了汉诺威王朝，王权才基本上由参加国会的辉格党大臣行使。沃波尔和纽卡斯尔远远超过了大臣的地位，他们几乎是摄政王。他们及其支持者能够掌握如此大权将近50年之久，原因是多方面的。乔治一世和乔治二世在语言、观点、教养和感情方面都与英国人格格不入，他们的宫廷里主要是德意志人，他们的注意力和野心集中在汉诺威和整个欧洲大陆。另外，他们的王位是靠辉格党人取得的。可是如今一切都变了。乔治三世是个地地道道的英国人，或者他自己以为如此。不管怎样，他是尽力当一名英国人的。他在英格兰受到母亲和比特伯爵的精心教育，后者是个苏格兰人，而在政敌的眼里则是个托利党人。乔治三世有据可考的最早作品是他少年时期写的关于阿尔弗雷德大帝[1]的文章。据传说，他母亲对他说过："乔治，要当一名国王。"乔治尽最大努力遵从母亲教诲。他在位期间在根本问题上失败了，而从长远来看，这对英国的彻底民主化是有好处的。在随后发生的灾难中诞生了目前的国会统治制度。不过，这些灾难未免过于可怕，影响也太大了。到乔治三世行将崩殂之时，美洲殖民地已经独立于英国，早期的大英帝国已经解体，他自己也精神失常了。

在他继位之初，一切都预示着美好的未来，那时正是恢复王权的良机。只要汉诺威王朝的继承权受到威胁，辉格党人就能够以詹姆斯二世党人的帽子把托利党人排斥于朝廷之外。1760 年，斯图亚特王朝"觊觎王位者"彻底失败，汉诺威王朝的继承权消除了隐患，乔治三世在反对辉格党专权的保皇主义和爱国主义情绪的高潮中登上王位。具有托利党思想的大批"乡村党"终于同君主和解，他们把国内所有痛恨辉格党家族的贵族式统治的人士团结在国王和他们自己的周围。于是，乔治三世得到许多"国王之友"派[2]的支持，这些人忠心耿耿，渴望权力，急于帮助他"赶走老帮派"。他和比特伯爵开始为这个目标努力。1761 年，英国各地开始大选，纽卡斯尔被剥夺了替国王分封官职的权力，新国王把许多官职恩赐给他的支持者。比特伯爵在 3 月被任命为国务大臣，纽卡斯尔则在翌年春天怨气冲天地遭贬罢官。乔治三世继位不到两年，"国王之友"便在下议院占了多数。他们不是现代人所理解的那种党派，但他们大多数愿意支持国王任命的任何政府。王室再次成为英国政治生活中一个重要因素，年轻的乔治三世打败了善于进行党派斗争的辉格党人。不过，直到 1770 年他才牢固地控制了英国的政治机器，而在此之前则很难找到可靠的大臣。

1 Alfred the Great（849—899），英国第一个以"盎格鲁－撒克逊人的国王"自称的人，被后人称为"英国国父"。详见本书卷一。——编者注

2 King's Friends，是英国历史上由一批支持国王乔治三世个人专政的大臣组成的政治派别，曾经活跃于 18 世纪 60—80 年代。——编者注

*　　　　*　　　　*

乔治三世在位的头十年是在国会各派势力持续不断的混乱斗争中度过的。在这些派系当中，有些人顺应新形势，有些人消极抵制国王的新策略。乔治对派系领袖们的角逐感到愤怒和大惑不解。皮特仍然是国会议员，“既无朋友，又无人理睬”，因而郁郁不乐。许多人赞成约翰逊博士对苏格兰人的看法，积怨甚多的比特在 1763 年初下台。继任的乔治·格伦维尔是个执拗的律师，有贝德福德公爵的强大选举势力作为后盾。一个化名为“朱尼厄斯”（Junius）的人在匿名信中写道：“我敢说，他收买并出卖了全国的一大半代表。”格伦维尔拒绝充当“幕后大臣”的角色，但他还是恋栈两年，对于美洲殖民地的独立肯定负有重大的责任。

同时还发生了其他冲突。1763 年 4 月 23 日，名为《北布立吞人》（*The North Briton*）的一份报纸攻击大臣们是“专制和腐败制度的工具。……他们在全国播下了不和的种子，我预言，只要不剥夺他们的权力，这些不和的种子就不会消失”。格伦维尔内阁被指责为不得人心的比特勋爵的影子。作者暗示说，英国就《巴黎和约》的条款同法国进行了既不体面又不正当的谈判，而国王是当事人之一。乔治三世怒发冲冠。一个星期以后，国务大臣发出一道逮捕令，下令查出并逮捕“《北布立吞人》第 45 期”的作者、印刷者和发行人（这些人均未署名）。当局大肆搜查，查封报纸，把近 50 名嫌疑犯投入监狱。被捕者当中有生活放荡的国会议员约翰·威尔克斯，他被关进伦敦塔。他拒绝回答问题，说逮捕令不合法，提出了议员的豁免权。全国舆论哗然。没有提及罪犯名字的“笼统”逮捕令是否合法，成为涉及宪法的首要问题。威尔克斯被定为煽动性诽谤罪，失去了公民权。他重新竞选议员时，他的问题成为全国性的问题。激进的伦敦人赞赏这种抗拒政府的态度。1768 年 3 月，威尔克斯当选为米德尔塞克斯的议员。翌年 2 月，下议院取消他的议员资格，进行补缺选举。他再度当选，获得 1143 票，而当局提出的候选人只得了 296 票。伦敦人燃起篝火以示庆贺。国会宣布这次选举无效，威尔克斯由于效仿教皇的“男子论”（Essay on Man）印刷一篇题为“女子论”（Essay on Woman）的猥亵文章而重陷囹圄，成为伦敦人崇拜的偶像。当局宣布他在米德尔塞克斯的竞选对手合法当选。威尔克斯在 1770 年 4 月获释时，伦敦到处张灯结彩地欢迎他。经过长期斗争，他荣任伦敦市长，并且重新进入国会。

上述事件完全暴露了 18 世纪制度的腐败。下议院拒绝承认威尔克斯的议员资格，就等于否认选民有选举议员的权利，使自己明显地成为水泼不进的特权机构。不过威尔克斯在英格兰有了最有力的支持者——皮特。皮特本人已成为查塔姆伯爵，他以激烈的言词攻击笼统逮捕令的非法性和政治风气的腐败，主张增加各郡的议员代表，从而可以增加选区，减少较小的自治市里容易出现的舞弊现象。他的讲演最先反映了 18 世纪议会改革的要求，但要在这方面取得进展，尚需多年的时间。

然而，反对笼统逮捕令的呼声促使法官就人身自由、政府权限和言论自由等问题发表了重要声明。威尔克斯和其他受害者控告执行逮捕令的官员，法官判定这些逮捕令是非法文件。官员们诉说自己是无辜的，因为他们是根据政府的命令行事。首席大法官卡姆登勋爵驳斥了这个冠冕堂皇而荒谬绝伦的借口，他的话至今仍是有关法治的一句名言：“所谓国政需要的论点或政治罪和其他罪行有别的论点，在习惯法中并无依据，我们的法典中也没有提到这种区别。”如果某大臣下令做一件违法的事情，他和他的执行者应该同平民一样在普通法院受审。闯入威尔克斯家宅并抢走文件的国务大臣助理和逮捕印刷商的钦差侵犯了个人权利，应该受到惩罚。他们犯了非法监禁罪，所以陪审团判定对受害者给予巨额赔款时，法官未予阻止。威尔克斯从国务大臣本人手中得到 4000 英镑的损害赔偿金，另一名申诉人只被拘留几个小时，还吃了牛排，喝了啤酒，此时领到了 300 英镑的赔偿费。首席大法官说：“原告受到的轻微损害及其低下的社会地位，对于陪审团来说，不像涉及原告自由的重大法律问题那样重要。”

这确实是反对独断专行的大臣和俯首听命的官员的有力武器。人身保护法可以保护臣民不受非法逮捕，或者至少能使他们迅速获释出狱，但反对非法监禁的社会活动却击中了政府的痛处，陪审团如实确定损害赔偿费的无限权力是一种令人生畏的威慑力量，可以约束企图以“国政需要”为借口违背社会舆论的人。这个教训有很大的影响。即便在后来同拿破仑进行斗争的黑暗年代中采取各种措施对付真假卖国贼时，政府侵犯个人自由的权力也受到严格限制和国会的切实监督。直到 20 世纪世界大战期间，大臣的口头命令才成为监禁某个英国人的合法依据。

出版自由和言论自由亦以几乎同样不引人注意而比较有效的实际步伐向前发展。远在乔治一世继位之前，国会就已拒绝延长《许可经营法》（*Licensing Act*）的效力，星室法庭执行的出版检查制度因此不复存在了。从此，英国人基本上可以用文字形式发表自己的一切见解，不必事先得到政府或任何人的允许。国会作出这一决定时，并非考虑原则问题，而是鉴于无孔不入的《许可经营法》引起了社会的不满。出版自由在英国并不是有意确立的，它的诞生是由于一些不太重要的原因。其实，发表见解无须事先批准并不等于可以畅所欲言。如果有人发表诽谤性、颠覆性、渎圣或者淫秽的言论，或者有其他违法行为，他仍要对此负责。这就是言论自由的局限性，这种局限性至今依然存在。言论自由的界限是由刑法和民法中许多条款的定义来确定的。这些定义不断扩充，以适应各个时代的需要。扩充以后的定义又要根据先前的原则加以确定，这样就对自由进行了严格的限制。纠正这种严格限制的一般办法是检察官有灵活的头脑，对法律不逐字逐句地死抠字眼。但是，在群情鼎沸之时，仅凭这一点是不够的。在 18 世纪的政治斗争中，每当群众愤激之时，批评政府的人容易以煽动诽谤罪受审。后来，陪审团的权力得到扩大，成为更有力的保障。在许多年里，人们在多次审讯中坚决主张陪审团不仅应该确定被告是否发表了指控中提到的言论，而且应该确定这种言论是否属于诽谤性质。《福克斯诽谤法》[1]最后把这种观点列为条款之一。从此在每个案例中，法律条款的具体含义由陪审团认真讨论加以确定，所以在18世纪末，“人人可以发表他的12名同胞认为无可指摘的任何言论”。这里面有约翰·威尔克斯一份不可否认的功劳。

* * *

同美洲的冲突开始在英国的政治生活中占据重要地位。七年战争结束时，大片领土并入英国王室的版图。从加拿大边界到墨西哥湾，美洲殖民地的偏僻地区全部成为英国领土。在划分并分配这些地区之后，英国政府同殖民者进一步发生冲突。乔治·华盛顿等许多人成立了公司，准备从印第安人手里购买这些地区。英国政府下达禁令，不许他们收买这些土地或者在那里拓居。华盛顿等人无视这道禁令，他写信对他的土地经纪人命令道：“买下国王辖区内（俄亥俄河畔）最有价值的一些土地。我认为，虽然目前禁止买卖和拓居土地，然而过一段时期这些土地可能会得到承认。据我看来，这道禁令不过是安慰印第安人的权宜之计（但这只是我在我们内部说说而已）。”英国政府要控制这些新土地的企图在庄园主中引起了强烈的不满，中部和南部殖民地的庄园主尤其如此。

乔治三世决心让殖民地负担帝国的一些费用并在新大陆的防御中出一份力量。这个决定有充分的理由。英国提供了同法国斗争所需要的大部分人力和财力，保护了殖民地，也保证了它们的生存。但英国政府采取的方法缺乏

---

1 *Fox's Libel Act*，由英国国会于1792年通过的一项法律，主要涉及有关审理诽谤罪程序问题。该法律名称得名于英国著名政治家查尔斯·詹姆斯·福克斯（Charles James Fox，1749—1806），此人该对法律的通过做出了巨大努力。该法律的实施对于公民言论及出版自由的保障具有重大意义，是公民政治权利演变史以及陪审制度史上的一座里程碑。——编者注

效力，也不够谨慎。它决定对殖民地的进口货物征收进口税。英国国会在1764年加强了《糖浆法案》[1]。这个法案最初是在1733年为了保护西印度群岛的甘蔗种植者而颁布的，它在大英帝国的范围内确立了西印度群岛在蔗糖贸易方面的垄断地位，规定对进口货物征收重税。殖民者长期躲避这个法案，他们需要赚取硬通货来偿还英国债主，唯一的办法是用他们的货物在西印度群岛的法西两国属地换取糖浆。新的规定对他们是个沉重的打击。一个商人说："国会对我们的限制使我们只好在如何利用船舶的问题上打主意，因为我们在本岛没有市场，在别处又换不到其他货物。"

大西洋两岸都出现了不能令人满意的后果。英国政府发现，征收进口税只给它增加些微收入。英国商人早就关心他们的美洲债务人的困境，不愿意使殖民地在金融方面出现新的波动。鉴于贸易间接税效果甚微，格伦维尔和他的助手查尔斯·汤申德征求司法官的意见，打算在殖民地征收直接税。司法官们表示赞成，格伦维尔便提议在殖民地的所有法律文件上贴印花，作为一种税务。殖民地驻伦敦的代表得知这一消息后，写信同殖民地议会进行了讨论。虽然殖民者一直反对征收直接税，但此时几乎无人提出抗议。1765年，英国国会通过了《印花税法》[2]。

除了两点之外，印花税并没有造成沉重负担。法律文件上的印花无论如何也不会带来大量收入，英国每年的印花税总额为30万英镑，而美洲殖民地的印花税预计只有5万英镑。但《印花税法》规定对报纸收税。这些报纸的许多记者是美洲最激进党派的极端分子。殖民地商人感到沮丧，因为印花税必须以黄金交纳，他们本来就需要黄金来弥补对英贸易的逆差。在这一冲突中，美洲殖民地比较强硬的反对势力显出本来面目，得到加强，并且有机

1 *Molasses Act*，是英国在1733年通过并颁布的法律，用于向当时从外地运进英属北美大陆殖民地的糖、糖浆和甜酒收取较重的进口税。——编者注

2 *Stamp Act*，是英国在1765年通过的针对英属北美大陆殖民地的纳税法案，内容涉及对包括法律文件、报纸、房契等公共文件和印刷资料进行征税。该法案在部分北美殖民地引起了较强烈的抗议，并加剧了北美殖民地的抗税运动。1766年3月该法案被撤销。——编者注

会进行有组织的反抗。弗吉尼亚的帕特里克·亨利、马萨诸塞的塞缪尔·亚当斯和南卡罗来纳的克里斯托弗·加兹登等未来的革命领袖崭露头角，抨击政府的政策不当和大多数殖民地商人缺乏勇气。一股较小而有组织的激进势力开始出现。虽然殖民地发出强烈的呼声，并派代表召开了《印花税法》大会，但他们的意见并不一致。分发印花的人受到袭击，他们的办公室和家宅遭到抢劫。这只是一些商人和年轻律师干的事，这些人希望以此激起权利受到侵犯的人们的情绪。英国商人是最有效的反对势力，他们发现法案影响他们收回商业债款，于是攻击它违背大英帝国的真正贸易利益，并说它是对殖民地财力的威胁。

* * *

乔治三世的性格对形势产生了重大影响。他是最谨慎的英国国王之一，嗜好很少，行动谦逊，外表上是个典型的自由民。他具有汉诺威人的头脑，善于处理琐碎小事，而对基本原则和重大问题却难以驾驭。他颇有勇气，亦甚固执，因而使政府的态度更加强硬。他对美洲终于脱离英国而独立负有重大责任。他不能理解对强硬政策的后果感到担心的人们。下面这段坦率的话就是他的自白："我的一些臣民竟然助长一些美洲殖民地不幸产生的犯上倾向，我对此感到非常震惊。我完全相信国会的智慧，将坚定不移地实行它为了支持大不列颠的立宪权利和保护英国贸易利益而提出的措施。"

如今乔治三世对格伦维尔及其朋友的统治感到不满，为国内日甚一日的混乱和不满所震惊，终于意识到他抛弃辉格党家族的愚蠢做法，因而企图实现和解。1765 年 7 月，腼腆而善良的辉格党人罗金厄姆侯爵被乔治的行动所打动，开始组阁。他带来一个年轻的爱尔兰人作为私人秘书，此人名叫埃德蒙·伯克，在文坛上已负盛名，是公认的优秀作家和演说家。伯克的长处不止于此，他还是个出众的政治思想家。他以外族人的超脱态度观察英格兰的政治风云和英格兰人的特点，善于对局势作出精辟的分析，这是那些陷入冲突而又受到传统意识束缚的人所望尘莫及的。

1714 年以后，党派逐渐衰落和瓦解。国王在 1760 年之后独自积极处理国事，再加上辉格党又面临着重大的原则问题，因此处于无能为力的境地，分裂为互相倾轧的几大家族势力。国王的策略击垮了他们。罗金厄姆的追随者有高度的原则性，可是人数很少，也缺乏主见，伯克企图在这些人当中建立一个有效的政党。他可以为这个党提供思想方针，但首先必须使辉格党人相信，一个政党能够在共同原则的基础上成立并战斗下去。当时流行着一种看法，认为政党本身是不体面的组织，以前皮特对党派组织和党派斗争的轻蔑态度使这种看法更加根深蒂固。伯克必须打消人们的这种看法。根据悠久的传统，下野的政客不必再出席国会，而是应该退居他们的领地，等待国王的恩宠和政府的肥缺。谢尔本和亨利·福克斯等不同流派的个人主义者坚决反对伯克把他们组成政党，亨利·福克斯在给罗金厄姆的信中写道:“你以为，只有继续维护一个毫无成效的反对派，才能为国家效劳。在我看来，只有上台执政才能为国家服务，其他道路都是行不通的。”

新的形势需要有一个纲领。伯克关于走政党斗争道路的观点在一个有系统的纲领中反映出来，他在野期间宣传这个纲领，上台以后将它付诸实施。他在爱尔兰、美洲殖民地和印度的问题上态度明确，主张同美洲殖民地和解，放松对爱尔兰贸易的限制，在印度像在英格兰一样实行文明统治，并且把这些主张作为本党的原则。他建议废除大量的闲职，遏制腐败之风，进而使国会摆脱对国王的从属地位。用他自己的话说，他缺乏一个坚强有力而组织严密的政党所能提供的“力量和本钱”。多年来，伯克像政治荒野中的孤人一般发出呼喊，常常愤怒地狂叫。他是一位可与古人齐名的雄辩家，是超人的政治思想家，然而缺少判断能力和自制力。他或许是爱尔兰最伟大的人物。凭他的这些才能，倘若再加上英国人特有的冷漠气质和讥讽手段，他足以成为英国最伟大的政治家。亨利·福克斯著名的儿子查尔斯·詹姆斯·福克斯是一个既冷漠又善于讥讽的人，伯克完全可以向他借鉴。

罗金厄姆政府维持了13个月，它制定了三个法案，大大平息了格伦维尔在大西洋两岸引起的敌对情绪。根据这些法案，政府废除了《印花税法》，使下议院宣布签发笼统逮捕令和没收私人文件为非法行为，并再次肯定了国会对殖民地征税的权力。乔治三世决定推翻这三个法案。患病的皮特已经思路不清，由于国王婉言相劝和自己对政党的厌恶，他又在无政治原则的基础上出面组阁。他高傲如故，可是权力已不如往日，“伟大议员”的威望也因为他突然受封为查塔姆伯爵而下降。实权落入查尔斯·汤申德、格拉夫顿公爵和谢尔本勋爵之手。1767年，汤申德不顾谢尔本的反对，提出对美洲进口的纸张、玻璃、铅和茶叶征收进口税的提案，在美洲引起轩然大波。如果照此办理，殖民地的硬币数量将进一步减少，新的岁入中即使有结余，也不会像原来所说的那样用于支付英国驻军的费用，而是付给英国的殖民地官员，这样一来，官员们有可能不再依附殖民地议会，因为议会对付那些强硬的总督的主要武器是停发他们的薪水。即使在这种情况下，殖民者仍然不想发动叛变。

像马萨诸塞的总督哈钦森那样的有识之士认为，如果征税行不通就不要强征。他还说，倘若再次废除法令，只会“有利于一些人要实现独立的计划”。宾夕法尼亚的约翰·迪金森在当时流行最广的一本小册子上发表了《农民来信》(*Letters from a Farmer*)，表示反对征税。信中措辞谨慎，当时希望脱离大英帝国的人确实寥寥无几。英国国会对殖民地的权威被正式否认，而人们依然忠于国王和大英帝国。这次反抗运动中的大多数人是地位较高的商人，他们认为，在贸易领域进行有组织而有节制的反抗会使英国政府清醒过来。

马萨诸塞殖民地的议会建议同其他殖民地议会联合请愿，反对征收进口税。殖民地在整个大陆范围内进行了有组织的反抗，地方主义和彼此嫉妒在它们之间造成的障碍有所缩小。它们之间达成了不进口协议，对英国货物成功地进行了有计划的抵制。民众的情绪开始高涨起来。1768 年 5 月，波士顿头号富商约翰・汉考克的小帆船“自由号”（Liberty）在海岸附近受到皇家海关官员的拦截搜查，殖民者强行把它救走。到 1769 年，英国向美洲的出口额下降了二分之一。英国政府并未感到极大的不安，只是大惑不解。它同意取消进口税，但茶叶除外。这个方案以一票的多数获得通过。英国国会以每磅茶叶收取三便士关税的形式保持着它对殖民地的宗主权。

由于大自然的某种神秘力量，在查塔姆脑际萦回的迷雾突然消散了。1768 年，他曾因身体欠佳而辞职，格拉夫顿接替了他的职务。当他重新清醒过来时，局势的危难足以使任何人退避三舍。乔治三世及其在国会的朋友们由于受一种缺乏理智的复仇愿望所驱使，想把约翰・威尔克斯赶出下议院。这种做法实际上是对全国选民权利的侵犯。匿名的“朱尼厄斯”又开始鞭笞那些惹他痛斥的大臣。美洲尚未发生流血冲突，但帝国解体的种种迹象已经摆到目光敏锐的人们面前。乔治三世经历了 12 年的阴谋党争之后，终于找到一位顺从听话的首相。诺思勋爵在 1770 年成为第一财政大臣[1]。诺思是个风流潇洒的美男子，他能力不凡，性格和善，在丧失美洲殖民地的过程中一直在朝。

起初一切似乎都很平静，美洲殖民地的商人们见到取消进口税皆大欢喜。到了 1770 年中，似乎已经完全实现和解，只有波士顿例外。塞缪尔・亚当斯是反抗力量有力的组织者和英美分离的鼓动者，他看出，这场斗争已经到了关键时刻。迄今为止，这场冲突一直是贸易方面的冲突，美洲殖民地的商人和英国大臣中无人支持亚当斯的观点。亚当斯担心殖民地的反抗运动瓦解，认为如果不激起新的矛盾，英国当局就会重新确立它的权威。于是他和其他激进派领袖便努力寻找事端。

取消进口税的消息刚传到美洲殖民地，第一次流血事件便发生了。英国

1　First Lord of the Treasury，这个职务一般由首相兼任。——译者注

在美洲殖民地的驻军多半在波士顿，他们不受波士顿市民的欢迎。亚当斯到处对他们恶语中伤。这些穿着猩红色军服的“龙虾”处处受到侮辱和嘲弄。1770 年 3 月，波士顿的一些顽童不断用雪球打海关门前的一名英军哨兵，引起一场骚动。在混乱与喧嚣声中，一些士兵开了枪，造成伤亡。这个“惨案”正是亚当斯渴望发生的事件，但富有阶级中的温和派感到紧张，殖民地的意见仍然纷纭不一。激进派坚持斗争。1772 年 6 月，骚乱者在罗得岛附近烧毁了英国皇家缉私船“H.M.S. 加斯比号”（H.M.S.Gaspee）。

马萨诸塞各地建立了“联络委员会”（Committees of Correspondence），到年底，它们已扩展到 75 座城镇。以年轻的帕特里克 · 亨利为首的弗吉尼亚殖民地煽动者建立了议会常务委员会，以便同其他殖民地保持联系。一系列类似的机构迅速应运而生。发动叛乱的有效机器悄悄地建立起来了。

可是，激进派仍然是少数，同英国彻底决裂有很大阻力。殖民地驻伦敦代表中的核心人物本杰明 · 富兰克林在 1773 年写道：“……我们当中似乎有些人主张立即分裂，我认为，如果谨慎行事，我们会由于力量不断壮大而达到巩固的地位，我们的要求也就必然得到满足；反之，假如在条件尚未成熟时发动斗争，我们就可能失利，被镇压下去……在统治者与被统治者之间，统治的失误和侵犯权利的行为不足以成为发动叛乱的原因。此外也应记住，这个新教国家（她虽然最近不够友好，但毕竟是我们的祖国）是值得维护的。她在欧洲力量天平上的分量和她的安全，可能在很大程度上依赖着我们和她的统一。”尽管发生了波士顿“惨案”、火烧缉私船的暴力行动和贸易方面的争吵，亚当斯及其朋友们煽动起来的骚乱开始平息。就在这时，诺思勋爵犯了一个致命的错误。

东印度公司濒于破产，英国政府被迫出面挽救。国会通过了一项没有引起议员注意的法案，授权东印度公司将其大量积压的茶叶直接运往美洲殖民地，不交进口税，由它自己的代理人经销。实际上，这是把垄断权交给了东印度公司。大西洋彼岸立即发出强烈的抗议。极端派谴责这是侵犯他们自由的行为。商人面临着破产的威胁，从英国海关运输茶叶的美洲船主们以及为他们销售茶叶的经纪人都将失业。这个法案完成了亚当斯没有办到的事情，它使殖民地形成了反对英国的统一意见。

激进派开始自称为“爱国者”，他们利用这个机会极力制造危机。1773 年 12 月，首批运茶船到达波士顿。激进派分子化装成印第安人，到船上捣毁了茶箱。

塞缪尔·亚当斯的堂弟、未来的美利坚合众国第二任总统约翰·亚当斯写道：“昨夜有三船武夷茶[1]被倒入大海。……这是独一无二的壮举。我无限钦佩爱国者的这一崇高的行动。销毁茶叶的行动如此大胆、果断而坚定，必然会产生深远的重要影响，因此我不禁视之为历史上的一个里程碑。不过，这次行动只是袭击了物资，再发生类似的行动就可能造成流血事件。许多人希望港口漂着像茶叶箱那样多的死尸。其实，用不着死那么多人，我们的灾难根源就可以消除。”

消息传到伦敦以后，许多人强烈要求采取强制行动，英国政府内的强硬派占了绝对优势。伯克和查塔姆主张和解，可是无人理睬。国会颁布了一系列“强制法令”（Coercion Acts），勒令马萨诸塞殖民地的议会休会，宣布这个殖民地归王室直接控制，关闭波士顿港，规定这个殖民地的法官从此概由国王任命。这些条例只在马萨诸塞实行，只是其中的《驻营条例》（*Quartering Act*）将在所有的殖民地实行。这个条例宣布，军队将分布到各个殖民地去维持秩序。英国政府企图以此孤立反抗势力，结果适得其反。

1774 年 9 月，各殖民地议会在费城召开美洲大陆会议。极端派还不能放手行动，代表们仍然集中讨论贸易抵制问题。他们成立了一个协会，禁止在废除“强制法令”之前同英国发生任何贸易关系。各地的联络委员会负责执

1　Bohea tea，产于中国福建省武夷山。——译者注

行这个计划。大会还发表了《权利宣言》[1]，要求废除英国国会自1763年以来颁布的约13项贸易条例和法案。这份文件发往伦敦，措辞恭敬而温和。但伦敦的温和气氛已经一扫而光。下议院中的“蔗糖利益集团”嫉妒殖民地在西印度群岛的竞争；军官们看不起殖民地军队；政府财政紧张，一味坚持殖民地为英国本土而存在的信条。这些力量都联合起来，要打破最后一线的和平希望。《权利宣言》被轻蔑地驳了回来。

形势发展很快。马萨诸塞的军事总督托马斯·盖奇将军企图推行军事管制法，但他力不从心。他是个杰出的军人，无奈手下只有4000人的军队，只能守卫波士顿这一小块地方。殖民地的爱国者却有一万民军。他们在10月成立了“安全委员会”，大多数殖民地开始武装和军训。它们开始搜集军事装备和炸药，从政府军那里夺取大炮，派人到国外购买武器。英国政府要求法国和西班牙禁止向美洲殖民地出售炸药，结果遭到拒绝。荷兰商人把炸药装在贴着“酒精”标签的大玻璃瓶里，用船运到美洲殖民地。

爱国者开始在距离波士顿20英里远的康科德村里囤积军火。被英国国会宣布为非法的马萨诸塞议会也在那里开会。盖奇决定夺取他们的军火，逮捕塞缪尔·亚当斯和他的同事约翰·汉考克。殖民者很警觉，他们每夜在波士顿的街头巡逻，监视英军的行动。盖奇集合队伍的时候，议会在康科德村已经接到报告。军火分散到北面的一些城镇里，亚当斯和汉考克转移到莱克星顿。1775年4月18日，800名英军趁着黑夜踏上通往康科德村的道路。这一秘密立刻传了出去，有人在诺思教堂的尖顶上用提灯发出了警报信号。巡逻者保罗·里维尔快马加鞭地赶到莱克星顿，把亚当斯和汉考克从床上叫醒，催促他们赶快逃跑。

清晨5点钟，莱克星顿的70名民军战士在村前的草坪上列好队伍。太阳

1 *Declaration of Rights*，全称是《权利宣言和怨由陈情书》，1774年10月14日由第一届大陆会议通过，是一份致向大不列颠和各殖民地人民的文件。它揭示了殖民地人民虽然作为英国臣民但自身权利受到践踏的现实，重申了北美殖民地人民反对英国殖民统治的基本主张。——编者注

升起的时候，英军的先头部队出现了，三名骑马的军官走在最前面。带队的军官挥着军刀喊道："散开，你们这些叛贼，快散开！"民军的指挥官命令民军解散。殖民地的委员会非常担心，生怕他们打响第一枪。它们下达了严格命令，不许引起同英国正规军的正面冲突。但是有人在混乱中开了枪，英军回敬了一阵排子枪。一些民军倒了下去，现场乱成一团。英军推开幸存的民军，继续向康科德村前进。这时，乡村已经武装起来，大部分军火已经转移到安全的地方。英军凌乱地撤回波士顿，而敌人一直在后面紧追不舍。波士顿城同周围地区的联系被切断了。莱克星顿和康科德发生的情况传到其他殖民地，各地的总督和英国官员相继遭到驱逐。爱国者的部队在佛蒙特地区号称"青山仔"（Green Mountain Boys）队伍的指挥官伊桑·艾伦和康涅狄格地区的商人贝内迪克特·阿诺德的指挥下，采取具有战略眼光的行动，夺取了哈得孙河发源地的堡垒。这一行动使英军无法从加拿大得到任何援助。独立战争从此开始了。

第十三章 CHAPTER 13

独立战争

1775 年 5 月，美洲殖民地的代表们在宾夕法尼亚的恬静小镇费城的卡彭特大厅召开大陆会议。他们是德高望重的律师、医生、商人和地主，对形势的发展感到紧张，似乎不适合组成一个革命委员会。第一枪已经打响，造成了流血，但和解的希望并未完全破灭。代表们担心会建立起一支像克伦威尔的铁甲军那样的军队，在它的缔造者头上专横跋扈。除了他们正在反抗的制度之外，他们没有共同的民族传统，缺乏组织，没有工业，没有国库，没有外援，也没有军队，所以许多人仍然希望同英国讲和。但爵士威廉·豪将军正率领英军渡海而来，殖民者面临着一场自相残杀的激烈冲突。

波士顿是反抗和角逐的中心，新英格兰的 1.6 万名商人和农民把盖奇和美洲大陆上仅有的一支英军围困在那里。在城里，不仅爱国者和军队之间发生摩擦，爱国者和效忠派之间也有摩擦。军营外面被人挂上了嘲弄的标语牌，全城一片混乱。5 月 25 日，豪将军在克林顿将军和伯戈因将军的陪同下，率领援军乘船抵达波士顿港。英军总数约达 6000 人。

盖奇获得援军以后，开始发动攻势。在北面一水之隔的地方有个小小的半岛，由一条狭长的地带同大陆连在一起，岛上的布里兹山和邦克山俯瞰全城。如果殖民者占领并控制这两个制高点，他们就能用炮火把英军赶出波士顿。6月16日晚上，盖奇决定抢先占领这两个制高点。但是，第二天早晨山上出现了一道工事。爱国者从波士顿接到情报，在夜间掘壕据守。不过他们的处境并不安全，英国舰队可以从港口轰击他们，也可以派兵在半岛的狭长地带登陆，切断他们同基地的联系。英国人没有采取这两种办法，盖奇决定炫耀一下武力。他手下有英国最精锐的部队，他和他的同胞们在前几次战争中对殖民者产生了强烈的轻蔑心理。因此，他决定向山上发动正面进攻，让波士顿人从窗子里和屋顶上亲眼看看英国士兵列队向叛军阵地大踏步前进的奇观。

炎热的17日下午，豪将军根据盖奇将军的命令，率领约3000英军在半岛登陆。他命令队伍排列整齐，向他们训话说："你们必须把这些农民赶下山去，否则我们就无法继续待在波士顿。但我不希望你们前进时超过我一步。"士兵们列成三排，缓慢地向布里兹山顶前进。四处一片寂静，波士顿全城都在注视着。英军距离阵地100码[1]时，前面仍然没有任何动静。到了50码的距离时，一片弹雨从老式猎枪中向进攻者袭来，同时响起喊叫声和咒骂声。阵地里的爱国者喊道："北方佬是胆小鬼吗？"白丝马裤上沾满鲜血的豪将军重整队伍，可是队伍被另一阵弹雨驱散，退到船边。豪将军的威望即将受到严重的打击。他这时意识到，山上的弹药就要打光了。于是英军列成纵队发起第三次冲锋，把山上的农民赶出阵地。此时已是黄昏时分了。半岛上朝着波士顿一边的查尔斯敦村烈火熊熊。1000名英国士兵僵卧在山坡上，守卫山顶的3000农民有500人伤亡。一些马车整夜不停地往波士顿拉运英国士兵的尸体。

这次激烈而残酷的战斗在各个殖民地引起了轰动。人们迄今一直把它同

1　1码约合0.91米。——编者注

86年以后的布尔河战斗相提并论。叛乱者成为英雄，他们顶住正规军的进攻，消灭三分之一的敌人，用鲜血否定了北方佬是胆小鬼的论调。英军攻占了山头，但殖民者赢得了荣誉。盖奇没有发动新的攻势，在10月不光彩地奉召回国。豪将军接过指挥权。大西洋两岸的人们都感到一场殊死的斗争即将来临。

爱国者必须建立一支军队。马萨诸塞殖民地已经请求费城的大陆会议给予援助，打击英国人，并要求任命一位总司令。布里兹山战斗前两天，大陆会议同意了上述要求。在总司令的人选问题上，代表们议论纷纷。他们对于在战斗中充当主力的新英格兰人既嫉妒，又反感。出于政治上的考虑，他们决定任命一个南方人。亚当斯看中了代表中一个身穿军服的人，他就是弗吉尼亚殖民地芒特弗农的乔治·华盛顿上校。这个一帆风顺的庄园主参加过18世纪50年代的战争，解救过出师不利的布雷多克残部。代表中只有他打过仗，而且那是边界战斗中的几次小仗。如今美洲殖民地的所有武装力量都交给他指挥。人们的意志将接受伟大的召唤，而乔治·华盛顿则具有天生的坚定意志。

殖民地共有28万壮丁，而华盛顿的部队在独立战争中从未超过2.5万人。由于殖民地互相嫉妒以及军队缺乏装备和组织，华盛顿遇到很多困难。他的当务之急是在混乱不堪的波士顿队伍中整顿纪律，向他们提供弹药，因此他在1775年秋冬两季都为此而奋斗。大陆会议决定发动进攻，派一支军队远征加拿大。率军出征的是将在美国历史上永蒙耻辱的贝内迪克特·阿诺德和曾在沃尔夫部下服役的理查德·蒙哥马利。他们采取英军在1759年走过的路线，而且只有1100人。蒙哥马利占领了未设防的蒙特利尔城，然后与带着狼狈不堪的军队赶到魁北克的阿诺德会合。在大雪纷飞的隆冬时节，他们向盖伊·卡尔顿爵士带领几百人守卫的亚伯拉罕高地发起进攻。蒙哥马利阵亡，阿诺德的腿骨被打碎。幸存者在受挫之后仍然坚守在寒风凛冽的军营里。到春天圣劳伦斯河解冻时，敌人的第一批援兵从英国赶到，于是死伤过半的爱国者队伍步履艰难地回到缅因和泰孔德罗加要塞。加拿大这才躲过革命的浪潮。法属加拿大居民基本上满意英国王室的统治。不久以后，加拿大将庇护许多继续忠于乔治三世的美国难民。

同时，豪将军仍然困在波士顿。他避免采取报复行动，至少在战争的头两年里一直抱着和解的希望。他和他的部将都是辉格党议员，和其他辉格党人一样，认为同殖民者的战争是不可能取胜的。他在战场上是个勇敢而称职的指挥官，但总是比较消极。他采取慑服美洲人的政策，这需要英国派遣大量援兵。可是他未见一名援兵的影子，同时鉴于波士顿没有战略作用，遂于1776年春撤出该城，转移到大西洋沿岸唯一的英军基地，即新斯科舍的哈利法克斯城。同时，一支小部队由克林顿将军带领开到南方的查尔斯顿，支援那里的效忠派，并企图获得中部和南部殖民地的支持。爱国者的反抗日益顽强。虽然大陆会议中的温和派反对发表正式的《独立宣言》[1]，但英军撤出波士顿的消息却引起了更坚决的抵抗运动。如果爱国者不进入交战状态，他们就不会从国外得到军火，只能靠偷运得到有限的军事物资，而他们亟须军火。保守派政客们逐渐向激进派作出让步。刚刚到达美洲的英国极端派人士托马斯·潘恩出版了名为《常识》[2]的小册子，成功地阐述了发动革命的理由，其效果比亚当斯一类的知识分子的著作要大得多。

在切断英国和美洲的宗主关系的道路上，英国政府又迈出了一步。1776年初，它颁布了一项严禁同反抗英国的殖民地有任何来往的条例，宣布封锁美洲海岸。同时，由于英国国内招不到足够的新兵，英国政府雇佣了德意志军队，并把他们派往大西洋彼岸。这些措施在美洲引起强烈的反响，有利于

1　*Declaration of Independence*，是宣告英属北美13个殖民地正式脱离大不列颠王国独立，并宣明此举正当性的文告。1776年7月4日由第二届大陆会议于费城批准发布，总共四个部分。《独立宣言》发布的日期后来成为美国独立纪念日。——编者注

2　*Common Sense*，是一本介绍当时美国社会情况、揭露和批判英式政体的黑暗压迫本质的宣传册，作者是托马斯·潘恩（Thomas Paine，1737—1809），发表于1776年1月10日。当时作者以“一个英国人”作为署名。该书对美国独立战争的胜利起到了促进作用。——编者注

极端派。6 月 7 日，费城殖民地的理查德·亨利·李在费城提出如下决议案："这些联合起来的殖民地理应成为自由独立的国家，它们对英国王室没有任何义务，它们和英国的一切政治联系应该彻底断绝。"在 13 个殖民地当中，仍有六个殖民地反对立刻发表宣言。它们担心英国将大举入侵，而自己尚无外国盟友。许多人感到，公开抗拒英国会毁掉他们的事业，使他们失去支持者。但是，一个委员会终于成立了，托马斯·杰斐逊起草了一份文件。1776 年 7 月 4 日，美洲大陆会议一致通过了《独立宣言》。

这个历史性文件阐述了进行反抗的原因，列举了英国国王的 28 条"一再侵犯权利"的措施。文件的开头部分脍炙人口，已经成为不朽的名言："在人类社会中，当一个民族必须断绝同另一个民族的政治联系，必须在世界强国中间取得自然法则和上帝的法则所赋予的独立平等地位时，为了尊重人类的舆论，他们应该阐明迫使他们独立的原因。""人人生来平等，他们从造物主手中得到不可剥夺的权利，其中包括生存、自由和追求幸福的权利。为了保障这些权利，由一些人组成了政府，被统治者自愿赋予他们正当的权力。如果哪个政府与这个目标背道而驰，那么人民有权改组或推翻这个政府，在上述原则的基础上建立新政府，并授予似乎最有可能给他们带来安全与幸福的权力。我们认为以上几点都是不言自明的真理。"

《独立宣言》主要重申了促使辉格党人反对斯图亚特王朝末期统治并引发 1688 年英国革命的原则，它已成为爱国者抵抗运动的象征和旗帜。它立刻使效忠派的人数增加了，他们被这种公开抗拒大英帝国的行动吓破了胆。另外，殖民地的目标得到了阐述，犹豫不决者被迫作出抉择，已经没有后退的余地。

* * *

在此期间，英军一直在哈利法克斯等待英国的援兵，考虑着他们的战略计划。能否取得军事胜利，关键在于哈得孙河流域的控制权。如果他们能够控制这条水路并占领它的要塞，那么新英格兰就会同拥有三分之二人口以及大部分粮食和财富的中部和南部殖民地分隔开。首先必须攻占哈得孙河口的纽约城。然后豪将军可以北上，攻克河边的要塞，同来自加拿大的一支部队会师。接着他可以在海军的援助下，征服大多建在河边的南方殖民点。这个计划似乎大有成功的希望，因为殖民者没有海军，英国海军因此可以封锁大西洋海岸。不过，英国海军已经失去了查塔姆手下的海军将领们使它具有的强大战斗力。它能够把援兵从英国运到美洲，但新英格兰海盗在海岸战斗中大显身手，劫夺了它的运输船和给养。

1776 年 6 月，豪将军开始攻打纽约城。他的弟弟海军将领理查德·豪于 7 月带着 500 多艘船只和援兵从英国赶来，使他的兵力达到 2.5 万人。新大陆从未出现过这样庞大的军队。华盛顿也做好了准备，把由于开小差和天花流行而减少到两万人左右的军队集中在纽约城周围。从斯塔腾岛上的英军营垒里，隔着海湾可以望见长岛山嘴上以及东河畔布鲁克林高地上的殖民军阵地。豪将军在 8 月发动进攻。过去在有名的布里兹山战斗中的重大伤亡对他是一次深刻的教训，这次他避免进行正面进攻。他对长岛阵地发动佯攻，把主力部队调到殖民军左翼，向敌人的背后猛扑。这个战术取得成功，华盛顿被迫撤回纽约城。由于逆风影响英国舰队的行动，华盛顿率领他的军队安全地渡过了东河。

在这场危机中，华盛顿向大陆会议呼救。据守纽约城是不可能的，而放弃它则会影响爱国者的士气。大陆会议批准华盛顿不战而退，撤出该城。他在哈勒姆高地同英军进行了小规模战斗之后，慢慢地向北撤去。此时豪将军的胜利唾手可得。他已经控制了纽约及其上游 40 英里长的河道。如果他像 88 年以后格兰特将军穷追李将军[1]那样紧紧追赶华盛顿，必将全歼殖民军。

1　格兰特和李都是美国南北战争中的将军，本书卷四将涉及他们的事迹。——译者注

但在近一个月的时间里，他没有追击华盛顿。10 月底，他在怀特普莱恩斯激战中再败华盛顿，可是又没有乘胜追击。华盛顿急于探明豪将军一是要向哈得孙河上游进攻，还是要经过新泽西打向费城。豪将军决定打向费城。他挥戈南下，攻克纽约附近的要塞。费城的代表们纷纷逃跑，上千名殖民者蜂拥到英军营中表示忠顺。爱国者的唯一希望似乎是翻过阿勒格尼山，集体迁徙到新地区，像 19 世纪的布尔人那样摆脱英国的统治。华盛顿甚至也考虑了这个方案。“我们如果失败就必须退到弗吉尼亚的奥古斯塔县，凭着人多势众可以安然无事，对敌人进行掠夺性战争。假如我们连这一点也做不到。那就只好翻过阿勒格尼山。”[1] 后来，他渡过哈得孙河，南下保卫费城。

英军紧紧跟在华盛顿的后面，他们迅速占领了新泽西。爱国者似乎失败了。但华盛顿仍然保持警惕，不屈不挠，命运果然不负他的一片苦心。英军表现出令人难以理解的粗心，即将为此受到惩罚，他们的前哨堡垒毫无计划地分布在新泽西的各个城镇之间。华盛顿决定在豪将军跨过特拉华河之前对孤立的堡垒发动袭击。他选择由德国黑森地区雇佣军守卫的特伦顿村作为进攻目标。殖民军在圣诞节晚上杀入戒备松懈的特伦顿村，打死打伤黑森雇佣军 106 人，并生擒其他黑森人，然后带到费城游街，他们自己只损失两名军官和两名士兵。这次胜利的影响远远超出它的军事意义，因为当时是战争最困难的时刻。威廉 · 豪的部下康沃利斯勋爵到普林斯顿进行报复，结果被击退。华盛顿跟在他的后面，威胁着他的运输线。关于他的情况，以后还要叙述。

1776 年结束了。英军在新泽西过冬，可是由于这两次战斗失利，他们只能驻扎在特拉华河以东。他们的军官在纽约度过了一个愉快的冬天。在此期间，美洲殖民地的第一批外交官本杰明 · 富兰克林和赛拉斯 · 迪恩渡过大西洋，到法国寻求援助。

1　引自约翰 · 费希尔所著《约翰 · 费希尔文集》（*The Writing of John Fisher*）第 1 卷。——原注

*　　　*　　　*

我们不应该使后代错误地认为，对美洲殖民地的战争得到了英国人民的一致支持。伯克就没有这种错觉，他在邦克山战斗之后写道："无人称赞正在采取的措施，也无人期待目前的准备工作得到良好的收获，人们表现出倦怠冷漠的态度，就像对待与自己无关的事情一样。……商人背叛了我们，也背叛了他们自己。……他们当中的主要人物源源不断地得到合同、汇款和各种买卖，不知疲倦地压制别人的意见。……他们全体或大多数人嗅到了有利可图的战争所散发出的腐臭气味。战争已经成为商业的另一种形式。由于运输的物资很多，海运事业有了很大发展。对粮食和各种物资的需求……使商界保持着信心，商人们因此把美洲战争看作他们在不可避免的萧条时期的一线希望，而不是看作一场灾难。"英国的显要政客不仅攻击陆军和海军指挥不当，也反对同殖民者进行战争。

有些人幸灾乐祸地看待英国在美洲战争中的每一次挫折。政府的一位支持者写道："有些人看到他们的国家失利便满心欢喜，这种叛国态度使我怒不可遏。他们并不隐讳这种态度，几个星期以前，一个站在殖民者一边的公爵告诉我，一些船只在风暴中沉没于北美沿岸，1000 名英国水手淹死，无一幸免。他说这些话时眼里露出喜悦的神情。……在下议院里，有不少人把殖民者称为'我们的军队'。"这种古怪行为只能使事情变得更糟。其实，要不是反对派的强硬态度掩盖了全国的真正情绪，诺思勋爵的政府早就垮台了。他在独立战争期间一直控制着下议院的大多数。并非所有的下议院反对派议员都采取那么愚蠢和极端的态度，但在国王的心目中，他们都是卖国贼。乔治三世变得固执起来，更加专心地致力于美洲战争。他对温和派的忠告置若罔闻。两党中有些人像殖民地的效忠派那样，预言并谴责他的政策会招致灾难，他们被英国同她的殖民地的战争吓得心惊肉跳。国王把这些人摒于政府之外。甚至诺思勋爵对战争也是三心二意，不过他忠于国王，而且同当时的许多政客一样保持着老派的看法，认为大臣的职责是执行国王的意志，所以他才没有更早地辞职。他虽是第一财政大臣，却未亲掌政务，而让国王和各部大臣处理政府的日常工作。乔治三世孜孜不倦地监督战争的具体组织工作，但他无力使各个大臣的行动协调起来。大臣们各个才力平庸。海军统帅是威尔克斯的放荡朋友桑威奇伯爵，此人名声一直不佳。不过最近的研究结果证明，当时海军的情况至少比陆军好得多。

英国的战略方针从来没有如此漏洞百出，每一条军事原则和信条都遭到违反或忽视。“寻敌而一举歼灭之”是正确的原则，“集中兵力”是明智的方法，而“对准目标”则是简单的常识。敌人是华盛顿，兵力包括纽约的豪将军部队和集中在蒙特利尔的伯戈因部队，目标是打垮华盛顿的军队，杀死或活捉华盛顿。如果英军能够抓住他决战并充分利用所有的人马和枪炮，胜利几乎是十拿九稳的。遗憾的是意见纷纭，莫衷一是，以致这些明显的道理反而被搞乱了。豪将军仍然决心拿下大陆会议的所在地和政治抵抗力量的中心——费城。伯戈因则执意要从加拿大向哈得孙河上游进攻，在纽约部队的配合下攻取控制哈得孙河的要塞。英军一旦控制哈得孙河，就会使新英格兰处于孤立无援的境地并迅速征服之。伯戈因在1776年深秋乞假回国，向伦敦政府提出建议。乔治三世赞成他的计划，亲自予以批准。根据计划，伯戈因将从蒙特利尔突破森林密布的边境地区，夺取哈得孙河发源地附近的泰孔德罗加要塞。同时，纽约的一支部队将向北进攻，攻占刚刚在法国建筑师的帮助下加固的西点要塞，在奥尔巴尼同他会师。

这就是伦敦决策者的计划。使这些行动协调起来的责任最后落在陆军大臣乔治·杰曼勋爵的肩上。杰曼指挥战斗的情况可能并未如实地反映他的才能，但他的军事生涯已经不光彩地结束了。20年前，他在明登战役[1]中拒绝

1 Battle of Minden，1759年在德国小镇明登发生的战役。——译者注

率领骑兵冲锋，军事法庭宣布他不适合在军内服役。可是他博得新国王的青睐，投身政界。政府明知豪将军打算背向伯戈因朝费城进攻，却不设法阻止他。政府不对他下达在奥尔巴尼会师的命令，也不给他提供援兵。一位美国历史学家写道："举世罕见的情况出现了：一名下属将军跑到伦敦获得国王对一个战略计划的同意；国王的一位大臣对一名将军下达详细的命令，而对将同这位将军合作的另一位将军却未作任何指示；结果后者制订自己的独立作战计划……"[1]

伯戈因回到加拿大以后，立即给豪将军写了三封信，告诉他在奥尔巴尼会师的计划。可是豪将军没有接到伦敦的明确指示，认为没有理由放弃进攻费城的计划，仍按自己的方针行事。他企图吸引华盛顿决战，未能如愿，于是便留下亨利·克林顿爵士带领 8000 人驻守纽约，自己率领主力于 1777 年 7 月乘船驶向切萨皮克湾。英军没有集中兵力，而是分散在 500 多英里长的战线上，伯戈因在加拿大，豪将军在切萨皮克湾，克林顿在纽约。

*　　*　　*

华盛顿离开新泽西边界的冬季营地莫里斯敦，急忙向西南方向前进，以保卫费城。他过去未经正式战斗撤出纽约城，如今在大陆会议的所在地不能这样做了。可是，他的队伍纪律涣散，人数时多时少，他只能希望延缓英军的前进速度。9 月初，豪将军率领约 1.4 万人向费城推进，华盛顿带着同等数量的军队在布兰迪万河北岸构筑阵地，封锁了通往费城的道路。豪将军看出，殖民军装备低劣，参谋无能，情报迟缓。他利用敌人的这些弱点，采用了在长岛奏效的声东击西的战术。11 日上午，他将部队分为四部分，留一支强大的部队进行正面进攻，自己和康沃利斯向上游前进，渡河以后向华盛顿

1　引自 F.V. 格林所著《美国独立战争》（*The Revolutionary War*）1911 年版。—— 原注

的右翼展开进攻。他的周密计划有条不紊地一一实现，殖民军乱作一团。远处的英军渡过河去，将殖民军全线击退。夕阳西下时，华盛顿开始全面撤退。自愿参加殖民军的法国青年拉斐特侯对此作过描述：“逃亡者、大炮和行李乱糟糟地堵塞了道路。”可是豪将军这次又像在长岛战斗中那样，没有乘胜追击。他踌躇满志。9 月 26 日，他的先头部队进入费城。在费城北面的日耳曼敦发生了一场混战，但英军继续向前推进，大陆会议的所在地很快便陷落了。

然而，伦敦政府的北方战场作战计划此时开始破产。伯戈因带领几百名印第安人和 7000 人的正规军（其中有一半是德国人）正在穿越加拿大的森林，期待同来自纽约的英军会合。他经过艰苦的行军，逼近泰孔德罗加要塞。殖民军立即从那里撤走，扔下了他们的大炮。伯戈因急切地向南推进，只要豪将军此时率部进逼西点要塞，他们即可稳操胜券。可是豪将军在哪里呢？在伯戈因向下一个殖民军据点推进的那一天，豪将军却从纽约扬帆南下。有关人士都相信，豪将军夺取费城之后，一定会马上回到纽约，然后北上同加拿大部队会师。可是他没有这样做。伯戈因为此付出了沉重的代价。

伯戈因在前进途中遭到新英格兰民军的抵抗。他是受人尊敬而有魄力的指挥官，无奈身处异境，屡遭袭击，他的部队开始动摇和减员。他如能得到纽约方面的援助，尚能取胜。驻在纽约的克林顿军队减少了一半，因为豪将军曾经要求他派兵援助。尽管如此，克林顿仍然北上支援，攻占了西点南面的两个据点。但是当时秋雨连绵，伯戈因困在萨拉托加不能前进，而力量与日俱增的新英格兰人却从周围渐渐逼近。他离奥尔巴尼只有 30 英里，本应在那里同纽约方面的部队会师，无奈前进不得。他随后在林区进行了艰苦的战斗。队伍缺乏给养，而且敌众我寡，力量悬殊。新英格兰人以自己的方式在自己的土地上进行战斗，主要是各自为政。他们躲在灌木丛中或者大树上，严重地杀伤了欧洲的一些最精锐的部队。伯戈因部队的严格训练和整齐的队形都无济于事。殖民军的一名逃兵说，克林顿正在率部北上。可是为时已晚。德意志人拒绝继续战斗。1777 年 10 月 17 日，伯戈因向殖民军指挥官霍雷肖·盖茨投降。大陆会议违反投降条件，把伯戈因的大部分官兵一直关押到停战。伯戈因回到英国，抨击政府，也受到政府的攻击。

* * *

此时，旧大陆介入这场斗争，支持新大陆。萨拉托加虽然在美洲战场上无足轻重，但在法国却立即产生了影响。法国人在原则上同英国保持着和平，实际上却一直为殖民军提供武器，法国志愿军正在殖民军中服役。本杰明·富兰克林和赛拉斯·迪恩在凡尔赛敦促法国人公开结盟，但双方犹豫了一年。法国政府在支持国外自由事业的问题上犹豫不决，因为它在国内压制这个事业。另外，许多美洲殖民者担心法国为了对英宣战而索取高价。如今一切顾虑都已经烟消云散。没有法国人的物资援助，殖民者就无法生存，而法国人也跃跃欲试，要洗雪七年战争之耻。法国海军得到加强，而英国海军却在衰落。路易十六听到英军在萨拉托加败北的消息以后，决定同美洲殖民地公开结盟。这个举动在伦敦引起一片惊愕。辉格党反对派早已警告政府不要严厉对待殖民者，英国政府提出一个宽宏大量的和解方案，可是为时已晚。1778 年 2 月 6 日，大陆会议还来不及权衡一下新方案，本杰明·富兰克林就和法国签订了盟约。

新的世界战争开始了。英国在这场战争中没有一个盟友。她的一支军队在美洲进了战俘营，如今再也没有可以收买的德意志雇佣军了。昔日害怕遭受侵略的心理重新出现，在全国引起一片恐慌。政府失去了信任。在这种痛苦的局面中，人们把希望寄托在查塔姆身上，只有乔治三世例外。4 月 7 日，查塔姆拄着拐杖到国会发表最后一次讲演，即驳斥反对派要求召回驻美英军的演说。他向来主张和解而反对投降。这个僵尸般的身躯上缠着法兰绒绷带，摇摇晃晃。议院里鸦雀无声，人们预感到他已面临死亡。他一阵怒气上冲，低声地表示“反对肢解这个古老而非常高贵的君主制国家”。他向全国警告了法国干涉和使用德意志雇佣军的危险，痛斥了同胞们的残酷无情：“先生们，假如我是个美洲人，在我的土地上有外国军队的时候，我决不放下武器，决不！决不！”他以轻蔑的嘲笑态度否定了入侵的威胁。反对派领袖里奇蒙公爵答辩之后，查塔姆还想发言，但由于病情突然发作而晕了过去。5 月 11 日，查塔姆永辞人间，他的儿子威廉为他朗读了荷马[1]作品中关于赫克托耳[2]的庄严葬礼和特洛伊[3]悲哀场面的片断。乔治三世反对为查塔姆建立纪念碑的计划，这足以说明他心胸之狭窄。他说，建立纪念碑等于“对我本人的冒犯”。伦敦金融界无视乔治三世的决定，伯克为纪念碑写了贴切的题词：“上帝凭借伟人之美德，使一个民族臻于昌盛。”然而，这样的伟人在诺思勋爵执政时期的英国实在寥若晨星。

1 Homer，传说古希腊《伊利亚特》史诗和《奥德赛》史诗的作者。——译者注

2 Hector，希腊神话中的英雄，特洛伊王子。——译者注

3 Troy，小亚细亚古城，《伊利亚特》史诗中特洛伊战争发生的地方。——译者注

第十四章　CHAPTER 14

美利坚合众国

1777年，华盛顿在费城北面的瓦利福奇避冬。每次战斗结束后，都有许多人开小差，他的军队只剩下9000人马。到了春天，部队还会减员三分之一。他们缺少衣物和栖身之所，牢骚满腹地在隆冬腊月里苦挨着。可是在20英里外的费城，近两万装备优良的英军却住得很舒适。当时正值社交活动频繁时节，费城的大批效忠分子使豪将军和他的军官们过得轻松愉快。英军没有前去进攻殖民军。当华盛顿每每为次日的军粮发愁的时候，豪将军却在费城纸醉金迷。他像在长岛战斗、怀特普莱恩斯战斗和布兰迪瓦恩河战斗之后那样，没有乘胜追击，全歼敌人。他也许由于邦克山战斗的惨重损失丧失了勇气，仍然希望和解，因此按兵不动。英国政府对豪将军的厌战态度可能已有所闻，当1778年初传来法国同殖民地结盟的消息时，接受了他的辞呈。

纽约驻军指挥官亨利·克林顿爵士接替了豪将军的职务。他对这场战争有完全不同的看法，认为利用两军对垒、攻占城池的欧洲战略对付此起彼伏的民众武装是永远不会取胜的，可行的办法是占领并分兵驻守所有的地区。他还改变了战略重点，决定放弃北方攻势，从征服南方入手。大部分人口和财富集中在南方，欧洲大陆运来的物资多半堆积在那里。那里也有许多效忠分子，必须使他们振奋起来、团结起来。由于纽约太远，需要在南方另选一个基地，克林顿看中了查尔斯顿和萨瓦纳。这个计划大有可取之处，假如他有机会将计划付诸实施，一定大有收获。可是一股新的力量出现了，它立刻影响并彻底破坏了这一宏伟计划的实现。萨瓦纳距离纽约 800 英里，需要行军 50 天才能到达。在此之前，英国掌握着制海权，可以从海上运兵，比殖民军在陆地上行军快得多。可是此时法国及其海军的介入使形势发生了根本变化。制海权此后将在美洲独立战争中发挥决定性的作用。克林顿不久便深刻地意识到，英国的制海权面临着严重的挑战。

1778 年 4 月，12 艘法国战列舰和它们的护卫舰从土伦出发。舰上共配置大炮 800 多尊，载有 4000 士兵。克林顿接到法国人逼近的消息，他的当务之急是防止法国人夺取他的纽约大本营。一旦法国人占领纽约港，甚至封锁哈得孙河入海口，克林顿在美洲大陆的处境将十分艰难。6 月 18 日，克林顿放弃费城，率领一万士兵迅速穿过新泽西北上。华盛顿的军队在春天扩充以后达到与克林顿的军队相等的人数，和英军平行前进。两军在蒙茅斯县政府所在地进行了一场混战。克林顿击退了殖民军，不过伤亡很大，7 月初才到达纽约。他赶到纽约不久，德斯坦率领的法国舰队便在纽约港外面出现了。前任英军指挥官的弟弟豪司令率领一支英国舰队上前迎击，在港口外角逐了十天。法国人进攻罗得岛未果，豪司令粉碎了法国舰队的一系列支援行动，历来受到美国海军史学者的赞扬。德斯坦在秋天退出战斗，奔向西印度群岛。克林顿又抢先一步，把部队派到圣卢西亚岛。德斯坦未能截击英军，这个具有战略意义的海岛因此成为英军基地。

可是这次胜算并不能掩盖一个重要事实：克林顿的南方战役拖延了一年，英国已经不再掌握绝对的制海权。法国海军控制着英吉利海峡，妨碍英国往纽约运送援兵和给养，同时，新英格兰的海盗频繁有效地破坏英国的贸易。战争逐渐陷入僵局。克林顿的 3000 名士兵虽然在 12 月 29 日占领了佐治亚的萨瓦纳，但他从南方效忠派的一个基地镇压叛乱的计划却未能顺利实现。这些地区的效忠派和爱国者之间发生了激烈的内战，而他却爱莫能助。1779年，英美战争仍然处于僵持阶段，主要战场有一段时间移出新大陆。美洲的两支军队已经无力再战，殖民军是由于大陆会议政府财政混乱，经济拮据，英军则是因为缺少援兵。英国政府担心本土遭到攻击，把准备派给克林顿的援兵留在英伦三岛。法国人意识到，他们仅在公海同英国作战便可得到他们要在美洲取得的一切。凡尔赛独裁政府觉得，这样作战远远胜于支持美洲叛乱者。在这个阶段，它只派一些志愿兵，不派陆、海军支持大西洋彼岸的盟友。不过，它提供的军火和衣服使殖民地反抗力量免于灭亡。这场世界性冲突在 6 月份有所扩大，另一个欧洲强国加入了斗争。法国人的外交攻势致使西班牙参战。英国的地位进一步削弱，她的海军在地中海的活动受到威胁。不出数月，直布罗陀也受到围困。在新大陆，英国必须提防西班牙人侵入佛罗里达。同时，以新奥尔良港为基地的殖民地武装民船正在骚扰加勒比海的英国商船。

在欧洲附近的海域，一艘武装民船创造了引人注目的场面。出生于苏格兰的殖民地军官约翰·保罗·琼斯从法国人手中得到一艘老式的东印度商船，在法国的船坞里把它改装成战舰。这艘船命名为“贤人理查号”（Bonhomme Richard）。琼斯船长在 9 月带领语言混杂的船员，乘该船同三只小舰艇进入北海。他在弗兰伯勒岬角附近截住来自波罗的海的一支商船队，立刻攻击护航的英国战舰“塞拉皮斯号”（Serapis）和“斯卡巴勒号”（Scarborough）。商船纷纷逃走，“塞拉皮斯号”和“贤人理查号”在 23 日傍晚交战。英国战舰“塞拉皮斯号”的构造、装备和火炮均较先进，但琼斯船长使他的船靠近敌舰，进行搏斗。两只舰靠在一起厮杀了整整一夜，它们的炮口几乎碰在一起，水手们用舷炮、火枪和手榴弹互相攻击。有一段时间，两只舰都中弹起火，琼斯的三艘小舰艇围着火海打转，用舷炮向火海里的两艘舰同时开火。英美双方的船长顽强地战斗着。天将破晓时，“塞拉皮斯号”的弹药仓发出惊天动地的爆炸声。它的大炮被炸毁，主桅后面的人全部死亡。英国人被迫投降。“贤人理查号”受到重创，两天后沉没海底。这次海战使法国人和美洲殖民者为之振奋，琼斯成为当世英雄。

* * *

在这段时期里，华盛顿的军队一直无力战斗，只是监视克林顿而已。华盛顿对殖民者的最大贡献大概是他在这些年里保住了他的军队。殖民地没有任何其他领袖能够做到这一点。克林顿在12月决定再碰碰运气，去征服南方。他决心占领查尔斯顿，遂于26日率领8000人乘船驶向南卡罗来纳。法国舰队在西印度群岛被罗德尼司令打败的消息使他精神振奋，一时颇为得手。恶劣的天气耽误了他的时间，主要的攻坚战到3月底才开始。1780年5月，查尔斯顿陷落，5000名殖民军缴械投降。这是殖民军迄今为止遭受的最大损失。克林顿恰恰在这时开始倒运了。他获得了一个重要基地，却面临着一场全民战争。他发现在他面前不是正式交锋的正规军，而是无数的游击队，他们袭击他的运输线，杀害效忠分子。为了占领并征服这片土地，显然需要一支庞大的军队，可是制海权的问题又从中作梗。克林顿风闻又有法军横渡大西洋向美洲奔来，便急忙赶回纽约，只留下副司令官康沃利斯在南方尽力而为。他给康沃利斯造成的处境可谓艰难至极。华盛顿派萨拉托加战斗的胜利者盖茨率领一支小部队向康沃利斯的部队进攻。康沃利斯在卡姆登战斗中打败盖茨，然后杀入北卡罗来纳，一路上击溃许多游击队。可是在他走过之后，乡村又出现了武装民众。他没有可以打击的重点，辛辛苦苦的唯一收获，就是毁坏了殖民军可以用来同欧洲交换军火的大量农作物。

克林顿在北方第二次陷入困境。从法国确实又来了一支舰队，他这次未能抢先阻止法国人登陆。5000多名士兵的法国军队在罗尚博伯爵带领下已经于7月在罗得岛的新港登陆。华盛顿扎营在哈得孙河流域的怀特普莱恩斯，时刻保持着警惕。1776年曾经率军远征加拿大和后来在萨拉托加战斗中大显身手的贝内迪克特·阿诺德守卫着西点要塞，法军随时可能深入内地同他会合。克林顿的纽约基地和港口几乎易手。但敌军内部的一次背叛行为暂时缓和了他的危急处境。阿诺德对爱国者的行动长期不满，他刚刚和一位效忠派女士结婚。他债台高筑，不久以前在军事法庭上受到盗用政府资金的斥责。他听到盖茨在卡姆登战斗中失利的消息后，加深了不满和动摇的心理，向克林顿提出以两万英镑的代价出卖西点要塞。如果丢掉西点要塞，华盛顿不仅会丧失对哈得孙河流域的控制权，而且可能全军覆灭。克林顿立刻抓住这个可以恢复北方优势的唯一机会，派一位名叫安德烈的年轻少校乔装前去商谈投降事宜。

1780年9月21日，安德烈乘一只单桅小帆船向哈得孙河上游驶去，深夜在西岸离斯托尼波因特不远的地方与阿诺德碰头。阿诺德在这里把有关要塞结构、装备、库存和驻军人数的草图以及万一受到进攻时的行动命令和不久前在西点召开的一次军事会议的记录交给了安德烈。安德烈在归途中经过两军之间的无人地带时撞上一些巡逻人员，被带到附近的殖民军指挥官那里。士兵从他靴子里搜出了情报。指挥官不相信阿诺德会叛变，便派人到西点要求解释。阿诺德和他的妻子弃营出逃，在乔治国王的军中得到将军衔，受权指挥一支英军部队。20年以后，他在穷困与耻辱中死去。安德烈作为间谍受到处决。他给华盛顿写了一封措辞流畅而不失尊严的信，要求对自己执行枪决以代替绞刑，可是没有得到许可。安德烈是个非常标致的小伙子，穿着猩红色军服站在绞刑架下，把绳子套上自己的脖子，这个情景构成了动人的场面。到刑场围观的愤怒的人们见到他视死如归，却又感动得潸然泪下。斗争使人们加深了仇恨，阿诺德的叛逃进一步激怒了每一个爱国者，然而却无人愿意行刑。最后，一个未露姓名的人涂黑面孔处决了安德烈。40年以后，安德烈在威斯敏斯特大教堂重新下葬。

阿诺德的背叛行为虽然被人及时发现，却对殖民军的情绪和团结产生了很大的影响，尽管这种影响只是暂时的。殖民军的处境岌岌可危，许多美洲殖民者坚决反对战争。各地的效忠分子都在公开或秘密地支持英国人。南方已经卷入内战的漩涡之中，美洲人残杀美洲人，人人怀疑自己的邻居。这种可怕的局面也会扩大到一直为独立事业而奋斗的北方吗？既然西点要塞的指挥官是个叛徒，那么还能信赖谁呢？殖民军在海上失利之后，这些忧虑进一步加深了。罗德尼司令率领一支庞大的舰队抵达纽约，把新港内的法国人一直封锁到战斗季节结束。然后他再次发动攻势，这次打击的目标是西印度群岛。荷兰人一直从那里给殖民军运送武器弹药，牟取暴利。他们的贸易中心是背风群岛[1]的圣尤斯特歇斯岛。到了秋天有消息说，荷兰加入了反英联盟。罗德尼奉命夺取该岛。他于1781年完成了这个任务。准备交给华盛顿的大量弹药和货物因此落入英国舰队之手。

* * *

克林顿和康沃利斯在战略上的分歧给英军和效忠派带来了灾难。长期以来，康沃利斯一直被克林顿的命令拴在查尔斯顿，他为此显得暴躁不安。克林顿认为，守住南卡罗来纳是南方战场的主要目标，深入内地必须以海军控制海岸线为前提。而康沃利斯则急于向纵深地区推进。他认为，北卡罗来纳的美洲游击队妨碍英军彻底占领南方，如果不制服他们，英军就必须撤回查尔斯顿城内。他还觉得，弗吉尼亚是殖民地抵抗运动的心脏，应该集中全力征服并占领之，因此首先必须占领北卡罗来纳。这个设想无疑是错误的，南方的军事枢纽不是弗吉尼亚，而是查尔斯顿。那里有南方唯一的重要港口。只有在那里，他才能为自己补充给养，防止敌人得到给养。他不仅可以从那里控制南面的佐治亚，而且可以在北卡罗来纳和切萨皮克湾建立一些据点，

1 Leeward Islands，西印度群岛的一部分。——译者注

像华盛顿所写的那样，“要保持着控制 400 英里海岸线的局面，进而可以有借口向欧洲各国提出对美洲利益非常有害的要求”。[1] 自卡姆登战役以来，康沃利斯的军事威望与日俱增，英国政府支持他的计划。而他的计划成功与否，在很大程度上取决于南方效忠派的行动。尽管他们在上一次战斗中的表现不能令人满意，尽管华盛顿任命了最优秀的将军纳撒内尔·格林指挥南方殖民军，康沃利斯还是决定出击。他从此走上了灭亡之路。

1781 年 1 月，他率军向北卡罗来纳边界前进。他的先头部队于 17 日上午在考彭斯同殖民军遭遇。英军战术简单，伤亡甚众。康沃利斯已领教过殖民地边民的枪法，知道他自己的部队不善于使用火枪，因此转而依靠短兵相接来发挥马刀和刺刀的作用。殖民军的指挥官把组织松弛、纪律涣散的民军布置在布罗德河畔，防止他们溃逃。华盛顿对这些部队的作用向来持怀疑态度，他说过，民军“永远不会具备抵御正规军的必要素质”。但是在大陆军队的鼓舞下，他们这一次狠狠地打击了英军。

康沃利斯继续前进，已经远离基地。格林的部队仍在活动。康沃利斯的唯一希望是抓住格林决战，将他打垮。两军于 3 月 15 日在吉尔福德地方政府大楼附近交战。殖民地的民军在战斗中不堪一击。但格林的主力部队训练有素，他们守在一道栅栏后面，大量杀伤了英军。英军在军官的带领下频频冲击殖民军的防线。一名英国军士在战争中写下日记。他描写道：“我军立刻发起冲锋。队形整齐，动作迅速，边前进边射击。到了离敌人防线不到 40 码的距离，发现他们的武器都架在栅栏上。这种栅栏在美洲的建筑物之间是很常见的。他们的枪法极其准确。”[2]

最后，步调一致、英勇奋战的英军把殖民军赶出了阵地，但并没有给他们造成严重伤亡。殖民军仍然很活跃，而英军远离基地，并且已损失了近三

1 引自 W.C. 福特所编《乔治·华盛顿文集》（*The Writings of George Washington*）第 9 卷。——原注
2 引自《拉姆中士日记》（*The Journal of Sergeant lamb*）都柏林 1809 年版。——原注

分之一的人马。康沃利斯只好掉头返回海边，要求海军提供援兵。格林让他远去，殖民军的收获已经不小了。在不到八个月的时间里，他们在泥泞荒凉的地区转战 900 多英里，以 1∶3 的劣势收复了除萨瓦纳之外的佐治亚所有地区和南卡罗来纳的大部分地区。他们在一些战斗中是失败者，而在整个战役中则是胜利者。格林放弃北卡罗来纳的辽阔土地，火速南下，去发动力量同英国人斗争。

这里的爱国者和效忠派（在当地他们被称为“辉格党人”和“托利党人”）之间的激烈内战进一步加剧，经常发生夜间袭击、抢夺牲畜、暗杀、伏击以及现代爱尔兰常有的种种暴行。格林曾亲笔写道：“本州（南卡罗来纳）辉格党人和托利党人之间的深刻仇恨使他们的处境实为可悲。每天都有人成为这种仇恨的牺牲品。辉格党人似乎坚决要消灭托利党人，托利党人对辉格党人也是如此。这里已有数千人死于这种残杀，其残酷程度日甚一日。如果不能制止屠杀活动，这里再过几个月就会成为人烟稀少的荒凉地区，因为辉格党人和托利党人都难以活命。”格林开始进攻南卡罗来纳的英军孤立据点时，康沃利斯继续向弗吉尼亚进军。他每到一处便大肆破坏，但遭到拉斐特和一支弱小的爱国者武装力量的顽强而巧妙的抵抗。

在这几个月里，克林顿一直守在纽约。当康沃利斯越来越近的时候，克林顿似乎有可能撤离这个北方基地，集中全部力量保持对南方殖民地的控制。如果这样做，爱国者就可能彻底失败，因为大陆会议已经瓦解，华盛顿的军队大有分崩离析之势。可是，法国舰队再次扭转了局势，这一次却是一劳永逸了。

西印度群岛的法国海军司令官德格拉斯深知殖民军处于绝望的境地，便于 7 月通知在怀特普莱恩斯同从新港出发的罗尚博会合的华盛顿，说他要袭击弗吉尼亚的沿海地区，请华盛顿集中殖民军的全部人马赶到那里。华盛顿立即抓住这个时机。他采取周密的措施迷惑克林顿，同时把部队从哈得孙河一线撤回，同罗尚博合兵南驰。

此时，康沃利斯由于供给线越来越长而缺少给养，只好向海岸移动，希望从海上同克林顿取得直接联系。他于8月到达切萨皮克湾的约克敦，开始构筑工事。他在后来几个月里的行动至今仍遭非议。该城朝向大陆的一边没有自然屏障，他也不主动攻击向他周围聚拢的敌人。法军和殖民军的作战计划规定了准确的行动时间，相距遥远的部队间进行了密切配合。近9000人的殖民军和8000名法军进逼约克敦城下，德格拉斯用30艘战列舰封锁了沿海地区。康沃利斯消极地等待了近两个月。法军和殖民军在9月底开始攻城，法军的攻城炮火摧毁了康沃利斯的土建工事。防御工事瓦解以后，康沃利斯打算孤注一掷地进行突围。最后，英军只剩下一门可以发射的火炮。1781年10月19日，康沃利斯指挥的约7000名英军全部投降。克林顿和英国舰队正是在这一天从纽约启航，但他们一听到这个消息便掉头返航了。

主要的战役结束了。制海权再次发挥了决定性作用。要不是法军封锁海岸，英军的消耗战可能会取得成功。德格拉斯完成使命之后，于11月返回西印度群岛。华盛顿只好单独对付屯兵纽约的克林顿和加拿大入侵的威胁。美洲殖民地在两年之后才能实现和平，不过这两年里没有再发生重大战役。

*　　　　*　　　　*

英军在约克敦的投降立刻在英国产生了重要影响。诺思勋爵接到这个消息后一反和蔼可亲之常态，在屋里踱来踱去，痛苦地喊道："哦，天哪！一切都完了。"

下议院出现强大的反对势力，伦敦举行了群众集会。一项抨击海军管理不当的议案提交国会之后，政府控制的多数力量立刻瓦解。国会仅以一票的多数否决了停止美洲战争的提案。诺思勋爵在1782年3月告知下议院，说他准备辞职。国王写道："灾难性的日子终于来到了。"诺思在任职期间一直保持着尊严。在执政12年之后，他作为失败者离开了下议院。1782年3月的一个傍晚，下议院议员们在潇潇暮雨中等候马车的时候，看见诺思走下台阶，进入事先接到通知已在迎候的马车。诺思对站在他周围浑身湿透、充满敌意的议员们深鞠一躬说："先生们，这就是参与秘密的好处。"说完，他便乘车扬长而去。

乔治国王在个人失败的痛苦中，情绪非常激动。他说他要退位回到汉诺威。全国群情激愤，使他无法成功地组织大选。他被迫同反对派和解。在独立战争爆发后的几年里，罗金厄姆和伯克耐心地等待着诺思政府垮台。此刻时机已到，罗金厄姆同乔治国王达成协议，允许美洲殖民地独立，减少国王的政治权力。乔治三世被迫接受条件，罗金厄姆开始执政。他和他的同事谢尔本勋爵将尽力从废墟中抢救第一大英帝国的宝贵财富。

第十五章 CHAPTER 15

印度帝国

18 世纪，英国在印度的地位发生了根本变化。仅仅作为贸易机构建立起来的英国东印度公司，日益迅速地发展成幅员辽阔的帝国。1700 年前后，只有 1500 名英国职员住在印度，其中包括他们的妻子儿女和稍事逗留的水手。他们独居在一些贸易站里，几乎不关心印度政治。100 年之后，成千上万的英国官员和军人在英国总督的统辖下，控制着辽阔的区域。在某种程度上，这一重大变化是英法斗争的结果。英法两国的斗争在这 100 年里持续不断，而且扩大到全世界。在美洲大陆，法国人成功地帮助英属殖民地获得独立，英国人遭遇失败。印度的情况则截然不同，英国和法国在那里战斗时，两国在欧洲却能安然相处。但是，如果欧洲介入的时机尚未成熟，英法两国决不会在印度展开激烈的斗争。莫卧儿帝国正在解体。两个世纪以来，帖木儿[1]的穆斯林后裔在世界上占领并征服了像今日美国一半大小的地区。他们以德里为中心，在干练的地方总督的支持下，以东方人的方式保持了太平，使

1 Tamburlaine（1336—1405），帖木儿帝国的奠基人，出生在西察合台汗国，是信奉伊斯兰教的蒙古人。——编者注

次大陆的8000万人过着此后100年里所没有的井井有条的生活。18世纪初，这个强大的王朝为一次帝位之争所动摇。北方的侵略者立刻涌过边界，波斯[1]国王洗劫了德里。莫卧儿帝国的地方总督发动叛乱，声称拥有帝国行省的主权。觊觎帝位者纷纷出来同这些篡位者斗争。在印度中部，勇猛好斗而松散的马拉塔部落联盟乘机进行抢劫和袭击。全国一片混乱，兵祸横生。

英、法、葡、荷四国商人一直在印度全力竞争，但由于“莫卧儿大帝”（the Great Mogul）在德里实行着统治，他们的竞争尚较文明。英国东印度公司已经发展成强大的机构，拥有125万英镑的资本，每年的利润达9%。查理二世曾在1668年将孟买以每年十英镑的价格租给东印度公司，那里的人口当时已经增长五倍多，超过了六万。英国人在1639年建立并设防的马德拉斯，是东部沿海地区重要的贸易中心。东印度公司的职员于1686年在胡格利河入海口处建立了一个贸易站，加尔各答从此才有人烟，此时它已发展成一个繁荣而安静的贸易中心。设在本地治里[2]的法国印度公司也得到迅速发展，不过它和英国东印度公司不同，不是私有企业，而是政府的一个部门。这两个公司抱着同一个宗旨：发展贸易，牟取利润。英法两国都不想占领土地，英国东印度公司的董事们长期以来不愿意拥有土地，也不愿在他们的贸易站之外承担任何责任。1740年前后，形势逼迫他们改变了这种态度。马拉塔人[3]杀害了东南沿海500英里长的卡纳蒂克的总督，威胁着马德拉斯和孟买，袭击孟加拉内地。欧洲商人不可能袖手旁观了，他们必须单独作战或者同印度统治者协力战斗，否则就得撤走。大部分荷兰商人已经撤到富饶的东印度群岛，葡萄牙人在这场竞争中早已落伍，英国人和法国人决心继续在这里经营下去，于是，这里只剩下英法两个欧洲强国的商人了。

法国同她在历史上的任何一次重大危机中一样，出现了一位能力出众的

1 Persia，即现在的伊朗。——译者注

2 Pondicherry，印度城市，曾为法国殖民地。——编者注

3 Mahrattas，印度主要民族之一，骁勇善战，曾建立马拉塔帝国。——编者注

人物——约瑟夫·迪普莱克斯。此人从 1741 年开始担任本地治里的总督，他早就预料到要和英国交战。他看出，印度需要一个新统治者。莫卧儿帝国已经崩溃，而马拉塔部落联盟又不可能取而代之，那么法国为何不能夺取这个闪闪发光的诱人锦标呢？奥地利继位战争爆发之后，迪普莱克斯立刻果断地采取行动。他请求卡纳蒂克省的总督禁止在他管辖的范围内采取敌对行动，因为法国的大部分贸易站分布在那里。在得到允许之后，他开始进攻马德拉斯。统治马德拉斯的英国总督也要求卡纳蒂克省的新总督禁止法国人采取敌对行动，但是没有对他行贿。迪普莱克斯则允诺一俟攻克马德拉斯便把它交给卡纳蒂克省总督。后者得到这个保证后，便退到一边。经过五年的轰击，马德拉斯城于 1746 年 9 月 10 日被攻克。守城的一些英国人逃到附近的圣戴维要塞，其中有 21 岁的年轻职员罗伯特·克莱夫。

迪普莱克斯取胜之后，拒绝把马德拉斯交给卡纳蒂克省总督，在年底的数月里打退他的多次进攻。然后，迪普莱克斯开始进攻圣戴维要塞。这时传来消息说，欧洲战争已经结束，在艾克斯拉沙佩勒（亚琛）签订的和约规定，把马德拉斯还给英国人，同时英国把新斯科舍的路易斯堡让给法国。在印度进行重大斗争的开场，就这样无声无息地结束了。

*　　　*　　　*

克莱夫又惊又怒地注视着这些事件，可是他尚未显示出特殊的才能，尚未证明他能够改变英国的处境，建立他对印度的统治。他是一个小绅士的儿子，少年时期有过曲折的经历，不太争气。他先后上过四所学校，但成绩均不佳。在他家乡的什罗普郡集镇上，他纠集了一伙无赖少年，呼啸过市。这些少年常向商贩勒索几个小钱或苹果，如果不给就砸他们的窗户。他 18 岁时被派到国外充当东印度公司的小职员，每年的工资是 5 镑，开支是 40 镑。他是个难以约束而又没有出息的下属，对办公室的例行事务和气氛厌烦至极。

据说有两次他想自杀，可是手枪均未打响。他在东印度公司的军队中担任一个职务并服役多年，后来才显示出在英国统治印度的历史上无与伦比的军事才华。通过保卫马德拉斯和圣戴维要塞的战斗，他对战争产生了感情。1748年，一场新的动乱使他有机会得到了领导权。

印度的一些觊觎帝位者控制了莫卧儿帝国的德干省，征服了卡纳蒂克省。迪普莱克斯带领寥寥无几的法国军人和两三千印度军人把他们赶走，扶植他的傀儡上台。英国人支持的默霍迈特·阿利被赶到特里奇诺波利，受到层层围困。法国人一举成为印度南方的主人。他们下一步的打击目标显然是英国人。进行和平贸易或如今日所说的不干涉印度事务的希望已经彻底破灭，东印度公司必须进行战斗，否则就要灭亡。克莱夫获得一个军职，率领部队朝特里奇诺波利前进，发现默霍迈特·阿利处于倒悬之危。如果能够把他解救出来，扶上王位，一切都会好转。可是如何做到这一点呢？特里奇诺波利受到庞大的法印联军的进攻。英军数量很少，战备甚差，军官奇缺，所以年仅25岁的克莱夫得到了统率权。直接解特里奇诺波利之围是不可能的，克莱夫立刻看出，必须把拳头打向别处。卡纳蒂克省首府阿尔果德的军队大部分被调到特里奇诺波利去攻打默霍迈特·阿利。只要攻占阿尔果德，他们就不得不撤回来。于是，克莱夫带着200名欧洲人、600名印度人和八名军官出发了。军官中有四个人和他一样，以前是职员。阿尔果德城一攻即破，克莱夫和他的一小批人马积极备战，以应付敌人的报复。果然不出克莱夫所料，印度统治者见首府失陷，大失所望，从特里奇诺波利抽出一大部分军队前往阿尔果德进攻克莱夫。这场战役进行了50天。克莱夫的部队只相当于敌人的二十分之一，几乎断绝了给养，却打退了敌人的一次夜间进攻。他在这次战斗中亲自操作一门火炮。一位马拉塔酋长扬言要来援助英国人，这个威胁解了阿尔果德之围。迪普莱克斯的红运因此消失。整个局势也发生了变化。1752年，克莱夫和英国派来的正规军人斯特林格·劳伦斯一起打败了法国人及其支持的篡位者，把默霍迈特·阿利扶上王位。卡纳蒂克省转危为安。翌年，刚刚结婚而身体欠佳的克莱夫回到英国。他从印度统治者手中收到大量财富，人们委婉地称之为“礼品”。迪普莱克斯则继续斗争，他在1754年奉召回国，九年之后在穷困潦倒中死去。在印度的英国首领纷纷赢得财富和权力，而法国人则多半落得可悲的下场，这两种命运形成了鲜明的对比。

克莱夫在英国利用他的部分财富尽力活动，企图代表康沃尔郡的一个人数不多的选区进入国会，结果未能成功，于是便在1755年重返印度。他来得正是时候，一场新的冲突即将在印度东北部地区开始。在此之前，法国人、荷兰人和英国人在富庶的孟加拉省相安无事地进行着贸易，当地顺从、聪明而又勤劳的居民基本上未受南方那样的杀戮和混乱状态的祸害。靠近恒河口的加尔各答获得丰厚的利润。来自西北部的一个穆斯林冒险家夺取加尔各答的权力并掌权14年，保持了那里的安定。可是他在1756年去世，政权传给他年轻、恶毒、狂暴而贪婪的侄子苏拉贾·道拉。他颇有理由地担心，英法之间刚刚爆发的七年战争会波及他的领土，使他像德干省的统治者那样成为傀儡，因此要求英法两国拆除工事。在加尔各答上游昌德纳戈尔的法国人作了令人满意的回答。英国人意识到同法国人的战争即将来临，就在法国人可能进攻的河畔一带扩建工事，对苏拉贾·道拉的要求置之不理。加上其他摩擦，苏拉贾·道拉怒上加怒，于5月间兴师问罪。

苏拉贾·道拉聚集了一支配有大炮和欧洲炮手的大军，率领这支军队向加尔各答进发。现代学者们摘去了麦考利为英国总督及统治当局戴上的胆小无能的沉重帽子。当时通往这个城市的旱路没有工事，况且指挥不当，造成了混乱。城里的人从水路撤退，上船时争先恐后，乱七八糟。为数不多的驻军和大部分英国平民进行了英勇战斗，无奈三天之后大势已去。他们长期过着和平生活，如今却突遭厄运。敌人打着休战旗突破防御阵地以后，146名欧洲人缴械投降。他们被塞进一间20英尺见方的牢房过夜，到天亮时只有23人还活着。胜利者抢劫了东印度公司的财产之后扬长而去。艾尔顿勋爵写道：“苏拉贾·道拉没有想到，他同英国人打交道必然会使他们后来成为印度的主宰者，因为‘黑牢’惨剧打消了英国人企图单纯经商的幻想。他们要报仇，终于决心战斗了。”[1]

加尔各答失陷的消息于8月间传到马德拉斯。东印度公司的董事们尚未得知英法两国已在欧洲交战，但在加尔各答等地早有传闻说，法国人将从海上和德干同时发动进攻。董事们把全部海军和几乎所有的陆军交给克莱夫指挥。1757年1月，克莱夫带领900名欧洲士兵和1500名印度士兵收复加尔各答，击退了苏拉贾·道拉的四万大军的进攻。由于对法战争的压力，克莱夫只好撤退，但在赶回马德拉斯之前，仍有时间攻打昌德纳戈尔。他不敢将这个要地留在法国人手里。昌德纳戈尔于3月陷落，城内英勇奋战的守军撤走了。此时，克莱夫时来运转。苏拉贾·道拉过于残忍，甚至对同胞也是如此，一些臣子决定推翻他，拥戴莫·贾法登上统治者的宝座。克莱夫同意相助。6月23日，他在普拉西同苏拉贾·道拉遭遇。他的军队已经扩大到3000人，但其中英国人不到三分之一。整个力量在敌人面前处于1：17的劣势。他们背后是正值汛期的胡格利河，没有退路。敌人在前面的平原上围成半圆形。克莱夫把部队布置在一片杧果树林的边缘，等待敌人进攻。双方并没有交锋，但这却是一次决定印度命运的较量。炮击持续了四个小时，后来苏拉贾·道拉发觉军中有叛变迹象，便听从了策划背叛他的那些人的建议，下令撤军。克莱夫决定放他走，以后伺机发动夜袭，但一名下级军官违命出击，于是全军便像一股不可阻挡的洪流追杀出去。敌军惊慌四散，苏拉贾·道拉在几天后被莫·贾法的儿子杀死。克莱夫仅仅损失36人，却取得了普拉西战斗的胜利，成为孟加拉的主宰。

还有许多胜利在等待着克莱夫。在这次所谓的战斗中未动一指的莫·贾法被拉上御座。省内处处是来自北方的穆斯林散兵游勇，对统治者的宝座垂涎三尺者大有人在。附近的奥德省抱着敌对态度，法国人仍然十分活跃，甚

1 引自埃尔顿勋爵所著《帝国联邦》（*Imperial Commonwealth*）1945年版。——原注

至连荷兰人也表现出要干预的迹象。但是，克莱夫将他们一一打败。如果英国人不直接实行统治，他们就必须保证一名友好的当地人执政，间接统治是当时的常见做法，而直接统治往往会造成无政府状态和大规模的流血。克莱夫在1760年再次回到英国时，英国是留在印度的唯一的欧洲强国。在四年多一点的时间里，他使印度的形势发生了深刻的变化。法国人尚能保留他们的贸易站，但他们的影响已经荡然无存。九年之后，法国的印度公司也解散了。克莱夫已经聚敛了25万英镑的财富。根据当时的风气，他用贿赂的手段进入国会，并且取得爱尔兰的一个爵位。然而，他在印度还有使命尚待完成。

*　　*　　*

后人不应对英国在印度进行扩张的性质产生误解。英国政府从未直接参与印度的冲突，虽然皮特欣赏克莱夫的才能，利用自己能够调动的一切力量给予支持，但皮特对印度局势并无重大的影响。再说，他也在进行一场世界战争。由于联络不便，路途遥远，形势复杂，他让克莱夫自由行动，仅仅为他提供一些支持和忠告而已。东印度公司是个贸易机构，它的董事都是商人。他们寻求的不是战争，而是利润。他们为土地和军队花一分钱都感到可惜。印度次大陆的动荡局势迫使他们违背自己的意愿和主张，去控制越来越多的领土。到头来，他们几乎是无意地建立了一个大帝国，这个大帝国不比莫卧儿帝国弱小，却比它更安定。如果“帝国主义扩张”（Imperialist expansion）这个概念指的是有意攫取政治权力，那么，把英国在印度的行动称为“帝国主义扩张”则系无稽之谈。有些人谈到印度时说道，英国人的帝国是在无意中建立起来的。这种说法倒是颇有道理。

克莱夫的胜利解决了许多问题，也引出不少新问题。在他离开的几年里，英国在印度干了一些十分不光彩的事情。东印度公司的宗旨是赚取利润，只要局势安定，贸易繁荣，它从不关心而且也不知道那里是如何统治的。它废黜了年迈的莫·贾法，当接替莫·贾法的傀儡显出不满情绪时，它便发动一场血腥的战斗把他打垮，将孟加拉统治者的宝座标价拍卖。公司职员收入微薄，只好接受当地人的贿赂、礼物和各种可耻的外快，这种行为甚至受到鼓励。腐败和非法牟取暴利的消息不胫而走，传到了英国。公司的董事们突然发现，他们丢掉了利润，也损坏了名声。他们向克莱夫求援，请他担任他们控制的全部印度领土的总督。1764 年 6 月，克莱夫最后一次前往印度。他在印度的改革可谓大刀阔斧，手段严厉，其意义居于普拉西战斗的胜利之上。他的改革获得成功，促使莫卧儿大帝请他保护德里和印度北部的所有地区，他拒绝保护这些地区，因为他认为公司无力担负一个帝国的责任。五年前，他曾在信中向皮特建议，由王室对公司控制的印度各地区行使主权。这个建议被忽略了近一个世纪。莫卧儿大帝从公司得到一笔补贴金，因此把管理帝国岁入的权力让给公司作为酬谢。司法权仍然掌握在印度统治者的手里。这样的责任分工不会持久，不久便会带来严重的问题，可是它毕竟前进了一步。克莱夫写道："现在权力的所在地是最安全的地方。"1767 年 1 月，克莱夫又回到英国。英国公众误信传言，吹毛求疵，克莱夫在下议院受到攻击。他为自己进行了有力的辩护，他明确指出，由于他的努力，东印度公司的董事们"得到了一个大帝国，其幅员超过欧洲任何国家的版图，他们每年有 400 万英镑的收入，进行了与此相应的贸易"。关于他个人积聚的财富，他慷慨陈词，说了下面一段话："就我取得普拉西大捷之后的地位而言，我由于采取有节制的行动难道不应该受到歌颂吗？一位强大的帝王仰我鼻息，一个富庶的城市任我主宰，最富有的金融家争相博得我的欢颜，我走过一座座为我个人敞开的拱门，双手尽是黄金和珠宝。议长先生，我此刻对自己当时的克制感到吃惊。"下议院一致通过了决议："罗伯特·克莱夫勋爵为我国立下了丰功伟绩。"可是，愤愤不满、伤心至极的克莱夫并未得到慰藉，几年以后自杀身亡。

*　　　*　　　*

不久，沃伦·黑斯廷斯在印度代替了克莱夫的地位。此人同克莱夫一样伟大，不过背景有些不同。沃伦·黑斯廷斯很穷，他的祖先在伍斯特郡曾经拥有大片领地，后来他的曾祖父在奥利弗·克伦威尔的战争时期卖掉了在代尔斯福德的家宅。从童年时代起，黑斯廷斯就憧憬着有朝一日把它收回来。他幼年丧母，一位叔父把他抚养成人，并送他到威斯敏斯特上学。黑斯廷斯在那里钻研古典文学。老师希望他到大学深造，他的叔父反对这个建议，把他送到了印度。当时他 16 岁。

在克莱夫不断取得胜利的年代，黑斯廷斯是东印度公司的一名小职员。克莱夫最后一次离开印度一年以后，黑斯廷斯成为加尔各答参议会的成员。在这个责任有限而比较明确的职位上，他目睹了公司的混乱状态。公司的职员继续牺牲雇主和当地居民的利益，为自己积聚钱财。马拉塔人占领了德里，威胁着奥德省。马德拉斯也受到威胁，甚至连一直比较平静的孟买也卷入内战的烽火之中。1769 年和 1770 年，孟加拉有三分之一的人死于饥荒。在种种严峻的考验下，沃伦·黑斯廷斯一直过着俭朴的生活。他渴望得到名望、权力和足以赎回代尔斯福德家宅的钱财。至于聚敛个人财富，那是他人之事，因为他并不贪婪成性。1772 年，他升任孟加拉省的总督。该省虽经天灾人祸，却仍然比较富饶。他决心做两件事：一是保持公司的利润，二是由英国人收税。这时，使克莱夫受到国会谴责的那些传说几乎已成为英国公众的看法。来自东部的富有的冒险家在印度为新帝国树立名声，也在糟蹋新帝国的名声。他们过于富有，极其傲慢，不能和他们本来的阶级融为一体，而且由于暴发得太快，他们又无法同贵族相结合。这些在印度发财的欧洲人受到英国各阶级的厌恶或嫉妒。勇敢精神和纪律性曾经赢得阿尔果德战斗和普拉西战斗的胜利，并且洗雪了“黑牢”之辱，如今却受到忽视。这种情况并不奇怪，因为许多新贵忙于积聚财富，无暇帮助克莱夫。年迈的查塔姆说："印度充满罪恶，臭气熏天。"人们的嫉妒、无知和感情用事汇成一股愤怒的潮流，他们强烈要求改革。然而，这些怨言是有理由的。九年来，公司的雇员从孟加拉居民身上为自己搜刮了近300万英镑的财富。改革的先锋碰巧是诺思勋爵。

诺思尽力而为，他的格言是"搞垮大户"（Shackle the great）。在黑斯廷斯出任孟加拉总督的第二年，诺思说服国会颁布了《管理法令》（*Regulating Act*）。这个条例并非一无是处，印度的英国统治区在行政上获得了统一。孟买和马德拉斯归一个"大总督"统辖，"大总督"坐镇加尔各答。沃伦·黑斯廷斯是第一任"大总督"，年薪2.5万英镑。为了避免专权，权力被分成互相制约的几部分。根据文件规定，分掌权力的有孟加拉总督、公司董事会、大总督以及限制他并且可以对他行使否决权的参议会。黑斯廷斯斗争了几年，要打碎身上的枷锁。他的主要对手是他的新同僚菲利普·弗朗西斯，此人便是威尔克斯时代猛烈攻击英国政府的"朱尼厄斯信札"[1]的著名作者。弗朗西斯一直公开或秘密地反对黑斯廷斯。可是黑斯廷斯知道需要做什么，而且决心做下去，他性情急躁，却学会了耐心和冷静地坚持。英国政府一度想召他回国，适逢参议会里两名最无知和最坚决地反对他的成员去世。不久以后，法国人见英属美洲殖民地发生反抗运动便跃跃欲试，想恢复他们在印度的地位，于是再次对英国宣战。黑斯廷斯终于可以自由行动了，他的解放适逢其时。

1778年，一支法国舰队驶近南部海岸，迈索尔地区的海德·阿里在卡纳蒂克省到处流窜，马德拉斯的英国总督被他的腐败官员监禁起来，孟买同马拉塔人进行着战争。在黑斯廷斯当权的六年里，各种忧患又接踵而至。他的

1 *Letters of Junius*，作者是英国民间匿名作家朱尼厄斯，内容是其1769年1月至1772年1月间发表的一系列评论时事的公开信，又名《朱尼厄斯书信》。——编者注

海军力量不如法国人，虽然进行了五次战斗，却不能阻止法国人在马德拉斯海岸登陆。马德拉斯政府经过清洗之后，重振精神。艾尔·库特爵士马上被派往南方，他参加过普拉西战斗，仍然是英国在印度的最优秀的军官。他于1781年在波多诺伏打败海德·阿里，翌年又打败其子蒂普苏丹。然后，他同马拉塔人举行和谈。到了1783年，只有法国人还在积极采取敌对行动。《凡尔赛条约》[1]签订之后，他们继续进攻的希望也破灭了。英国在美洲失去了一个帝国，在印度却建立起另一个帝国。

这一系列活动耗费了大量钱财。黑斯廷斯在金钱和物质方面很难得到英国的帮助，因为英国已被美洲、欧洲和海上战争拖得精疲力竭。他的唯一办法是就地取“财”。孟加拉的居民比较富有，由于英国的武力和领导，他们也比较安全。他们应该为自己受到的保护出钱，而黑斯廷斯则毫不客气地向他们索取钱财。他通过各种途径筹集了资金，从而援救了孟买和卡纳蒂克省，拯救了重陷血泊的孟加拉。批评黑斯廷斯和东印度公司的人们很快指出，他筹集的200万英镑只有三分之一用于战争方面，其余的钱通过人们熟知的渠道流走了。其实黑斯廷斯本人并不重视钱财，他回国时财富并不多。他在1785年离开印度，当地人对他怀有感激之情。他同当时在印度的许多英国人不同，能够讲一口流利的当地语言。他喜欢和印度人交际，为此曾经受到克莱夫的斥责。他虽然为自己的家族和祖先而骄傲，却从未受到种族观念和宗教观念的影响。

起初，黑斯廷斯在英国受到欢迎和尊敬。他取得的成就和胜利在某种程度上补偿了英国在美洲蒙受的耻辱和灾难，东印度公司也多亏他的贡献。在他回国的一年以前，小皮特颁布了一项《皮特印度法案》（*Pitt's India Act*），它规定管理委员会由英国内阁领导，还规定接管东印度公司的政治权力。黑斯廷斯不赞成这样的安排。虽然大总督摆脱了诺思通过加尔各答参议会对他

1　*Treaty of Versailles*，即1783年英美和约，也称《英美凡尔赛和约》。——编者注

的束缚，却又处于皮特的朋友和顾问、管理委员会主席亨利·邓达斯的控制之下。一些有抱负、正直而廉洁的苏格兰年轻人陆续填补并加强了印度英管区的行政机构。由于克莱夫和黑斯廷斯的功劳，他们大多数人不必受贿和搜刮钱财就可以维持生活。这是很好的现象，可是国会难以忘记查塔姆所谴责的“臭气熏天的弊端”。从印度回来的暴发户有着惊人的财富，他们还是那样炫耀自己，粗俗可鄙。黑斯廷斯刚刚回国，国会便开始对他在印度的行为进行调查。没有任何证据能够证明他有贪污罪，可是他在同各派政客打交道时态度傲慢，不讲方式。在伯克、福克斯和谢里登的带动下，国会决心把黑斯廷斯置于死地。在加尔各答的一次决斗中被黑斯廷斯击伤的菲利普·弗朗西斯，也居心叵测地策动黑斯廷斯的敌人加紧进攻。古老的武器——弹劾又用来对付他。1788 年 2 月 13 日，对他的审讯在威斯敏斯特宫开始了。这件案子审理了七年多。黑斯廷斯统治印度期间的每个方面和细节都受到审查，有的受到指责和误解，有的受到支持和赞扬。最后他被宣布无罪。很多指责有失公正，也令人费解，但这件案子的审理却向社会和全世界宣告了英国人民拥护伯克的这一主张：印度应根据“在欧洲、非洲和亚洲乃至全世界均可发现的法律加以统治，即根据我们内心所珍惜的、一切有判断能力的人所了解的平等和人道主义原则加以统治”。

为自己辩护的费用使黑斯廷斯濒于破产，幸好东印度公司给他的钱足够赎回代尔斯福德的家宅。多年以后，他在下议院就印度问题作证时，议员们纷纷向他脱帽致敬。黑斯廷斯再也没有担任官职，不过比起他的法国对手们，总算是很幸运的，因为那些人当中有的早已身首异处或一文不名，而且，后人已经从辉格党的诽谤中恢复了他的名誉。

* * *

写到这里，有必要跳越一段英国在印度的历史，谈谈以后的情况。在拿破仑战争期间，英国的力量迅速壮大。法国革命前夕，东印度公司统治的地区仅限于孟加拉省以及马德拉斯港和孟买港周围的几条狭长的沿海地带。而滑铁卢大战之后，东印度公司统治着西北部以外的次大陆所有地区。

弹劾沃伦·黑斯廷斯是英国在印度历史的一个转折点。主要权力已经不在地位低微而才力超群的公司职员手里，大总督的职务从此也由声名显赫和门第高贵的英国人担任，如没有被约克敦投降事件[1]所吓倒的康沃利斯侯爵、韦尔斯利侯爵、明托勋爵、黑斯廷斯侯爵、阿默斯特勋爵和达尔豪西勋爵。这些人不想在经济上得到任何好处，对伦敦政府的盲目指挥感到厌烦。他们同英国统治集团保持十分密切的关系，可以为所欲为而无后顾之忧。他们实际上是国王的全权代表，只是名义上没有这个头衔而已。他们可做的事情确实很多。马德拉斯邻近的卡纳蒂克省在1785年由一个印度地方长官统治，他在武力和金钱方面得到英国的支持。海德·阿里从莫卧儿人手里把一直延伸到西部海滨的迈索尔地区夺了过来。可是他的儿子蒂普·苏丹梦想统治印度南部的所有地区，在统治迈索尔期间造成严重的不利局面。在次大陆的中南部，海得拉巴土邦[2]的君主勉强统治着德干省，他无力维持秩序，名义上是德里傀儡皇帝的附庸。再往北是马拉塔人，他们是一个军事部族联盟，是骁勇的印度教武士，使用轻武器，骑着快马，进攻迅速，来去无踪，自古以来与莫卧儿人为敌，渴望建立自己的印度帝国。只有孟加拉安然处于英国的统治之下，虚弱的奥德缓冲区使它免受动乱的影响，不过很不保险。

康沃利斯不久便被迫同蒂普打交道，在18世纪的最后十年里向他进攻，占领了迈索尔的大部分地区，迫使他交出一半领土。一个无足轻重的小人物在法王路易十六被砍头的那一年接替了康沃利斯的职务，他试图解决纠纷，可是印度统治者不断雇用法国军官，并且根据欧洲的模式训练军队。韦尔斯

1　The surrender at Yorktown，是美国独立战争期间的一次战役，美法联军在战役中通过陆海围攻迫使南方的英国军队主力投降。——编者注

2　Hyderabad，存在于1724—1948年的土邦，也是印度殖民地时期最大的土邦，首府海得拉巴。——编者注

利侯爵在1798年接过了要消除威胁的重任。拿破仑在埃及取得胜利之后，企图在东方建立一个帝国，愿意援助蒂普。后者开始建立一支由法国人训练的军队。英法战争的阴影再次笼罩了印度。法国海军可能会从他们占领的印度洋海岛毛里求斯出击。韦尔斯利立即果断地采取行动，向蒂普提出一项“辅助条约”（Subsidiary treaty），要求蒂普遣走所有的法国人，解散军队，并且为东印度公司保护他的属地付予报酬。蒂普宁愿在战场上一决高低。他在1799年被赶回他的首都塞林伽巴丹，丢掉性命。然后，韦尔斯利吞并了迈索尔的外围地区，把其他地区归还给那些被海德·阿里赶走的印度王公。不过这些人的统治时间并不长。法国人对东方的野心在尼罗河战役中受挫之后，韦尔斯利把注意力转移到卡纳蒂克省。当地政府统治残暴，不得人心，韦尔斯利在1801年用一点年金把地方总督打发走，把卡纳蒂克省并入马德拉斯管辖区。同年，韦尔斯利开始对付奥德地区。这里的情况也大为不妙，地方总督虽然受到英国人的保护，却未能使他的管辖区免受部下叛军和欧洲冒险者的掠夺和盘剥。韦尔斯利也强迫他接受一项辅助条约。英国人保证予以保护，总督则把他的大部分辖区让给英国人，只留下勒克瑙周围的一小块地区。此外，总督只能留下公司所同意的欧洲人，要遣走为他服务的其他欧洲人，并且保证根据公司的意见实行统治。

韦尔斯利最后解决马拉塔部落联盟的问题。几年前，马拉塔人攻占了德里，俘虏了莫卧儿帝国的皇帝，要求孟加拉代表皇帝交纳贡金。如今他们开始自相残杀。他们的联盟首领逃出来向韦尔斯利求援，韦尔斯利帮助他打回首都浦那。其他人因此对英国人宣战，在阿萨耶和其他地方进行激战，最后被韦尔斯利的弟弟、后来的威灵顿公爵打败。韦尔斯利对他们也强加了一个辅助条约，把奥里萨和德里省的大部分地区交给了英国人。一位著名的史学家写道：“他在七年的时间里改变了印度的地图，使他的同胞开始了扩张活动。这一活动在50年以后一直扩张到与阿富汗交界的山下，然后才停下来。……从表面上看，这些活动显得野心勃勃，极端粗暴。实际上，它们的每一个细节都考虑到了当地居民的利益。18 世纪的印度近似 5 世纪的欧洲。韦尔斯利知道，只有英国的统治才能避免杀戮、专制和无政府状态。他果断地把这个信念付诸行动。罗马帝国灭亡之后，欧洲人经受了许多世纪的痛苦才得到安定的生活。但是在印度，英国当局只用了 50 年的时间就稳定了社会。”[1] 东印度公司却抱着不同的看法，董事们仍然想做买卖，不想征服。由于他们的反对和批评，韦尔斯利于 1805 年辞职。

接替韦尔斯利的明托勋爵接到了不得在领土方面承担新义务的命令。他在一个短时期内暂缓行动，但要长期踏步不前是不可能的。韦尔斯利开始的绥靖运动必须彻底完成，否则就要半途而废。他曾经强迫各地的许多印度统治者解散军队，致使一批军人心怀不满，无所事事，自动结成许多匪帮。马拉塔人把英国人的暂缓行动当成软弱的表现，他们支持这些匪帮，后者在他们的帮助下开始抢劫印度中部地区。在 1814 年出任大总督的黑斯廷斯侯爵被迫动用大军镇压这些人。马拉塔人看到他们取代莫卧儿帝国的最后一线希望已经破灭，立刻起来造反。他们也被打败，他们的首领被废黜，浦那公国并入孟买管辖区。东印度公司不情愿地，甚至无可奈何地主宰了印度四分之三的地区。

1　引自 J.A. 威廉森所著《英国扩张简史》（*A Short History of British Expansion*）第 578 页。——原注

PART 9
拿破仑

NAPOLEON

第十六章 CHAPTER 16

小皮特

罗金厄姆侯爵长期等待着组阁的机会，可是当1782年3月这个机会终于来到时，他只有四个月的生命了。康沃利斯在弗吉尼亚的约克敦投降一事对英国社会的舆论产生了重要影响。野心勃勃的英国及其固执的国王面临着险恶的局面。英国没有一个盟友，在单独进行的一场世界战争中万事都不称心如意。一支法国舰队威胁着英国在印度洋的交通线；法国的货币在印度次大陆上支持着马拉塔人的活动；法西联合舰队在英吉利海峡活动频繁，封锁了直布罗陀；米诺卡岛失守，华盛顿兵临纽约城下，美洲大陆会议明确宣布，它决不单独媾和。罗德尼将军倒是在桑特附近的一次辉煌胜利中夺回了西印度群岛海域的控制权，豪司令在9月解了直布罗陀的三年之围。然而，在世界的其他地方，英国威望低落，力量薄弱。乔治三世的一意孤行使大英帝国陷入了无比窘迫的境地。

罗金厄姆于7月辞世，谢尔本勋爵出面组织新政府。他不打算采取罗金厄姆和伯克长期珍视的方针，即不拟围绕当时的重大问题建立意见一致的、根据集体决定为国王确定政策的内阁。这条方针被抛在一边。他想任用观点和派别截然不同的政治家组成政府，但在乔治三世造成的一系列失败中，英国政治结构中的个人迷信已经消失殆尽。新首相广录人才的做法受到各方势力的怀疑。他才华出众，口若悬河，思想开明，然而却同以前的卡特里特一样，处处遇到不信任的目光。国王对他颇有好感，予以全力支持。三大派系之间的激烈斗争已经到了不可缓和的地步，任何一方都无力单独维持一个政府。谢尔本得到查塔姆追随者的支持，其中包括查塔姆的儿子、财政大臣威廉·皮特。诺思仍然控制着一股强大的势力，效忠 12 年之后在国王面前受到的冷遇使他感到寒心，可是他还想重新上台。第三股势力的首领是查尔斯·詹姆斯·福克斯，此人精明能干，为人善良，只是缺乏行动的一致性，曾经猛烈攻击诺思政府。至于伯克，他的家族没有势力，失去罗金厄姆这个靠山之后，他的影响也就随之消失了。

反对谢尔本的情绪日益强烈而广泛。这位首相在谈判中巧用智慧，在美洲独立的基础上结束了这场世界战争。法国政府几乎垮台。它支持美洲殖民地的爱国者，只是为了肢解大英帝国而已，除了拉斐特那样的少数理想主义者以外，无人希望在美洲帮助建立一个共和国。法国大臣们早就警告路易十六说，这种做法可能会动摇他的绝对君权。西班牙明确反对美洲殖民地独立，她之所以参战，主要是因为法国答应帮助她收复直布罗陀，条件是利用她的舰队反对英国。可是 13 个殖民地的叛乱使西班牙的海外属地也出现了麻烦，直布罗陀并未到手，因此她要求在北美获得大量补偿。虽然大陆会议答应以法国为主进行和谈，但殖民地驻欧代表意识到他们的危险地位，于是违背大陆会议的诺言，背着法国同英国秘密签署了关于和平措施的初步协议。谢尔本如同查塔姆当年那样，梦想以慨然让步的办法保住大英帝国，可是他意识到，只有承认美洲殖民地的自主权才是唯一可行的政策。福克斯早已在下议院公开发表过这种见解，促使英国走上了这条道路。

位于阿勒格尼山和密西西比河之间的西部地区的前途是最重要的问题。弗吉尼亚和中部殖民地的投机商在这里很活跃，他们在大陆会议内颇有影响，得到富兰克林、帕特里克·亨利、李家族和华盛顿本人的支持。以塞缪尔·亚当斯和约翰·亚当斯为首的激进的新英格兰人并不关心这些西部地区，但他们同意，如果英国承认北方殖民地在纽芬兰沿海捕鱼的权利，他们就要求彻底割让这些地区。

谢尔本并不反对殖民者在西部领土问题上的态度，难以解决的是加拿大边界问题。富兰克林和其他人要求得到加拿大的全部地区，可是谢尔本知道，如果作出这个让步，他的政府就会垮台。经过几个月的谈判，双方划定了一条边界。这条边界从缅因州边界开始，到达圣劳伦斯河以后向上游延伸，穿过五大湖区，直至它们的源头。在这条边界线以南、密西西比河以东、佛罗里达边界以北的广大地区均为美国领土，这是和约中最重要的一项内容。谢尔本表现出政治家的气魄，他的让步防止了英国和美国的边界冲突，但有一点例外。只有加拿大皮毛公司受到影响，它们的活动范围已经从魁北克省扩大到俄亥俄河流域。不过这是微小的损失。英国承认新英格兰的捕鱼权以后，北部各州感到心满意足。

英国政府提出两点要求，一是美洲商人偿还战前拖欠的债务，二是保证约十万名美洲效忠分子的安全。谢尔本力争解决这两个问题，而美国人决不退让。美国人心里很清楚，胜利已经在握，英国政府不敢因这些小问题而中断谈判。结果和约中只是规定："英美双方的债权人为了收回债款而接触时不受法律限制"，大陆会议应该"尽力劝告有关的几个州归还效忠派的财产"。只有南卡罗来纳一州对效忠派的财产持开明态度。四五万名"联合帝国的效忠分子"被迫到加拿大白手起家。

法国也同英国媾和，两国在 1783 年 1 月宣布停战，同年在凡尔赛签订和约。法国人保留了他们在印度和西印度群岛的属地，得到在纽芬兰附近捕鱼的权利，重新占领在非洲海岸的塞内加尔奴隶贸易点，此外还得到了盛产棉花的重要海岛多巴哥。除了这些，他们再无其他物质收获。不过，他们的主要目标已经实现，13 个殖民地从大不列颠联合王国中分离出来，由此，英国在世界上的地位受到了严重的削弱。

西班牙被迫接受这个和平方案。她对美洲的野心化为泡影，唯一的收获是得到了东佛罗里达的两个英国殖民地，而且是以英国人控制直布罗陀为代价。她在战争期间攻克了英国在地中海的海军基地米诺卡岛，讲和以后仍然保留着这个岛。由于盟国背信弃义，荷兰也只好同英国媾和。

当时有些人所说的世界大战就这样结束了。一个新的国家、民族之林中的一个新秀，出现在大西洋彼岸。第一大英帝国灭亡了。英国遭到沉重的打击，可是仍然无所畏惧。

英国能够从这场风暴中破浪而出，全靠谢尔本掌舵。他在不到一年的时间里通过谈判确定了和平条件，实现了世界和平。他的功劳未受尊重，这是不可否认的事实。1783 年 2 月，谢尔本在任职八个月之后辞职。他后来受封为兰斯多恩侯爵，他的后代从此一直在英国的政治斗争中扮演着重要角色。取代谢尔本政府的是诺思和福克斯组织的刻板的联合政府。据说这个联合政府在那个寡廉鲜耻的时代也令人难以容忍。福克斯曾就诺思的统治进行猛烈的人身攻击，仅仅五年前他公然宣称，同诺思的任何联合都是片刻不能容忍的。可是如今公众却看到他们的联合，为此惊愕不已。谢尔本政府曾经靠它的使命得以生存，而福克斯和诺思的联合政府则毫无立足之本，因此不到九个月便垮台了。垮台的直接原因是福克斯怀着改组印度政府的良好意图起草了一项法案。他打算在伦敦成立一个政治委员会，对统治着印度辽阔土地的东印度公司实行一定的限制。他的政敌立即指出，这样会给这个政治委员会很大的权力，因而可能为贪赃枉法创造机会。只有坚决支持政府的人才有希望受益。于是除了福克斯的亲信之外，各派势力均反对这个方案。

国王抓住这个时机摧毁了积怨甚多的政府，以期恢复他的威望。党派和个人之争在战争灾难的压力下减弱了。乔治三世认为，如果他能够找到合适的人选，那将是改换政府的大好时机。下议院中只有一个人没有卷入过去的冲突，他虽然缺乏过去国会势力所依靠的传统条件，但至少同完全失去信任的政府没有关系。此人便是威廉·皮特，大名鼎鼎的查塔姆的儿子，国王选中了他。在谢尔本政府中，他担任过财政大臣，名声较好。1783 年 12 月，国王要求皮特组阁，这是他在位的长时期中最出色的行动。旧的国会机器失灵了，一股新的联合势力将取而代之。后来 20 年的形势发展证明，新政府的行动是正确的。

*　　　*　　　*

美洲殖民地的反抗活动打消了 18 世纪英国人的自满心理，人们开始研究这场灾难的根源，“改革”一词处处可闻。显然，英国政治制度的缺陷促进了美洲殖民地的独立，对英国政体的完美性抱怀疑态度的人认真地考虑着殖民者攻击英国政府的论点。有些人开始要求对国会的代表制作一些改革，这种要求比较温和，值得考虑。改革派的主要目标是增加有资格选出下院议员的自治市的数目，以减少政府舞弊的可能性。甚至有人提出普选权和其他新的民主选举原则。改革派的中坚分子是像约克郡克里斯托弗·怀维尔那样的大地主或乡村教士以及像埃德蒙·伯克那样地位巩固的老练政客。他们一致主张，国会不必精确地按比例代表英国人民。对他们来说，国会不是代表个人，而是代表“利益集团”——地主集团，商业集团，甚至劳动者集团，但它必须以土地作为国家生活必不可少的基础。政治腐败的现象迅速泛滥，使一些富有的理论家感到失望。这种腐败现象在某种程度上是凭着国王的保护来控制政府的辉格党制度造成的，另一方面也是由于新兴的商人阶级和业主阶级收买国会席位所致。东印度公司利益集团的暴发户也进入了国会。金钱势力打入政治领域的现象不仅扩大了舞弊的范围，也威胁着地主阶级的政治垄断。政治集团内部只有少数人比较温和地支持改革。伯克在 1782 年制定的《经济改革法案》（*Economic Reform Act*）反映了这些人的主张，它取消了操纵选举的政府官员的选举权。他们的主张比伯克原来打算实现的方案宽容一些。无人希望对选举权进行根本的改革，当人们谈到英国人的权利时，指的是被称为英国栋梁的强悍的自耕农阶级，希望加强他们在各郡的影响。初期的许多改革计划具有空论的性质，旨在保持乡村利益集团的政治权力。18世纪英国的个人主义没有教条形式。英国人对于强调基本原则历来很反感。约翰·威尔克斯大胆并成功地维护臣民的合法权利，但分歧的焦点是笼统逮捕令的合法性问题。这是个很细的问题，然而却很实际。托马斯·潘恩的煽动性小册子在某些阶层中广为流传，但国会里无人抽象地谈到人权问题。改革的潮流冲入地下，卷入了地方偏见的漩涡。

然而，在以土地为基础的社会中建立协调的政治制度的希望越来越不现实。在18世纪的最后40年里，进出口总额增长了一倍多，人口增加了200多万。英国在工农业方面静静地经历着一场革命，这场革命将比当时的政治动荡产生更深远的影响。蒸汽机为工厂和铸造厂提供了新的动力资源，使工厂的数目迅速增加。一条条运河纵横交错，把煤廉价地运到新兴的工业中心。新冶炼法使铁的产量增长了十倍。路面坚实的公路伸向各地，使全国更紧密地联结在一起。日益扩大且信心十足的工业社会正在形成。城市工人阶级迅速壮大，小地主由于圈地运动和农业技术的改进而逐渐消亡。制造业飞速发展，一个蒸蒸日上的中产阶级已经出现，因此，英国的政治结构中必须有他们的一席之地。以上种种情况使改革派的要求显得不够有力。社会上正在出现剧烈的动荡，地主阶级在1688年获得的垄断地位无法再维持下去了。

人民的感情和文化生活也发生了深刻的变化。美国独立战争迫使英国人自力更生，他们反躬自问，发现自己有自满情绪和反常心理。约翰·卫斯理掀起的宗教复兴运动打破了“理智时代”（Age of Reason）的刻板外表。卫理公会教派[1]激起了人们的热情，它在下层穷苦人中间的传道活动加速了18世

1 Methodist，美国卫斯理宗于美国独立后脱离圣公会组成独立教会，该独立教会后来又分裂为美以美会、坚理会、美普会、循理会和圣教会等。1939年，美以美会、坚理会和美普会合并成现今的卫理公会，该派为新教派别之一。——编者注

纪的社会变革。长期支持辉格党的非正统教派增加了财富，扩大了影响，再次挑战英国国教的宗教垄断地位。他们被排斥在国会之外，没有选举权，但他们思想活跃，形成了一个有学问、可信赖又心怀不满的团体。威廉·皮特在 24 岁出任英国首相时，面临的就是这样一个动荡不安、问题丛生的局面。

*　　　*　　　*

皮特上台的那次选举是 18 世纪里安排最周密的一次。有人认为，群众反对乔治三世个人统治的巨大浪潮把皮特推上了台。其实，是乔治三世本人主动谋求皮特的帮助，将财政大臣、幕后人物约翰·鲁滨逊为首的国王代理人所建立的整个竞选机构交给这位年轻的政治家指挥。1783 年 12 月，鲁滨逊和皮特在莱斯特广场[1]皮特的挚友亨利·邓达斯的房子里讨论了他们的计划。鲁滨逊就选区的情况作了详细报告，并向皮特保证说，他们能够在下议院获得多数席位。三天以后，国王解散了福克斯和诺思的政府。在随后举行的选举中，威廉·皮特的势力获得多数，他把这一优势一直保持到 19 世纪。事实证明，他们的计划是切合实际的，全国民众认为这次选举结果是国家得到的真正裁决。

皮特的多数有几方面的基础，有他的一批追随者，乔治三世国王交给他指挥的“王室势力”（Party of the Crown）和自成一派的乡绅，有由于福克斯企图限制其政治权力而感到不满的东印度公司利益集团，还有聚集在邓达斯周围的苏格兰议员。这是一支庞大的队伍，它代表着社会的普遍意愿。皮特不想步诺思勋爵之后尘，托利党人支持他，因为他似乎正在帮助国王摆脱一个不择手段的政府。辉格党人还记得，他曾经拒绝参加诺思的内阁，并且主张改革议会制度。同他毫无联系的“老帮派”失败了，使国家蒙受耻辱，财

1　Leicester Square，在伦敦西部。——译者注

政力量崩溃。严肃、老成、善辩、廉洁而勤勉的小皮特以他父亲的名望为基础，登上了权力的宝座。

皮特即使在此壮年之时，也无知心朋友，不过有两个人将在他的一生中发挥决定性的作用，一个是亨利·邓达斯，另一个是威廉·威尔伯福斯。邓达斯是个性情良好、处事随和的实利主义者，也是18世纪政界风气的体现者。当时盛行的是用钱买国会席位，贪图官位，幕后指挥和怀疑一切。邓达斯是个不可缺少的盟友，因为他控制着苏格兰选民，得到东印度公司的政治支持。是他维护了国会多数派的团结。皮特本人廉洁奉公，但为了谋求支持而大力依靠18世纪的统治机器。

威廉·威尔伯福斯是皮特在剑桥时代的旧友，只有他博得皮特的完全信任。他笃信宗教，充满理想，是年轻首相的精神导师。他属于对18世纪的自满情绪提出疑问的新一代，他的追随者被称为"圣人"，不过这个称呼并无贬义。这些人在下议院形成一个紧密的整体，他们的主要政治目标是禁止奴隶贸易。他们把福音派新教会（或称"低教会派"[1]）的宗教热情吸引到自己一边，驾驭这两股对立势力的是查塔姆的儿子——威廉·皮特。

当代的一流雄辩家福克斯和伯克是皮特的政敌。他们高谈阔论宏伟的改革计划，实际上却是皮特在邓达斯的帮助下默默而认真地为国家制定了切实可行的政策。可是皮特的支持者派系纷杂，限制了他的行动范围。各种势力集团使他在就任初期的希望破灭了，他未能颁布禁止奴隶贸易的法案。威尔伯福斯和他的"圣人们"在布里斯托尔和利物浦的商人面前不断碰壁，后者在政治上支持政府，皮特也不愿疏远他们。皮特只能作出有限的努力，以致许多人怀疑他进行改革的诚意，以为禁止奴隶贸易的事情要等到福克斯重新上台才能实现。威尔伯福斯一听到有人怀疑他的朋友，便立即进行反驳。他

1 Low Church，可用以区分较自由派或属无主见派的一群信徒与保守的高教会派。该词始于18世纪早期，至19世纪，被赋以今天通用的"福音派"一义。——编者注

始终相信皮特在国会作出的判断。

皮特在以后的年代里需要很大的耐心才能维持下去，他的支持者固执、嫉妒，有时甚至难以控制。在丧失美洲殖民地之后，英国必须改组爱尔兰政府，可是支持者们却破坏了皮特的这个计划。经过一番艰苦的努力之后，皮特和邓达斯才说服下议院通过一项有关印度的议案（即《皮特印度法案》），规定建立一个管理委员会。这个委员会不像福克斯建议成立的委员会那样有效，然而在性质上却基本相同。这个机构一直维持到 60 年以后的印度叛乱之后。邓达斯立即控制了这个委员会，这个权力大大加强了他的政治地位。1785 年 4 月，国王和议员们挫败了皮特的另一个计划，否决了他提出的一项国会改革措施。

因此可以说，皮特上台伊始便受到 18 世纪政治机构的无情打击。他未能禁止奴隶贸易，未能解决爱尔兰问题，未能使国会更具有代表性，他在就任之初的唯一成就是颁布了《皮特印度法案》，可是这个条例不但没有减少反而增加了政治腐败的可能性。他清楚地看到进行改革的合理性和必要性，然而总是向反对力量妥协。

* * *

皮特的最大成就在于整顿并重建国家的财政制度，这是最紧迫的实际问题。他为财政部开创了正确管理和廉洁奉公的传统，这一传统保持至今。在他执政期间，经济理论和贸易理论飞跃发展。亚当·斯密在 1776 年出版了《国富论》[1] 一书，该书出版后立刻在学者当中引起了轰动。皮特深受这本书的影响。第一大英帝国声名狼藉，几乎从地图上消失。另一个大英帝国正在

1 *The Wealth of Nations*，是英国古典经济学家亚当·斯密创作的经济学著作，耗时近十年完成，被誉为西方经济学界的“圣经”。该书的出版标志着古典政治经济学理论体系的建立，奠定了资本主义自由经济的理论基础。——编者注

加拿大、印度和澳洲发展起来，库克刚刚标出这个很少为人所知的澳洲大陆的航海图。有些人认为，帝国应在经济上保持一个紧密的整体，殖民地在贸易方面要永远服从宗主国，同其他国家进行贸易时应受到全面限制，这种观点已经被证明是极端有害的。如今时机已经成熟，应该阐明自由贸易的原则了。亚当·斯密在辛辣的文章里用坚定的语气驳斥了重商主义理论。皮特深深信服亚当·斯密的观点。他是坚信自由贸易的第一位英国政治家，追随他的托利党人有一个时期也接受了这种理论。陈旧而复杂的关税壁垒制度初次受到系统的调整。总共有 68 种关税，有些货物须交多种单独的累加税，一磅肉豆蔻应交的关税竟有九种之多。在 1784 年和 1785 年，皮特对这种混乱状态进行了一些整顿，全面改革关税的第一个显著效果是走私活动大大减少。

经过进一步改革，岁入得到巩固。我们现在有"预算"一说，这完全是皮特的功劳。他招用一些能干的官员，改革了政府的收支制度。他创立账目检察署，取消了财政部的许多闲职。国家的财政情况很糟，截至 1783 年底，国会拨出的军费中有 4000 万英镑用途不明。政府信誉很低，内阁不受信任。公债达到 2.5 亿英镑，比沃波尔时代增加了 1.5 倍以上。皮特决心使财政有所盈余，以减轻沉重的公债负担。

为了实现这一目标，皮特于 1786 年力争通过了一项法案。根据这个法案，每年将从预算中提出 100 万英镑来购买股票，利用得到的利润偿还公债。这就是著名而屡遭抨击的偿债基金。这个计划要求每年收支有结余。后来在没有结余的时候，皮特常常被迫以高利率借钱来维持偿债基金。他之所以不惜代价地这样做，是有心理上的原因的。国家财政情况如何，人们要看偿债基金有多少。如果这种基金数目庞大，伦敦金融界就会得到财政稳定的印象。后来贸易振兴起来，经济逐渐繁荣，十年便偿还了当时显得相当可观的 1000 万英镑。

同样是 1786 年，海关和国内税务局合并，政府还以新的形式改组了贸易部。但是，皮特的最大成就可能是同法国签订的《伊登条约》[1]，这是根据新经济原则签订的第一项自由贸易条约。皮特手下年轻有为的官员威廉·伊登被派到巴黎举行谈判，以求削减法国对英国棉纺织品征收的关税，同时英国表示愿意降低对法国葡萄酒和丝绸征收的关税。这两种商品并没有同英国商品竞争，而兰开夏的棉纺织品却破坏了法国东北部纺织商的生意，使受害的法国实业家更加不满。

欧洲发生的战争和革命打破了皮特进一步整顿和改善国家状况的希望，这对皮特本人也是一场悲剧。他的才能主要在于实业管理方面，他的最大功绩是他关于财政问题的论述，他还精于数字。他的思想成熟过早，不过却像科尔里奇所说的那样，"没有大智若愚的迹象，不像是有多少出息的人"。他不平易近人，上台以后便同他人隔绝了。从 1784 年到 1800 年，他只活动于伦敦政界和他在帕特尼的宅舍之间，对都市之外的民众生活一无所知。甚至在下议院和政治团体中，他也是茕茕孑立。

皮特充分意识到 18 世纪英国在经济方面的变化，可是对国外发生的政治狂澜迹象却不太敏感。他坚信不干涉主义，对法国专制政权的灭亡毫无反应，冷眼旁观国会反对派领袖福克斯和伯克在这个问题上的争吵。他注意的是其他方面的事情。如果法国人决定反叛他们的统治者，那是他们自己的事；如果他们要求步英国之后尘建立君主立宪制，这可能是件好事，不过同他也没有多少关系。皮特首相对辉格党反对派积极支持法国革命的活动置若罔闻，对伯克等人关于君主制和文明社会的原则受到法国革命威胁的警告不予理睬。

1789 年到 1793 年，当巴黎和法国各地震撼世界的动乱扰人心思的时候，英国却处在平静的政治气氛中，如同处在真空一样。能够目睹这种现状，倒

1　*Eden Treaty*，英法在 1786 年 9 月 26 日签订的商务协定，名字来源于英方谈判代表威廉·伊登（William Eden，也译威廉·艾登）。该协定在 1787 年付诸实施，有效期为 12 年，但在 1793 年被国民公会废止。又称《艾登－雷内维尔协定》（*Eden-Rayneval Treaty*）。——编者注

也是一大眼福。伦敦传出的新闻无非是发表预算演说，提出禁止奴隶贸易的法案，还有掌玺大臣瑟洛由于阴谋反对皮特而丢官去职。这些事件说明，内阁全体成员要互相忠诚，意见一致。皮特决心不介入即将发生的欧洲冲突。他确信，如果任凭法国革命者自由处理内政，英国就不会卷入战争。他始终避免发表可能被理解为煽动性或者具有倾向性的言论。反对派慷慨激昂地要求武装讨伐落后的专制国家，皮特对这些人的呼声无动于衷。反对派担心，奥地利和普鲁士君主会干涉法国事务，镇压法国革命。以福克斯为首的这些人认为，在战争中可望打破皮特对政治权力的垄断。伯克的看法则更接近全国的普遍情绪，他说："对于个人来说，自由这一概念意味着随心所欲。我们在冒险表示祝贺之前，应该弄清采取什么行动会使人们高兴。"王室对法国君主的不幸表示同情，如果必须干涉的话，王室自然愿意支持路易十六。皮特奉行中立政策，在动荡不安的时代里，以他固有的顽强精神在中立的道路上坚持了三年多。

第十七章 CHAPTER 17

美国宪法

美洲独立战争已经结束，13 个殖民地获得了自主权。它们在战争中为自己的原始政治组织付出了巨大的代价。它们根据 1777 年签署的《邦联条例》[1]建立了一个虚弱的中央政府，这个政府的权力只相当于殖民者承认的英国王室的权力。在辽阔的土地上，大陆会议既没有力量也没有机会在革命和战争的废墟上建立起有秩序的社会。

内陆边界地区的小农场主是美国最有力的成分，他们为军队提供了兵源，在大多数州改革了当时的几种民主宪法。他们控制着立法机构，坚决地维护本州的权利。战争结束以后，尾大不掉的大陆会议所代表的联邦，似乎会像树枝一样在战后困难的压力下折断或枯萎。严重对立的利益集团分裂了美国社会。农民欠着城市居民的债，十分沉重。大陆会议滥发纸币造成了通货膨胀，1780 年，一美元金币等于 40 美元纸币。13 个州均债台高筑，只好征收重税来补偿债务利息。各地的小农户在贫困中纷纷破产，另一方面出现了在

1 *Articles of Confederation*，是美国 1776 年宣布独立不久后制定的宪法性文件。它起到了临时宪法作用。——编者注

战争中大发横财的人。美国社会中债务人和债权人，农民和金融家之间的鸿沟进一步加深。随着经济危机的发展，社会日益动荡不安。全国各地发出了要求延长债务期限的呼声。马萨诸塞州的农民和退伍军人担心因无力还债而失去抵押品的赎回权，起来叛乱。1786 年秋，丹尼尔 · 谢斯上尉率领一批武装农民准备攻打县法院。人们非常担心到处都会发生这样的事件。华盛顿像克伦威尔一样拥有大量财产，他写道："每州都有易燃物，一个火星便可引起熊熊大火，混乱状态使我产生的愁绪远非拙笔所能表达。"

不仅国内问题需要解决，和约中的一些棘手问题也悬而未决。偿还拖欠英国商人的债务，补偿效忠派的损失，撤掉英国在加拿大边界的商站和堡垒——这些问题都亟待解决。英国政府下令禁止同美国发生海运关系。西班牙在佛罗里达站稳了脚跟，遏制美国在西南部的扩张活动。美国同法国有正式的联盟关系，而法国发生巨大变革的预兆已经隐约可见。有识之士预见到，一场世界性的冲突已经迫在眉睫。美国各州内部混乱，未曾统一，似乎很容易成为野心勃勃的外国势力魔爪下的牺牲品。

城市居民日益强烈地要求修改《邦联条例》，谢斯起义起了推动作用。1787 年 5 月，来自 12 个州的代表在费城开会讨论这个问题，主张建立强大的中央政府的人占绝大多数。在可能成为农民（或者照现在的说法叫农业民主派）领袖的人当中，弗吉尼亚州的帕特里克 · 亨利拒绝出席，他们当中最重要的人物托马斯 · 杰斐逊也由于驻节巴黎而未能到会。这次大会中的主要人物之一是亚历山大 · 汉密尔顿，他代表着强大的纽约商人集团。这个风流潇洒、才能不凡的人是西印度群岛一个商人的私生子，战争期间他在华盛顿参谋部里的地位迅速上升。他已进入纽约上层社会，娶了一位名门闺秀。他认为，通过自己的能力所进入的统治阶级应该继续统治下去。要求建立强大的中央政府并限制各州权力的人把他奉为领袖。欧洲面临的危机和民主制度受到的威胁促使这些人尽力斗争，大会期间的讨论非常激烈。大多数与会者赞成建立联邦政府，但在方法和细节问题上却进行了激烈的争论。讨论中分歧横生，较小的州担心在 13 个州的联邦中得不到平等的地位，坚决反对根据人口数量确定在联邦政府中的席位的主张。

这些代表均来自早期建立的大西洋海岸城市，他们不安地意识到，他们的权力和影响不久将受到人口逐渐增多的西部地区的威胁。在俄亥俄河和阿勒格尼山以西有着辽阔的土地，大陆会议已经规定，只要其中某个地区的自由人口达到六万，便可加入联邦，地位和 13 个州完全平等。那里的人口早已开始增加，他们迟早会要求得到自己的权利。到那时，名扬四海的 13 个州将处于怎样的境地呢？是它们赶走了英国人，它们颇有理由地感到自己比这些人烟稀少的边远地区的居民更懂得政治，更明白联邦的真正利益所在。宾夕法尼亚的古弗尼尔·莫里斯写道："培养政治才能的合适场所是人口稠密的地方，而不是荒凉偏僻的地区。如果西部地区的人掌权，他们就会断送大西洋沿岸居民的利益。"这两点都是正确的，大西洋沿岸各州有财富和经验，但西部地区完全有权利加入联邦。大陆会议的代表们没有阻止它们加入联邦，这是他们不可磨灭的贡献。终有一天，东西部之间将发生冲突，而力量和前途属于西部。代表们心怀疑惧地开始制定美利坚合众国宪法。

美国宪法是一份简明扼要的文件，它规定了新中央政府的权限，确立总统为最高行政官。总统由州议会推举出的选举人直接选举产生，任期四年，有权否决国会法案，但是容易受到弹劾。他是军队和政府的首脑，只对人民负责，完全不从属于立法机构。众议院以人口比例为基础，每两年选举一次。这是对民主原则的让步。然而，宪法也规定由州议会选举产生参议院，从而部分地抵消了这一让步。参议院六年选举一次，它将限制众议院的任何煽动性的宣传，保护有产阶级的利益不受根据人口比例原则选举的众议院的侵犯，通过与总统共享任免权和缔约权来限制这个有力的机构。最高法院位于这个体制的顶端，法官由总统任命，须经参议院批准，终身任职。最高法院的职责是进行法律监督，即强行监督国会和州议会颁布的法案，以保证这些法案同宪法的一致性。

以上就是1787年9月在费城设计的联邦统治机器。国家政权建立起来了，在它的权限内至高无上。可是这个权限当时受到严格限制，后来又受到进一步限制。宪法中没有授予联邦政府的权力统统下放到各州。这里不会有英王乔治三世的大臣们试图推行的那种中央“集权”。在痛苦中诞生的这个新国家有了前所未闻的武器——成文的宪法。乍一看来，这个有权威性的文件同英国不成文宪法中的传统和先例形成鲜明的对比。不过，美国宪法中并未反映一种新理论，它的基础不是法国哲学家所写的、不久将在欧洲燃起燎原大火的斗争性作品，而是重新修饰一番以应付美国形势需要的英国传统原则。它重申了英语民族千百年来在痛苦中确立的原则，把英国人长期以来关于正义与自由的概念提高到重要的地位，这些概念从此在大西洋西岸被视为美国的独创。

一部成文的宪法当然会带有刻板僵化的弊端。无论多么高瞻远瞩的人，都无法提前制定出能解决未来问题的条例。费城的代表们充分意识到这一点。他们作出了可以修改宪法的规定，他们起草的宪法也比较灵活，可以进行修改。但是修改宪法必须遵循先驱们的指导原则，在讨论中通过，并为大众普遍接受。美国宪法的主要目标是保守的，它将防止各州的原则和统治机器受到轻率的改变。美国人民根据自己的基本原则建立了一个政治体制，这个体制将受到尊敬和拥护，如同英国国会和王室在国内受到尊敬和拥护一样。

*　　*　　*

下一步是要把宪法公布于众。代表们估计到，奉行民主和孤立政策的州议会可能会予以否决，于是他们提出，应该召开地方代表大会，就新的统治制度问题进行投票。汉密尔顿和罗伯特·莫里斯的强大而组织严密的团体已经成为联邦党。他们二人希望，每个与国家利害攸关的人，每个不愿参加在战争期间为了统治各州而建立的革命性机构的人，都会认识到新宪法的道理和意义，限制极端派的影响。

对于林区居民和小农户等农业民主派来说，这部宪法似乎背叛了革命。他们推翻了英国的统治，获得了地方自由，而现在却又要建立同昔日英国当局一样强大和强硬的统治机器。他们以前听到的说教是，他们是为人权和人人平等而战斗，可是他们此刻看到，宪法的宗旨是保护财产，反对平等。他们在日常生活中感到，在他们的合同和债务后面，强大的利益集团在压迫着他们。然而，他们群龙无首。即令如此，在纽约、弗吉尼亚和其他地方，在通过宪法的问题上仍然发生了激烈的斗争。远在巴黎驻节的杰斐逊忧郁地注视着新政权的行动。汉密尔顿和莫里斯的政党凭借其宣传优势，通过发表一系列被称为《联邦党人》（*The Federalist*）的公开信（国内一般译为《联邦党人文集》），赢得胜利。

《联邦党人》公开信是美国文学名著之一，这些含有至理名言的信件在当时五花八门的作品中占有突出的地位。它们的作者没有就政治理论发表空谈，而是揭示了美国面临的真正危险、联邦的明显虚弱地位以及新宪法条款中值得争议的长处。汉密尔顿、杰伊和麦迪逊是这些信件的主要执笔者，前两人是纽约人，麦迪逊是弗吉尼亚人，没有一个作者来自在国内生活中逐渐失去突出地位的新英格兰。这几个人的个性和政治观点大不相同，但他们却一致认为，在宪法中必须树立能够反映美国人理想的统一信念，只有这样，13 州才能消除分歧，取得一致。他们在这方面取得的成绩有多大，这些成绩保持了多久，170 年来的时光对此进行了验证。《联邦党人》公开信树立的信念至今仍然受到美国人民的拥护。

公开信中写道，自由可能变成放纵，必须建立秩序，实现安定，成立有效的统治机构，否则美国就会陷入灾难。在其中的一封信中，一名联邦党人有力而全面地论述了下面这个长期存在的问题：

获得财产所有权的能力因人而异，这……将使人们永远不可能有同样的利益。保护这些能力是政府的首要目标。由于保护人们获得财产的不同能力，便立刻产生了财产不均的现象。这些财产对各个所有者的感情和观点产生的影响使社会分成不同的利益集团和党派。

人类的本性中就这样产生了派系之争的潜在根源，它在人类社会的不同条件下引起各种程度不同的行动。对不同意见的渴求……已经把人类分成党派，使他们互相敌视，不愿为谋取共同的利益而合作，而是喜欢互相打击，互相压迫。……但是，最普遍、最持久的分裂根源是财富不均。有产者和无产者历来属于不同的利益集团，债权人和债务人也同样处于两极分化的状态。地主利益集团、工厂主利益集团、商人利益集团、金融家利益集团和许多较小的利益集团在文明国家里不可避免地产生了，它们把这些国家分化为受着不同的感情和观点所支配的不同阶级。限制这些互相排斥的利益集团是现代立法活动的主要目标，因而也会使党派之见卷入政府日常的必要活动之中。

对立的一派也利用印刷品进行反击，可是无济于事。弗吉尼亚州的理查德·亨利·李写道："我们有时滥用民主，因此我不认为开辟一条民主的支流有什么坏处。有见解的人应该看到，现在提出的改革方案只是把权力从多数人手里转移到少数人手里。"在派系斗争以及联邦党人和激进派之间的冲突中，宪法不到一年便得到 11 个州的批准。罗得岛和北卡罗来纳又观望了一个时期。新大陆对社会革命怀有强烈的不信任感，社会上两大派别的分歧仍未消除。主张人权与平等的人只好等待时机。以汉密尔顿为首的人害怕民众参与政治，意识到恢复安定和秩序以及保护沿海各州有产阶级的必要性，后来他们胜利了。

1789 年 3 月，新的联邦议会召开会议。参议院和众议院难以达到法定人数，反对宪法的人幸灾乐祸。新政权似乎缺乏活力和热情，但是到了月底，已有足够的议员到达纽约，政府将在那里成立。第一件事是选举总统，独立战争时期的华盛顿将军显然是合适的人选。华盛顿为人公正，目光远大，勇敢而有耐心，冷静而又直爽，一旦打定主意便不可动摇，这正是形势所需要的特点。他不愿意当官，最大的乐趣是在芒特弗农过着安静而活跃的隐居生活，发展自己属地上的畜牧业。可是这一次他也照例担负起义不容辞的责任。古弗尼尔·莫里斯以强调的语气对他写道："行使权力要依靠个人，为了使新政府坚定果断，您的冷静而坚定的性格是必不可少的。"这番话颇有道理。

官衔和座次的问题引起了混乱和争论，受到反对派的嘲笑。华盛顿的威望使新设立的总统职务具有尊严。1789 年 4 月 30 日，他在纽约刚刚落成的联邦大厦里庄严地就任美利坚合众国第一任总统。一个星期以后，法国议会在凡尔赛举行会议。另一场巨大的革命即将震撼惶恐不安的世界。脆弱而未经检验的美国统一制度和秩序刚好在这时建立起来。

*　　　*　　　*

许多具体问题尚待安排，首先是要通过《权利法案》(*Bill of Rights*)。宪法中竟然遗漏这样基本的问题，反对派对此大加攻击。联邦议会就人权问题通过了十项修正案。接着通过了 1789 年的《司法法》(*Judiciary Act*)，使最高法院成为联邦机构中最有权力的一部分。史学家查尔斯·比尔德和玛丽·比尔德写道：

法律详细规定，由一名大法官和五名助手组成最高法院，每个州设立联邦中级法院，各有一名律师和法官以及人数适当的辅助人员。这就是为了在新罕布什尔到佐治亚、从东海岸到西部边界的所有地区推行联邦政府的决定而建立的权力机构。……《司法法》的制定者还巧妙地规定了可以向最高法院上诉的制度，这样，每当地方政府的法令同联邦宪法相抵触时，这一上诉制度就会使地方政府的法令失去效力。……总之，在美利坚合众国的领土上建立了昔日大英帝国对殖民地议会那样的控制，这种控制权掌握在间接选出、终身任职的最高法官手里。[1]

当时政府部门尚未成立，不过很快就成立了财政部、国务院和国防部。新生的联邦政府能否成功，主要取决于担任这些要职的人，他们是来自纽约的联邦党要人亚历山大·汉密尔顿、从巴黎回来的弗吉尼亚民主派中坚分子托马斯·杰斐逊以及略逊一筹的马萨诸塞州的诺克斯将军。

汉密尔顿从1789年上任到辞职为止的六年期间，以自己的杰出才能来丰富宪法，把美国富商巨贾的经济利益同新政府联结在一起。必须确立一个统治阶级。汉密尔顿建议联邦政府要建立强大的国民经济。根据他的建议，政府采取了一系列措施。1790年1月，他向众议院提交了《公共信用第一份报告》(*First Report on public Credit*)。提出各州的债务由国会承担。能否有效实行公债制度，要看过去的义务是否得到承认。联邦政府将接过各州在战争期间欠下的债务，以吸引大批债权人关心国家利益。政府将提供资金以偿付一切债务的本息，它还将买回受投机活动破坏的所有债券，另发新债券。偿债基金即将建立，国家银行也要成立起来。

金融界为这个计划感到欢欣鼓舞，但有一些人坚决反对。他们意识到，新政府将利用税收来支付国会从各州接过的债务的利息。资本家和农业人口之间的冲突进一步加剧。新英格兰的商人把战争期间获得的大部分利润用来购买债券，这些债券的价值如今大幅度上涨。债券最多的马萨诸塞州受益最大。大部分公债集中在费城、纽约和波士顿的少数人手里，他们买进债券时要打很大折扣，如今全国却在交税，按债券的票面价值偿还他们。弗吉尼亚发生了凶猛的暴动，反对汉密尔顿的计划。种植者不信任建立国家财政体系的计划，他们预见到，辉格党财阀统治集团中的最坏成员将控制新政府。帕特里克·亨利写道：

---

1 引自查尔斯·A. 比尔德和玛丽·R. 比尔德所著《美国文化的兴起》(*The Rise of American Civilization*) 1930年版第1卷。——原注

> 他们发现，这个制度同1688年革命在英国建立的制度极其相似，英国的制度造成了长期债台高筑的局面，并且悄悄地把无限的权力塞给政府。这种权力渗透到政府的各个部门，打垮一切反对力量，威胁着与英国自由有关的一切事物的存在。同样的根源必然产生同样的结果。在我们这个农业国里，旨在建立、集中并维持庞大的金融利益集团的措施……必然造成下面某一种弊病：一是农业受制于商业，二是改变目前联邦政府的形式，而联邦政府形式的改变是对美国自由的致命威胁。……为你们起草请愿书的人在宪法中找不到允许国会承担各州债务的条款。

这个分歧在美国历史上具有深远的影响。强大政党的雏形已经依稀可辨，它们不久便有了领袖。汉密尔顿很快成为北方金融界和商业利益集团的领袖，他的对手则是国务卿杰斐逊。这两个人在新政府成立初期曾经携手合作，汉密尔顿多亏杰斐逊的支持，才获得足够的票数，使他提出的关于联邦政府承担各州债务的建议得以通过。他能够得到杰斐逊的支持，是因为他同意国会和政府的未来所在地设在波托马克河畔跨过弗吉尼亚边界的一座城市。同时，费城将取代纽约，成为临时首都。汉密尔顿的财政措施实行以后，投机风骤然而起，引起国务卿的反对。两位领袖彼此产生了严重的误解。华盛顿迫于巩固新宪法的需要，利用他的重要影响防止他们公开分裂。但是到1791年，杰斐逊和他的弗吉尼亚庄园主们企图同纽约和北方汉密尔顿阵营中的不满分子联合起来。

在决裂发生之前，汉密尔顿提交了《关于制造业的报告》（*Report on Manufactures*），这个报告将成为后来美国保护贸易主义理论的基础。政府不久将采取保护性的关税和补贴制度，以鼓励国内工业的发展。美国人眼前展现出像英国那样迅速发展的繁荣工业社会的前景。

由于华盛顿重新当选为总统，联邦政府在表面上的团结又维持了几个月。

杰斐逊和汉密尔顿的斗争已经不仅仅限于经济领域，他们的政治观点也是严重对立的。他们对人性有着根本不同的看法。杰出的金融家汉密尔顿认为，人类受着自己的感情和利益的支配，如果不受严格的控制，他们的动机则是邪恶的。据说他说过："人！人就是一个大野兽。"由多数人实行统治对他而言是不可想象的。他认为，国家必须有一个强大的中央政府和有力的统治集团，以实业统治阶级为基础的联邦制度寄托着美国的希望和未来。

正在发展的英国社会是新大陆的理想模式，汉密尔顿在财政部积极努力，以便在大西洋西岸建立这样的社会。他代表着美国社会发展过程的一个方面，即代表一帆风顺且自力更生的实业界。实业界也不相信普通人的集体统治，可是汉密尔顿在另一种心绪中却把这种统治称为"集体的智慧"。然而，在这种物质繁荣的佳音中，根本没有把美国人民推向前进的政治理想。伍德罗·威尔逊总统带着明显的偏见给汉密尔顿下结论说："一个伟大的人，但不是伟大的美国人。"

托马斯·杰斐逊是在完全不同的环境中成长起来的，他代表着另一种对立的政治观点。他来自弗吉尼亚边界地区，那里是顽强的个人主义和博爱思想的中心，也是反对英国中央集权制的大本营。杰斐逊是《独立宣言》的主要起草人，也是美国革命时期农业民主派的领袖。他学识渊博，对科学有广泛的兴趣，并且是个优秀的业余建筑家，他的古典式的优雅宅第"蒙蒂塞洛"（Monticello）就是根据他自己的设计建造的。他同英国和欧洲政治哲学界的时髦左派有着联系，而且像法国重农派经济学家那样，主张建立以自耕农为主的社会。他既厌恶贵族统治，也害怕工业无产阶级。工业发展和资本主义发展使他感到心寒。他对银行、关税和控制信贷的整套措施以及汉密尔顿巧妙引入美国的资本主义制度抱着轻蔑和不信任的态度。他看到，联邦政府的中央集权可能会危害个人自由。他不情愿地从巴黎回国，为新制度服务。时间的流逝和拿破仑战争的压力将减轻他对工业主义的反感，但他还是确信，只有在自耕农当中才可能实现民主统治。他并不认为美国最终会成为最伟大的工业民主国家。

杰斐逊说：

欧洲的政治经济学家提出了一条原则，即每个国家应该努力实现工业品自给。我们把这一原则像其他原则那样移用于美国……可是我们有辽阔的土地，它吸引人们发展畜牧业。那么最佳方案是使我们的所有公民从事发展畜牧业的工作，还是抽出一半人力为另一半人生产工业品和手工业品呢？……种植者当中道德败坏的现象是任何国家前所未有的。这是一些人的特征，他们不像牧民那样仰望苍天，依靠自己的土地和行业而谋生，而是依赖顾客的损失和冲动而生存。这种消极依赖的态度导致了阿谀奉承和唯利是图，扼杀了道德观念，也是各种野心的温床。……既然我们有土地可以利用，就不要希望我们的公民束缚在工作台前或者摇动手工纺纱杆。……由于制造业的普遍发展，我们的作坊可以在欧洲继续办下去，为那里的工人运去粮食和原料，这远远胜过把那里的工人带到这里来消费粮食和原料，而且他们同时还会带来自己的习惯和准则。……大城市暴民对于建立纯粹政府的作用，如同创伤对于人体健康之作用。维持一个共和国的活力，靠的是一个民族的习惯和精神，而习惯和精神的退化如同溃疡一样，不久便会侵入这个国家的心脏——法律和宪法。

杰斐逊坚持弗吉尼亚人的社会观，他们的社会观很单纯，受工业主义的复杂性、弊病和挑战的影响。杰斐逊在法国看到或自以为看到自己的政治理想变成了现实：腐朽的贵族阶级被推翻，农民在革命中得到了权利。另一方面，汉密尔顿把小皮特统治的英国当作美国的楷模。英法战争的爆发把汉密尔顿和杰斐逊的竞争和根本冲突推向高潮，预示着美国的两大政党联邦党和共和党的诞生。两党都将发生分裂，遭受挫折，改换名称，逐渐演变成今日的共和党和民主党。

第十八章 CHAPTER 18

法国革命

1789年震撼法国大地的巨大变革同世界上的历次变革有着根本的区别。英国曾在17世纪经历了王室和人民之间的权力大转移，但国家的基本制度未受触动，或者至少很快就恢复了，普选权也未扩大。普通英国人的自由得到充分理解，并且也往往得到承认。他们不可能要求平等，人们不认为这是十分不公平的现象，因为各阶级混杂在一起，从一个阶级上升到另一个阶级虽然不易，至少是可能的，而且常常是能够实现的。美国在革命中宣布了更广泛的人权，在大西洋西岸树立了自由的光辉榜样，最终将对世界产生重要的影响。但到了18世纪末，人们并未预见到美国的远大前途，就连她本国的政治家也没有预见到。在欧洲，自由、平等与民主的动力必须来自其他地方，它来自法国。英国革命完全是一场国内革命，美国革命基本上也是如此，而法国革命却从巴黎波及欧洲各地。它引起一场为期二三十年的战争，它的余波一直传到19世纪甚至更远的年代。后来，每一次大规模的民族运动都将抬出1789年在凡尔赛制定的原则，直到布尔什维克在1917年使形势发生新的变化。

经常有人说，路易十六统治下的法国是实行最残暴的统治的国家，其实并非如此。那时的法国国力雄厚，许多人家道殷实，那么为什么发生了革命呢？有关这个问题的论著甚多。有一个事实是大家公认的：法国的政治机器没有反映人民的意志，它未能跟上潮流，也不能适应潮流。这个政治机器是路易十四创造的，在他的有力操纵下，它几乎一直运转到最后一刻。路易十四的继承人接过他的一切大权，却没有继承他的半点才能，他们既不能操纵这个机器，也不能改革它。同时，日益壮大的法国中产阶级伸手要求得到一份权力，他们感到自己在受何种统治的问题上应有发言权。全国充满着无处发泄的政治情绪，它必然要爆发出来，所有善于思考的人早已预见到了这种可能性。一名英国官员从巴黎向国内报告说，法国人民“充满前所未有的讨论国是的热情”。在某些阶段，法国人的普遍不满情绪必然极力寻找喷射口，它所需要的只是一颗引爆的火星。千疮百孔的法国财政制度恰好起到了这颗火星的作用。

法国政府在财政上早已处于瘫痪状态。路易十四在长达 30 年的战争中耗尽了国家的财力，他在 1715 年去世时，公债相当于岁入的 16 倍多。法国人未能摆脱这个负担。许多人试图使法国具有偿付能力，均未如愿。这方面的障碍是很大的。全国有相当大的一部分人基本上不交税，其中有的人即便不是始终拥有最大的权势，也是享有最高的声望。约有 40 万贵族基本上不纳税。他们的特权大概得到过承认，因为他们以前作为地主和军事领袖为国家作出过贡献。如今他们的特权不能得到承认了。英国的军事贵族在 15 世纪争夺王位的内战中已经自行消亡。法国的历史则更糟，她的君主长期遭到好斗、强大而野心勃勃的贵族的攻击或者类似的威胁。从长远来看，历代法国国王及其大臣们被迫采取有害的政策。如果允许贵族生活在自己的领地上，他们会发动叛乱，假如让他们生活在宫廷里，则可以监督他们。悠闲和奢侈是有效的麻醉剂，凡尔赛能够提供这两种条件，负担主要落在受害者的身上。因此，绝大部分贵族被迫或者被说服住到凡尔赛。浮华的宫廷一度达到

20万人，他们在那里消磨时光，大肆挥霍，他们需要的最可怕的武器是用于决斗的长剑。于是产生了离乡的地主阶级，他们无权过问政治，远离自己的领地，不受佃户的爱戴，对这些土地或国家均无贡献，从他们不再亲自管理的土地上收取大量免税的利润。

教士享有同样的特权。教会拥有法国五分之一的土地，在这些土地上有许多宝贵的建筑物。教会当局每年从这些土地上得到的进项约达4500万英镑。加上什一税，他们的收入又多一倍。可是六七十年来，大约14万教士、修士和修女未交任何财产税。这种权利和他们占有的财富一样不公平。他们当中的大多数人虔诚正直，生活节俭，而一些高级教士却抱有政治野心，庸俗而玩世不恭，损害了基督教会的尊严和影响力。法国天主教会无力对抗无政府主义和无神论的冲击，这两股潮流在法国这个文化最发达的欧洲国家汹涌澎湃，迅猛奔腾。

沉重的财政负担落在农民身上。我们本不应该夸大农民的痛苦，因为从18世纪初开始，他们不断购买土地，到法国革命前夕，他们已经拥有法国三分之一的土地。然而，他们却有很大的苦情："农民"的土地税几乎等于"贵族"的土地税的五倍；只有农民才交纳最可恨的人头税，每100利佛尔[1]的收入要交出53利佛尔，捉襟见肘的政府被迫实行的包税制使这种税收更加令人痛恨；名目繁多的间接税使农民的境况更加困苦。1788年冬天出现了非常凄惨的景象，许多人饿死。可是也有人说，挨饿的人不会发动革命。农民的生活并不比100年前差，可能还要稍好一些。他们绝大多数人不问政治，只希望摆脱凶狠的地主对他们的控制并解除不合时宜的税务。革命的动力来自其他方面。贵族意志消沉，丧失了自信心，教士内部分裂，军队已经靠不住，国王和宫廷失去了统治的热情和能力。只有资产阶级保持着权欲，有决心并有信心夺取政权。

1 Livre，法国古代货币计量单位，相当于一磅白银，实际价值不稳定。——编者注当时的资产阶级不是我们心目中的现代民主派，他们由于某些原因不信任民众，却打算煽动并利用民众去反对“拥有特权的”贵族，必要时利用民众来取得自己的地位，反对君主制本身。卢梭[1]在著名的《社会契约论》（*Social Contract*）和其他文章中论述了平等的原则。每个人不管身份多么卑贱，生来就有管理国家的权利。这个原则长期以来受到各个民主国家的承认，但卢梭首先以尖锐的语言把它总结为广泛的原则。伏尔泰[2]以及为狄德罗的《百科全书》[3]作过贡献的一批学者和评论家历来怀疑传统的宗教观念和社会观念，这些人编纂《百科全书》是为了阐明按照理智实行统治的道理，也是出于单纯求知的愿望。在政治上实行严格控制的法国社会里，这些观点犹如有力的发酵剂。在路易十六统治的时代，无人知道这些观点会促使中产阶级在追求权力的道路上走多远。

要想获得或者发现18世纪法国的权力基础是很难的。许许多多的官员统治着法国，他们当中有的由政府支付薪水，有的靠自己在职权范围内抽取手续费和利润过活，有的则是由私人付给报酬。这个制度早已摇摇欲坠，缺乏效率，造成文件成堆、办事复杂的局面。在法国革命爆发之后不久，一位法国史学家叙述了一座教堂屋顶的一块瓦费了40年的周折才补上的过程。使全国感到压抑和恼怒的不是专制，而是混乱状态。一位大臣在法国革命前夕向国王报告说，这个国家已经“无法统治了”。

* * *

当局为了纠正这种代价巨大的混乱局面作了多次尝试，而为了筹集资金

---

1 Jean-Jacques Rousseau（1712—1778），法国哲学家、启蒙思想家和教育家。——译者注

2 Voltaire（1694—1778），法国启蒙运动标志性人物，亦为著名文学家、哲学家。——译者注

3 Encyclopedia，主编是法国启蒙思想家、文学家、美学家、无神论者丹尼斯·狄德罗（Denis Diderot，1713—1784），他把当时全部知识（科学、神学、哲学等）汇编为一部多卷本图书，内容以字母顺序排列。该书被大量出版发行，是18世纪启蒙运动的象征。——编者注

以应付这种局面则作了更多的尝试。在路易十五的长期统治期间，公债总额大大减少。路易十六在1774年继位时，决心励精图治，任命能干而诚实的蒂尔戈为财政总监。蒂尔戈的计划很简单，如果他有机会执行的话，这些计划可能会行之有效。他建议以政府和宫廷紧缩开支的手段弥补国家赤字。他还建议废除农民义务筑路制度，取消闲职和地方关税。镇压行会和促进国内小麦自由交易的措施将振兴实业活动，增加社会财富，可是自由买卖小麦导致了投机活动、面包价格上涨和骚乱。贵族为蒂尔戈限制他们特权的措施所激怒，以玛丽·安托瓦内特王后为首的宫廷势力指责他是改革派，因而他任职四年便下野了。他的所有改革方案几乎全部付诸东流。这些改革显然很有必要，但全国也明显地看出，国王无力实行这些改革措施。

蒂尔戈在1778年下野，法国在同一年与正在进行战争的英属美洲殖民地结盟。他下台以后，法国的形势并没有好转。法国需要更多的钱财进行英法战争，国家赤字达到五亿利佛尔，约等于2500万英镑。即使在那个时代，这个数目也并不可怕，如果建立合理的税收制度，消除这个赤字并非难事。可是在凡尔赛哪有合理可言呢？路易十六在窘境之中任命瑞士新教徒内克为“财政总长”。内克以蒂尔戈的下场为前车之鉴，他意识到，触动贵族的特权是不可能的。于是他致力于监狱和医院的改革工作，力争废除对嫌疑犯严刑逼供的制度。此外，他还建立了地方议会，以代行地方政府的职权，提高工作效率。这些议会有各种不切实际的新设想，盲目憎恨中央政府。它们卷入喧嚣的旋涡，只有个别者例外。内克受到挫折，大失所望，在1781年5月辞职。

美利坚合众国的诞生激励了法国民众，使他们对自由有了更高的要求。既然美国能够获得自由，他们为何不能呢？拉斐特率领的法国志愿军和罗尚博指挥的王室军队曾经参加美国独立战争，为什么旧王朝要压抑法国人的自尊心和活力呢？法国的状况仍然是宫廷奢侈，统治混乱，国库空虚。路易十六失去了蒂尔戈和内克，他毫无统治才能，除了游猎、造钟和宴饮之外别无所好。他无计可施，唯知举债而已。到1785年，国库已经空空如也。第二年召开了“名人会议”（Assembly of Notables），大会接到对所有财产征收财产税和取消免税特权的要求。这些要求遭到拒绝，名人拒不交税，直到后来他们了解到这场灾难的根源才交了税。教士也持反对态度。与会者纷纷退席回家。政府的垮台已经迫在眉睫，巴黎发生骚乱，王后和首相的模拟像被烧毁。政府如果不答应召集议会，就得不到贷款。路易十六在这场风暴面前屈服了。1788 年，内克在欢呼声中重新上台。他着手解决紧迫的财政困难，召开了议会。在此期间访问法国的一位英国议员预言说：“如此严重的混乱局面和狂热情绪是不会轻易消逝的，……整个王国的革命条件似乎已经成熟。”

* * *

在法国历史上，每逢严重的危机都要召集议会，为国家指引道路，支持国王。可是议会已有 175 年没有召集了。人们没有见过上一次议会是如何运作的，这一次也无法仿效。至于它会取得何种成果，权限如何，人们只能去推测。国王的大臣们没有制定指导方针。聚集到凡尔赛的代表有许多决策的机会，可以作出英明之举，也可能会犯下愚蠢的错误。他们能够着手改革法国，使她恢复生机，也能够通过争权夺利的派系斗争把法国推入无政府状态和战争。在不到三年的时间里，议会进行了一场全面的革命，在欧洲发动了大规模的冲突。但在 1789 年 5 月 5 日，人们的政治热情会发展多快以及发展到何种程度，仍然是无法预料的问题。法国这个古老的代表机构完全可能转而拥护君主制，在这个阶段连疯子也没有想到推翻君主制。大家希望，议会制和君主制将在共同的目标下互相支持，法国不久将加入日益增多的立宪制国家的行列。当议员们 5 月 4 日到巴黎圣母院做礼拜时，没有想到，他们的工作会导致近代欧洲第一个残酷的独裁制度的诞生，这个制度将无可争议地得到“恐怖”的美名。他们也没有想到，他们的无能将为欧洲在恺撒之后出现一个伟人铺平道路。

在当时的欧洲国家中，法国人享有最广泛的选举权，500万选民选出了1500名议员。僧侣阶级和贵族单独举行选举。在议会中占一半席位的第三等级[1]包括地主、商人、许多律师、医生、行政官员和其他行业的人士。他们带着本选区的怨言来到凡尔赛，其情绪可以归结为英国人所熟悉的一句话：必须首先纠正流弊，然后才能给国王拨款。他们代表中产阶级，他们的财产、教养和天赋使他们同国家有着利害关系，因此他们要求得到发言权。他们是启蒙运动的受益者，有些人读过伏尔泰、卢梭和百科全书派的作品。他们熟悉自由和平等的理论，决心在他们活动的范围内应用这些理论。少数人甚至从大西洋彼岸伟大的民主尝试中得到启发。总之，他们不仅想得到发言权，而且要求分享长期未曾享受的统治权。第三等级的观点得到许多低级教士和少数开明贵族的赞同。

法国议会遇到的第一个问题是如何投票。第三等级立刻看出，如果三个议院在一起投票表决，主张改革的议员必定占绝对多数。但宫廷此时已经意识到它所招致的危险。宫廷迫使三个议院分别投票，这样可以挑拨享有特权的两院同第三院对立。路易十六在苛求的王后的催促下采取了行动。他调集军队，将第三院拒于议会之外，并扬言要解散议会。通过这些措施，他使法国革命出现了第一次转折。第三院毫不退缩，他们早已换了名称，自称为"国民议会"（the National Assembly）。他们见议院关了门，便撤到旁边的一个网球场，于6月20日在那里立下著名的誓言，决不停止活动，"在条件允许的地方继续开会，直到制定并巩固国家宪法"。于是，一院制的国民代表大会诞生了，不久便得到贵族和教士的支持。从此，另外两院不复存在了。

在此危急关头，国王犹豫不决，他想使用武力，可是又不愿意造成流血事件。这种优柔寡断的态度表明，他生性慵懒，有恻隐之心。他对代表们进

---

1 The Third Estate，指法国革命前的资产阶级，法国议会分为三院，教士和贵族各为一院，第三等级即第三院。——译者注

行了严厉的圣训，可是毫无作用。议长坚定地回答说："谁也无权对代表全国的国民议会下命令。"路易十六作了让步，而且这不是最后一次的让步。一位英国人的评论恰当地表达了世人的看法，此人是一个农民和农业研究者，名叫奥瑟·扬，当时正在法国旅行。他在评论国民议会时写道："他们一举成为查理一世时代的'长期国会'（the Long parliament）。"这是至为精辟的预言。不过，法国的历史比 17 世纪英国的历史发展得更快，路易国王的生命只有三年了。

斗争的中心转移到了巴黎。半个世纪以来，这个有 60 万人口的大都市一直是全国活跃的思想中心。这里没有凡尔赛的种种繁文缛节，集中着法国人民的希望、思想和抱负。王军集中在巴黎周围，巴黎人不禁大吃一惊。首都的 60 个区统统自发地开始招募民兵，处处是"武装起来"的呼声。报名参加民兵者不计其数，可是武器很少。不久他们便想出了办法。7 月 14 日清晨，民众冲进军人疗养院，夺取大量的火枪和大炮，分发下去。下一步是搜集弹药。巴黎的主要弹药库在巴士底，那是一座阴森森的中世纪城堡，长期以来一直是王室的监狱。从早晨到下午，民众和守卫巴士底的指挥官德洛内进行着谈判。谁也不知道战斗是怎么打起来的。不知是有意的还是无意的，德洛内朝外面的人群开了火，而他们的领头人都拿着白旗。德洛内的行动引起了全面进攻，外面的人群抬出大炮，开始轰击。民兵们打得非常勇猛，经过两个小时的战斗，这座要塞投降了。它立刻遭到劫掠，被彻底拆除。德洛内被杀死，血淋淋的头颅高挂在柱子上，预示着一系列暴行的来临。

巴士底狱的陷落标志着国王权威的终结。狱里只有七名囚犯，其中有一个疯子。他们的获释得到法国各地的欢呼。路易十六是波旁王朝最仁慈的国王，但他签发的逮捕令竟有 1.4 万之多，他把臣民投入监狱，往往颇有理由，却常常不经过审讯。巴士底狱的陷落结束了这种专制，这是自由事业的胜利，也是巴黎民众的胜利。随着这次暴力行动的成功，法国革命向前迈出了血腥的一步。

*　　*　　*

1789年夏天，对于外部世界和住在法国的外国人来说，这场革命似乎已经实现了它的目标。人们以为一切都结束了：特权已被消灭，人民得到了应有的权利，国王和国民议会将坐下来为国家的前途作出新的规划。英国驻法大使在报告中说："一场最伟大的革命以微小的生命代价结束了，我们从此可以把法国当作一个自由国家了。"他的见解反映了当时的普遍看法。伯克则较有远见，他在后来不久出版的《法国革命论》（*Reflections on the French Revolution*）一书中预见到了形势发展的趋势。他以流畅的语言指出，法国革命不是一场高尚而有秩序的变革，不像1688年英国革命那样尊重传统。法国革命同过去的传统彻底决裂。君主制将苟延残喘两年，国民议会在此期间准备着理想的宪法，以便使2500万法国人能够自由地生活。遗憾的是，各种邪恶的力量也以合理的名义纷纷出笼，而且不易受到遏制。法国注定要经历各种革命的尝试。后来，其他国家也起来效法，结果差别不大。法国是一座熔炉，近代革命的各种尝试首先在那里得到检验。

国王在凡尔赛并没有因巴士底狱的陷落而大惊小怪，他的弟弟阿图瓦伯爵却清楚地看出这一事件的意义。后来阿图瓦伯爵成为查理十世国王，成为另一次革命的牺牲品。在巴士底狱陷落以后，他和一批不肯顺应潮流的贵族逃往国外，反动派移居国外的活动开始了。据说在后来的三个月里，20多万贵族和随从申请获得出国护照。这批移民纷纷到德意志和意大利避难，许多人迁到科布伦茨和都灵。他们在国外加紧策划反对法国的新制度。路易国王、王后和宫廷同他们保持着秘密的联系。国民议会和巴黎民众始终不安，担心立宪制度下的国王同国外移民联合，出卖他们，在国外势力的支持下恢复旧制度。这些疑惧不是没有理由的，路易十六同英国的查理一世一样，一直把阳奉阴违视为国王的特权，认为他当然可以表面上接受许多讨厌的改革方案而背地里在王后的策动下努力推翻它们。

巴黎人很快就认识到了这一点。市民的领袖们这时掌握着决策权，他们在 10 月决定把国王从凡尔赛召回巴黎，把他和国民议会置于人民的监督之下。同时，民兵改名为“国民警卫队”（the National Guard），总司令是美国独立战争中的英雄拉斐特。他是一个富有理想的军人，挺身出来担任法国革命的裁判员。可是，这不是一场有章可循的比赛。5 日这一天，一些巴黎妇女前往凡尔赛抗议面包的价格太高。国民警卫队中有许多人是她们的丈夫，决定陪同前往。这有何不可呢？这次行动含有家庭远足的味道。拉斐特违心地率队前往。他们在午夜时分抵达王宫，那里出现了混乱的场面，国王和王后只好同他们见面，同时保持着自己的尊严。拉斐特个人担保说，如果路易十六回巴黎去，他一定保证国王的安全。路易十六同意了，第二天在首都受到欢迎。巴黎赢得了另一次胜利。自路易十六登基以来，凡尔赛宫第一次上了窗板，拉下了百叶窗。

*　　　*　　　*

国民议会随同国王迁回巴黎，但已有 300 多名议员辞职或告假。他们对局势的迅速发展感到吃惊，担心住在首都安全没有保障，便退居外省或流亡国外。国民议会已经宣布封建制度的结束，起草了《人权宣言》（*Declaration of the Rights of man*），宣布人人有平等的公民权。它继而废除了世袭的爵位，把长期以来一直属于教会的土地收归国有。这些土地被自由出售和分配。于是，新的土地所有者阶级产生了，他们靠法国革命得到一切，因而成为革命军和拿破仑帝国军队的骨干。

议员们的热情并未就此而止，他们接着改革了司法制度，把教士（或者说愿意接受现状的教士）变成领薪水的国家工作人员，取消傲慢的旧行省，把全国分为 86 个行政区，这些行政区至今依然存在。旧制度被连根拔掉，新制度建立起来了。1789 年革命的参加者决不妥协，他们不允许采取任何折中方案。巴黎的过激政策使欧洲始则惊讶，继而日益不安。巴黎革命的原则不久将越出国界，强加于一些最古老的欧洲国家。法国革命的领袖们开始梦想以武力传播人人平等的福音。

有一个人如能得到权力，或许能控制局势的发展，他就是米拉博伯爵。此人相貌丑陋，生活放荡，但对形势有深刻的了解。麦考利对他作出了公道的评价："他在小节方面像威尔克斯，而在大节方面颇有查塔姆的才能。"米拉博的能力、口才和判断力都超过其他议员，因此受到普遍的嫉妒和不信任。宫廷也不肯采纳他反复提出的建议。他于 1791 年 4 月去世，未能实现远大的抱负。法国失去了一位几乎和克伦威尔具有同等能力的人物。

国民议会的领导权落入煽动家和极端派的手里，大权首先落入"吉伦特派"[1] 之手，他们是以波尔多周围的行政区得名的，领导人来自波尔多。后来领导权落入雅各宾派[2] 之手，他们以杜伊勒里宫附近的一座修道院得名，这座修道院此时是他们举行政治会议的场所。

国王对这些积极活动分子的所有行动一直表示同意，他装着毫不在乎，忍受着他自己所处的困境。他表面上称"是"，而心里却怀着敌意。他身边是来自哈布斯堡皇族的专横的王后，她相信自己能够而且一定会改变历史的进程。有人早就秘密劝告国王离开巴黎，到外省聚集保守势力。以前每当巴黎的气氛不利于法国国王时，国王往往成功地采取这种对策。路易决定孤注一掷。他要逃到东北边界，率领流亡者在奥地利的军事援助下恢复王权。他化装成男仆，在 6 月 20 日午夜时分溜出宫廷。王后装扮成女家庭教师，带着孩子同他会合。他们坐着一辆四匹马拉着的车子向北急驶而去，行了一夜，

---

1 Girondins，法国大革命时期的一个著名政治派别，也称"布里索派"（Brissotins）或"长棍面包派"（Baguettes），主要代表是当时信奉自由主义的法国工商业人士。——编者注

2 Jacobins，是法国大革命时期的激进派政治团体，以参加雅各宾俱乐部而得名。成员中以小业主居多，也包括许多富有的资产者。代表人物有罗伯斯庇尔、丹东、马拉等。——编者注

又在酷暑之中奔驰了整整一天。那是个漫长的一天。那天晚上，由于一系列的偶然事件，他在距离巴黎 140 英里而离边界只有 30 英里的瓦雷讷镇错过了等候保护他们的部队。换马的时候，路易把头伸向马车窗口呼吸一点新鲜空气，积极参加法国革命的驿站长根据付给他的纸币上的国王头像认出了路易。国王、王后、王子和公主被迫下车，受到看管，第二天灰溜溜地被押回巴黎。逃跑失败了，这次失败决定了君主制的灭亡。革命党人认为国家首脑要背信弃义。国王已经无法得救了。在他面前还有一年半危险不安的人生历程，他的一举一动受到严密监视，乱民冲进杜伊勒里宫当面侮辱他。不久，他受到监禁，被正式废黜，作为“公民卡佩”（Citizen Capet）受审，在 1793 年 1 月 21 日被吉约坦博士发明的斩首机处死。他直到生命的最后一刻还保持着勇气和尊严，但是，当他的血淋淋的脑袋落地时，共和国宣告胜利了。

欧洲此时正在进行战争。这场战争在前一年 4 月爆发，一直到 23 年后滑铁卢大战时才宣告结束。吉伦特派内阁一直惊恐不安地注视着即将取代他们的狂热的雅各宾党人。它对奥地利宣战，企图通过一场民族解放战争来维持它在国内岌岌可危的统治。在莱茵河对岸，奥地利、普鲁士和法国流亡者的军队正在聚集，他们扬言要扑灭法国革命的烈火。奥地利和普鲁士的君主肢解波兰，吞并了这个不幸的共和国的大片领土，他们无力迅速“消化”这一大片领土，因此在几个月里与法国相安无事。到了秋天，他们开始进攻法国。在旁观者看来，仓促拼凑起来的法国民众武装显然不是普鲁士和奥地利正规军的对手。但是，法国迅速成为全民皆兵的国家，迪穆里埃兹将军在瓦尔米[1]用大炮出人意料地击退普鲁士军队以后，全国顿时受到鼓舞。他接着出兵攻占奥地利在尼德兰的行省，革命的共和国一举占领了路易十四奋斗 40 年而未到手的广大地区。一个国家集中所有的人力和物力进行全面战争，这在历史上是前所未有的。法国出现了新的领袖，其中有能量甚大、精力充沛的

1 Valmy，法国马恩省的一个村庄。——译者注

丹东，严厉无情的专制者罗伯斯庇尔，善于恶语中伤的、出色的煽动家马拉以及在他们中间活得最久的、善于取胜的国防部长卡尔诺。在迪穆里埃兹军中有忠诚的年轻军官和军士奈伊、苏尔特、缪拉特、拉纳、达乌、马尔蒙、马塞纳、维克托、朱诺特和伯纳多特，他们将成为传奇式的人物。伟大的法国尚武时代开始了，其他欧洲国家面临着一场长期的考验。

第十九章 CHAPTER 19

冲突中的法国

英国的辉格党人，尤其是改革派和激进派，起初对法国革命抱欢迎态度，不久他们便为其过火的行动而感到失望。18 世纪的伦敦经历过大规模的动乱，但在威尔克斯时代的动乱和 1780 年以乔治·戈登勋爵为首的骚动中，法律力量制服了民众的骚乱。从此时的法国可以看出，如果改革派发动的社会力量失去控制，会产生什么样的后果。大多数英国人在法国的现状面前退缩了，只有福克斯一直在下议院极为乐观地公开赞扬法国革命。由于这个缘故，他受到昔日盟友伯克的猛烈攻击，在反对派中失去了一些忠实的支持者。他的观点在外地占了上风，热爱自由的年轻人热烈欢呼 1789 年的法国革命。华兹华斯[1]在诗中写道："生活在那个黎明的时代是一大幸福。"新兴浪漫主义运动的其他多产诗人和作家也有同感。几年以后，他们大多感到失望。有些思想进步的科学家和政治思想家也像现代的同行那样拥护外国的革命思想。他们在自己的协会召开的会议上为 7 月 14 日和法国宪法而干杯。不过，他们在保守的英国社会中

1 William Wordsworth（1770—1850），英国诗人。——译者注

只是一块小小的发酵剂。激进工人的团体比他们更危险，这些团体在各大城市如雨后春笋，破土而出，领导人多半来自中产阶级。他们同巴黎的雅各宾党人保持着密切的联系，向国民议会和后来的制宪会议派出代表。这些鼓动者在英国社会中虽是少数，能量却较大，英国政府最终对他们采取了强硬措施。

这就是当时英国国内的状况，那时世界革命的思想在巴黎日益强烈。1792年，法国的新统治者无故屠杀政治犯，使许多想发动革命的英国人更加动摇。1793年，处死法国国王的行动是蔑视权威的顶点。丹东在他的著名演说中总结法国革命时说："各国国王联合起来威胁我们，我们则把一个国王的脑袋抛在他们的脚下，以示挑战。"马拉疾呼道："我们必须建立自由的专制，以粉碎国王的专制。"法兰西共和国的军队不仅是对奥地利人和普鲁士人的威胁，也是对本国政府的威胁。必须使这支军队始终处于战斗状态。一名吉伦特派的部长坦率地说："实现和平是不可能的。我们有30万军队，必须使他们尽力远征，否则他们会回来割断我们的喉咙。"

皮特在1792年的预算演说中宣布，他相信欧洲会有15年的和平时期。他奉行不干涉政策。只有发生异乎寻常的事件，他才会考虑参战的问题，这种事件对英国来说必须比屠杀贵族更严重，比在制宪会议发表的演说更重要，比世界革命的威胁更具体。当时，战争的导火线又是荷兰问题，这在英国历史上已经屡见不鲜。11月份，法国当局对部队的将军下令说，奥地利人逃到哪个国家，法军就可以追到哪个国家。这个命令明显地威胁着荷兰的中立。接着法国当局又宣布说，斯凯尔特河从安特卫普到海滨之间的河道可以自由航行。一个星期以后，法国军舰轰击安特卫普城，该城于11月28日为法军所攻克。18世纪国际政治力量的脆弱平衡被打破了。

12月31日，英国外交大臣格伦维尔勋爵照会法国大使，阐明了英王政府的立场，从此人们一直把这个照会当作英国外交政策的集中体现：

英国决不允许法国以自称的合法权利为借口，随意否认通过庄严的条约建立起来的、经各国同意的政治制度。本政府将奉行100多年来所坚持的原则，决不会坐视法国直接或间接地成为低地国家的主人，或者成为欧洲权利与自由的主宰。如果法国确实希望同英国保持友好与和平，她必须表示愿意放弃侵略和扩张的政策，不侵犯别国领土，不欺负别国政府；不扰乱它们的秩序，不侵犯它们的权利。

1793年1月31日，法国制宪会议在丹东富有挑战性的演说的鼓动下，宣布把奥属荷兰地区并入法兰西共和国。翌日，法国对英荷两国宣战，她深信英国国内即将爆发革命。此时皮特没有选择的余地。法国人占领了佛兰德海岸，尤其是控制了斯凯尔特河的入海口，英国的安全受到威胁，同大陆的贸易受到损害，英吉利海峡也不安全了。若非巴黎当局蓄意挑衅，皮特在一个时期内还会保持不介入状态。可是如今，尼德兰南部控制在法国人手里，世界革命即将爆发，这一威胁迫在眉睫，已难避免。

皮特于3月在下议院的一次讲话中以沉痛的心情首次建议拨款备战，并且概述了冲突的根源：

我们参战的原因是多方面的。我听说过维护尊严的战争，人们认为这样的战争是谨慎而有政策性的战争。就目前的形势而言，能够激发民族情绪的各种因素都促使我们参战。法国人蔑视我们严守中立的态度，他们违背自己的庄严誓言，妄图干涉我国的内政，煽动我国人民反对政府；他们诬蔑我们所感激尊敬和爱戴的君主，企图把王室同人民分开，说它别有目的并代表着其他利益。在经常发生如此放肆而严重的挑衅之后，这对于我们来说难道不是一场维护尊严的战争吗？难道不是一场旨在发扬民族精神和维护民族尊严的战争吗？我听到过为了整个欧洲的安全而进行的多次战争。在那些战争中，欧洲可曾受到法军长驱直入和大肆扩张的威胁吗？我也听说过保卫新教的战争，我们的敌人正是路德宗和加尔文宗等新教教派的公敌，他们试图以武力传播他们公开信奉的异教。我还听说过捍卫合法继承权的战争，而如今我们正在捍卫世代相承的君主制，正在同企图摧毁我国政体的人进行战争。我考虑到这些，便得到鼓舞和安慰，满怀信心地执行我义不容辞的艰巨使命。我们回顾我国在战前的繁荣景象，应该懂得当前形势的严重性，对那些仇视和嫉妒我们、企图破坏他们无法享受的这种幸福生活的人的阴谋要进行反击。我们应该知道，在目前的危机中，那种繁荣景象促使我们努力奋斗，同时也提供了应付这场危机所需要的手段。我认为，我们在目前这场斗争中应该做到：生命不息，战斗不止。由于以上种种原因，我提出这些建议。根据这些情况，我相信一定能够得到各位的支持。

英国即将进行长达20多年的战争，她必须进行大规模的备战工作，可是她的军队缺少装备和官兵，战斗力大概比任何时候都差。陆、海军的状况和指挥情况十分糟糕，在这种情况下如能赢得一点成绩，真可以说是奇迹。皮特本人不懂军事，指挥战争的工作主要落在亨利·邓达斯的肩上，后者是个地道的商人。他根据18世纪的传统观念，主张发动殖民地战争和贸易战。这一主张将受到商人阶级的欢迎，也会带来一些贸易方面的利益。英国在西印度群岛进行了几年人员不足、计划不周的战争，消耗了大量的人力和物力。为这些错误的军事行动招兵买马是极为困难的。

哪怕英国只有一支人数不多的精悍部队，这场战争对她就不会那么困难，她就可以和那些从莱茵河一带出发的盟军一起，从法国沿海直捣巴黎，推翻挑起这场战争的共和国政府。可是，皮特只能派出不到5000人的军队去帮助荷兰盟友保护边界。这支军队的作战情况有损英军的名誉。他们攻打敦刻尔克时遭到失败，于1795年被赶到德意志边界的埃姆斯河口，撤回国内。伦敦对法国保皇党[1]

1 French Royalists，指意欲推翻督政府政权、复辟波旁王朝的法国政治势力。——编者注寄予很大希望，后者开始了通过内战扼杀法国革命的大胆计划。他们在1793年攻占了土伦，可惜邓达斯已把全部英军派往西印度群岛，不然这个重要的进攻基地就不会得而复失了。

*　　*　　*

且看土伦的局势有何变化。一名出身于科西嘉贵族家庭、精于运用火炮和其他军事技术的法军中尉碰巧休假离开团队，访问了指挥雅各宾党军队攻打土伦的杜戈米埃将军的司令部。他沿着炮群巡视一番，然后指出，它们射出的炮弹连目标的一半距离都达不到。这个缺陷得到纠正，精通炮兵技术的中尉开始在指挥能力很低的司令部里享有发言权。不久巴黎传来命令，规定用传统战术攻城。可是部队缺乏传统战术所需的大量物资。无人敢违抗可怕的救国委员会的命令，这个委员会当时掌握着法国的一切大权。在露天席地召开的军事会议上，内行的中尉发表了意见。他说（或者后来他声称这样说过），这些命令是愚蠢的。其他人也有同感。攻克土伦有一个巧妙的方案，他在地图上指出位于岬角、控制着土伦港入口的埃居莱特要塞。他说："土伦的钥匙就在这里。"其他人冒着生命危险服从了他。他组织队伍进攻埃居莱特要塞，并且亲自带领他们冲锋。经过一场激战，他们攻克了要塞。数千名保皇党人防守的漫长的土伦正面防线仍然完好无缺，攻城者的脆弱阵线在远处与它安然对峙。但是，在埃居莱特要塞易手的第二天上午，英国舰队开始撤离港口。中尉不仅看出夺取埃居莱特要塞的军事意义，也了解保皇党人守卫土伦所依靠的精神力量和政治基础。英国舰队一走，抵抗力量便土崩瓦解。许多人涌上尚未离开的船只。土伦城投降了，上千名无可奈何的俘虏遭到残酷的报复，他们本来可能成为反革命复辟的先锋。巴黎的罗伯斯庇尔兄弟和救国委员会接到有关这次战斗的报告以后，想进一步了解这位能干而显然友好的中尉的情况。这个中尉名叫拿破仑·波拿巴，是他攻克了土伦。

同时，法国的恐怖统治达于极点。在巴黎疯狂的政治气氛中，谁也不知道自己何时见阎王。每天都有四五十男女走上断头台。政治家和民众凭着自卫的本能合力反对罗伯斯庇尔。1794 年 7 月 27 日，即共和二年热月九日（革命党人决定废除恺撒和格列高利教皇制定的公历，重创历法），罗伯斯庇尔在一阵狂乱的骚动中被拉下权位，被送上他把别人送上的断头台。这使因土伦战役出名的拿破仑中尉又跌落下去。他和罗伯斯庇尔兄弟有联系，是他们的“军师”。幸好恐怖的统治随着罗伯斯庇尔的死亡而告终，不久后产生的督政府需要他。1795 年，建立文明政府的激烈运动导致巴黎富有阶级暴动。督政官巴拉斯在危急关头想到了攻克土伦的中尉。拿破仑受权统率军队，他在议会周围配置大炮，用炮弹驱散了要求根据公众意志公平地举行自由选举的市民。葡月 13 日（公历 10 月 4 日）的这次炮击事件使拿破仑的地位再次上升，第二天他便受权指挥法军在意大利北部同奥地利人作战。他使衣衫褴褛、饥肠辘辘的军队产生了夺取胜利和战利品的希望，士气因此为之一振。他在 1796 年率领这支军队通过阿尔卑斯山的关口，进入一个阳光明媚、土地肥沃而尚未遭到破坏的地区。他以寡敌众，进行了一系列十分危险的小规模战斗，击溃奥地利军队，征服了意大利半岛北边的广大地区。这些胜利使他战胜了军界的所有对手，成为法国革命的一把利剑。他决定利用并摧毁的正是这场革命。这是他的第三段里程，他已经走过的三个里程碑是科西嘉人、雅各宾党人和将军。他下一步要像亚历山大大帝[1]那样征服东方。他计划先侵略埃及，然后夺取君士坦丁堡，进而征服亚洲其他地区。

*　　　*　　　*

英国政府被迫在国内采取多少代未曾实行的镇压手段，把共和制的鼓吹

---

1 Alexander the Great（前 356—前 323），公元前 4 世纪马其顿国王，他的征服活动有助于传播古希腊文化。——译者注

者投入监狱，停止了《人身保护法》的效力。著名的作家被控叛国，受到审判，可是陪审团不肯为他们定罪。根据新的《叛国罪法案》(*Treason Act*)，即使对政体提出最温和的批评也会招致危险。自1782年以来一直由独立于威斯敏斯特的新教议会实行统治的爱尔兰即将发生暴动。皮特认为，只有向爱尔兰天主教徒作出很大让步，才能避免暴动。能言善辩的爱尔兰领袖、为争取爱尔兰的进一步自由作出很大贡献的亨利·格拉顿要求说，天主教徒应该得到选举权和参加议会的权利，并且担任政府职务。他们得到了选举权，但仍然没有获得议会席位。

没有什么胜利能给这些黑暗的年代增加光明。1794年，豪司令率领英国舰队三心二意地对付装备低劣、军官不足的法国英吉利海峡舰队。三年以后，杰维斯和纳尔逊在圣文森特角附近狠狠地打击了西班牙舰队，当时西班牙已经同法国结盟。

可是，海军的装备条件受到严重忽视，停泊在斯皮特黑德锚地的军舰拒绝出海。抗命活动扩展到诺尔河。伦敦实际上被英国海军封锁了几个星期，而一支法国舰队此时却驶向爱尔兰，结果一无所获。海军官兵是很“忠诚”的，在国王寿辰的那一天，他们发射的“礼炮”非常响亮，大炮的火药也很足，把希尔内斯的工事轰得七零八落。英国政府作出一些小小的让步，哗变的官兵得到满足，他们在坎珀当附近对荷兰人的作战中取得辉煌胜利，挽回了自己的名誉。当时荷兰已经是法国的卫星国。与此同时，英格兰银行停止支付现金。

法国人在欧洲大陆上无往不胜。波拿巴征服意大利北部之后，准备通过阿尔卑斯山的关口进攻奥地利。1797年4月，他同奥地利签订了《莱奥本初步协议》(*Preliminaries of Leoben*)，几个月之后签订了《坎波福尔米奥条约》(*Treaty of Camo Formio*)。比利时被并入法国版图，具有可以上溯到中世纪黑暗时期的悠久历史的威尼斯共和国沦为奥地利的一个省，米兰、皮德蒙特和意大利北部的诸小公国合并为新生的阿尔卑斯山南共和国[1]。法国控制着西欧，在地中海有巩固的基础，同奥地利达成了秘密协议，因而不必担心德意志的进攻，她只需考虑下一步应该征服什么地方。持正常看法的人可能会主张从爱尔兰进攻英国，而波拿巴则认为他应该投身于更大的战场。1798 年春天，他率军从海上直奔埃及。纳尔逊也随后赶去。

8 月 1 日下午，纳尔逊舰队的一艘侦察船发信号报告：一些法国军舰停泊在亚历山大东面的阿布基尔湾。13 艘法国战列舰排成两海里长的一条线，船头朝西，停泊在浅水区。舰只的左侧是危险的浅滩。法国舰队司令布律埃斯以为，英国的海军将领决不会冒险把军舰驶到浅滩和法国军舰之间。纳尔逊知道他的舰长们的本领。日暮时分，“歌利亚号”（Goliath）和“热情号”（Zealous）一先一后，小心翼翼地朝敌舰和海岸之间驶去，在日落的几分钟之前投入战斗。五艘英国军舰鱼贯驶到敌舰和海岸之间，纳尔逊则在“先锋号”（Vanguard）上指挥其他军舰在敌舰右侧顶风停住。

法国水手中有许多人正在岸上，他们的军舰甲板上堆满了装备。他们以为，没有必要清理朝向海岸一边的射击孔。在迅速降临的暮色之中，法国舰队陷入一片混乱。各自平行地挂着四盏风灯的英国军舰无情地轰击敌舰，击毁一艘以后便打击另一艘。布律埃斯的旗舰“东方号”（Orient）在 10 点钟爆炸起火。在它前面的五艘军舰早已投降，其他军舰有的锚链被打断，有的急于躲避大火冲天的“东方号”，不知所措地团团乱转。清晨，其中的三艘军舰撞在岸边后投降了，另一艘被舰上的军官烧毁。把拿破仑的军队运往埃及进行冒险活动的庞大舰队，只剩下两艘战列舰和两艘护卫舰了。

纳尔逊的大捷切断了拿破仑同法国的联系，粉碎了他征服东方的宏伟计划。拿破仑在叙利亚对土耳其人发动攻势，但在阿克[2]进攻受挫。防守阿克的

1 Cisalpine Republic，位于意大利北部、阿尔卑斯山以南地区，是 1797 年 7 月 17 日由特朗斯帕达纳共和国和契斯帕达纳共和国联合组成的附属于法国的共和国，都城在米兰。——编者注

2 Acre，以色列的港市。——译者注

是西德尼·史密斯爵士和一支英国水兵。1799 年，拿破仑扔下军队，逃回法国。英国舰队恢复了对地中海的控制。这是一个转折点。英国在 1800 年经过长期围困占领了马耳他，从此在地中海有了一个巩固的基地，她的舰队再也不必像战争初期那样返回国内过冬了。

然而，英国政府无法制订适合欧洲战场需要的协调计划。它的力量有限，盟国也都不可靠。它向欧洲大陆周围的许多地方派出远征军袭击布列塔尼和西班牙，后来又袭击了意大利南部。这些行动烦扰了敌人的地方指挥官，可是对战争大局毫无影响。拿破仑这时又担任了侵意法军的统帅。他于 1800 年 6 月在皮德蒙特的马伦戈打败奥地利人，法国再次成为欧洲的霸主。在这个阶段，英国对战争的主要贡献是她的舰队的警戒作用和她对盟国的财政援助，难怪拿破仑讽刺她是“店小二之国”（a nation of shopkeepers）。英国军队除了骚扰战之外，还能取得令人增光的大捷，不过这一时机尚未到来。拉尔夫·阿伯克伦比将军失望地说：“英国军队的战略含有任何军队未曾遇到的风险。”不久以后，他率军在埃及登陆，迫使法军投降，否定了他自己对英军的评价。1810 年，他在亚历山大取得全胜，带来了黎明的曙光，但自己也身负重伤。法国人被彻底赶出了东方。

*　　　*　　　*

1800 年，英国政治舞台上的主要节目是同爱尔兰达成《联合法案（1800）》（*Act of Union*）。前几年的那些令人吃惊的事件，使皮特决心彻底结束这个多事之岛的动荡局面。爱尔兰人趁英国政府困难重重之机迫使它作出让步，因而胃口更大。同时，爱尔兰的天主教徒和新教徒之间进行着你死我活的斗争。新教徒在北爱尔兰建立了奥朗日协会，以保卫他们的宗教信仰。在爱尔兰南部，以沃尔夫·托恩为首的爱尔兰人联合会开始投靠法国。暴动、法国入侵的企图和残酷的内战使爱尔兰的局势异常严重。人们对独立的都柏林议会所寄予的希望逐渐消失了。即使根据 18 世纪的标准，这个机构的腐败程度也是极其惊人的。皮特认为，只有英格兰和爱尔兰这两个王国完全合并起来，才是唯一的解决办法。同苏格兰的合并是成功的，为什么不同爱尔兰也合并起来呢？但如果达成协议，首先必须把爱尔兰天主教徒从非法的地位中解放出来。在这个问题上，近于疯狂的国王的信用观念使皮特一筹莫展。不择手段的幕后势力，即虚伪奸诈的内阁大臣们，使国王确信这个问题涉及他的加冕誓言。他们迫使他遵守誓言。皮特致力于天主教徒的解放之时，没有设法争取国王的书面批准。1801 年 3 月 14 日，乔治三世否定了皮特的方案，后者只好辞职。天主教徒的解放又推迟了近 30 年。同时，《联合法案（1800）》在爱尔兰议会中遭到强烈的反对，然而，有人尽力庇护和进行大量的贿赂，所以它还是获得了通过。格拉顿发表了一生中最精辟的演说，反对合并，可是无济于事。英国国会吸收了爱尔兰议员。这个决定将在 19 世纪产生不良的影响。

皮特精疲力竭，感到厌烦，组织英格兰应付战争的苦差事使他茫然不知所措。后世史学家认为他无力指挥一场大规模的战争，并且批评他的财政措施。他宁可举债而不愿增加税收，给后代增加了负担。其他人从此也采取他的这种手段。他大量借债，缺乏计划地度过每一个年度，令人失望地送走每一个作战季节，勉强应付眼前的时光，寄希望于未来。但是，如果说皮特是个能力平庸的陆军大臣，那么后来者也并不比他高明。

威廉·皮特固然有许多缺点，但他仍是同时代人当中的佼佼者。毫无疑问，他比别人更有威望。他有毅力，有勇气，从来不怕批评，他以恰当的言词慷慨激昂地驳斥自己的对手：

> 他（福克斯先生）说我不能用一句话概括这场战争的目标，我不知能否用一句话概括这个目标，但是我可以用一个词告诉他，这个词就是“安全”，即争取在威胁世界的极大危险中得到安全。这种安全意味着反

对人类史上前所未有的危险，反对空前严重的危险，反对威胁着世界所有国家的危险。这种危险遭到欧洲各国的遏制，但是，哪一个国家也没有像英国这样获得成功，因为哪一个国家都不如英国这样勠力同心，不遗余力。

由国王的朋友和皮特自己党派的叛徒凑成的联盟取代了他的地位。这些人自称为全国联合政府，杂乱无章地统治了三年多。他们的首脑是前下院议长、待人和蔼的亨利·阿丁顿，没有人把他当作治国排难的政治家。托利党的新秀、年轻的乔治·坎宁赋了两句打趣的韵诗：

伦敦大于帕丁顿[1]，
皮特胜过阿丁顿。

战争形势要求建立某种联合政府。辉格党反对派仅仅缺乏统治经验，而人们却认为他们不适于掌握政权。1800 年，反对世界革命的战争转变成反对世界霸权的战争，辉格党人因此陷入无能为力的境地。拿破仑上台之前，他们不断要求同革命者议和并互相谅解，而现在，他们不得不亲手处理对付拿破仑的战略和战术问题，在这方面，他们毫无权威。皮特意识到，他是唯一能够成为英国领袖的人，这种意识似乎没有对他的行动产生丝毫影响。坎宁和卡斯尔雷勋爵等年轻人在他部下任职时受过锻炼，他们对自己的上司仍然忠心耿耿。坎宁写道："不知皮特是否愿意拯救我们，但他肯定是唯一能够拯救我们的人。"

1802 年 3 月，阿丁顿政府同拿破仑签订了《亚眠和约》(*Treaty of Amiens*)，战争因此停顿了一个时期。皮特不顾自己的追随者持有异议，表示支持政府

1 Paddington，当时伦敦附近的一个村子。——译者注

议和。英国旅游者纷纷前往法国，福克斯也在其中，他们很想目睹革命的现场，亲眼看看可怕的第一执政官[1]是副什么模样。可是，这个旅游季节不久便结束了，英法两国在翌年5月重新开战。这一次英国又犯了错误，政府根本没有利用这个喘息机会来加强防务。拿破仑在布洛涅集结军队，准备入侵英国。皮特隐居在肯特郡的沃尔默。过去的繁重工作压垮了他的身体，使他未老先衰。他离群索居，过着超然的生活。他与世人接触的唯一时间，是他下野的那段短暂时期。当时他是辛克港的总督，负责组织地方民兵进行反侵略战争的准备工作。在不到20英里以外的英吉利海峡彼岸，拿破仑大军万事俱备，只欠东风。在这种形势下，一位下野的首相纵马奔驰在穿着五颜六色服装的村民队伍的前头，在南方海滨进行训练，这样的场面真可谓英国历史上罕见的奇观。

1 First Consul，即拿破仑。——译者注

第二十章 CHAPTER 20

特拉法尔加战役

1804年，皮特重新上台。他全力恢复英国的作战能力。英法再次开战以来，英国单枪匹马地对付拿破仑，在她历史上最困难的两年里单独坚持了战争。由于皮特的努力，奥地利和俄国后来终于同英国结成联盟。可是，这需要时间。就目前而言，法国吓住了大陆国家，它们消极地接受法国的统治地位。法国人这时可以集中他们的全部武装力量来对付顽固的英国人。他们制订了周密的计划，要征服大不列颠。他们在英吉利海峡彼岸的港口组织并集中了庞大的军队，准备大举进犯英国。一支平底船队也建造起来，要把20万大军运过英吉利海峡，以夺取似乎万无一失的胜利。拿破仑在万事如意之时，被教皇加冕为法国皇帝。他的战略计划中只缺少一个因素——制海权。要进攻英国，首先必须由海军控制英吉利海峡。看来英国皇家海军力挽狂澜，防止了民族的灭亡。它的这种贡献不是第一次，也不是最后一次。它的使命是多方面的。日复一日，冬去春来，英国舰队始终封锁着法国海军在大西洋沿岸的布雷斯特基地和罗什福尔基地以及地中海的土伦基地。必须不惜一切代价防止法国的主力舰队会合，必须为英国力量所依靠的贸易保证安全的海上通道。对偶尔溜出港口的法国舰队必须追歼，或者将它们赶回港内。必须防止法国人从英吉利海峡西端入侵。在国土遭到入侵的威胁之时，英吉利海峡西端是相距遥远的英国各舰队的汇合点，也是康沃利斯将军率领的英国海军主力所在地。美国史学家马汉海军上将写道："法国大军从未见过的这些遥远而久经风雨的军舰挫败了它征服世界的企图。"

1803 年 5 月，纳尔逊返回地中海指挥他的舰队，因为此处可能会决定英国的命运。纳尔逊的任务是封锁法国的土伦舰队，防止它袭击西西里和地中海东部沿岸，或者驶入大西洋。如果它进入大西洋，就可能解除英军对罗什福尔和布雷斯特的封锁，强渡英吉利海峡，同北面的布洛涅舰队互相配合。纳尔逊深刻意识到形势的严重性，充分利用他的军事天才创建第一流的舰队。他改组了舰上人员，在艰危的处境中改装了舰艇。他没有适于监视土伦的稳定基地，直布罗陀和马耳他都太远，米诺卡岛已经根据《亚眠和约》归还了西班牙。他必须到撒丁和西班牙的沿海城镇去筹集给养，每次淡水用完之后，只好解除封锁，让整个舰队驶入撒丁岛的港口。甚至在数量上，他对土伦港里的法国主力舰队也未占优势。在这样的条件下，要严密封锁法国舰队是不可能的。纳尔逊迫切希望诱敌交战，以便予以彻底消灭。他派出一些护卫舰，形成对土伦的监视网，他本人则带着战列舰待在撒丁岛，时刻准备出击。在那两年里，法国人两次企图突破封锁，可是都被打了回去。在此期间，纳尔逊从未登上陆地一步。他忧心忡忡，总是考虑法国舰队会冲向哪边，是西西里和埃及呢？还是西班牙和大西洋呢？他必须对敌人可能选择的各条逃跑路线实行警戒。

对英国发动总攻的周密计划像蜘蛛网一样慢慢地编织着，拿破仑居于该网的中心进行指挥。可是，他手里的重要工具脆弱易折。法国海军在革命时期遭到了致命的打击。财政崩溃以后，剩下的舰艇失修，已经有一段时间未增加新的舰只。海军军官几乎统统在断头机上丧命。舰队纪律松弛，无法发挥重要作用。但是，拿破仑的海军大臣作出了艰苦的努力，企图重振海军。新的海军军官们在海洋上成功地袭击商船。1804 年 5 月，拿破仑皇帝命令具有丰富航海经验的维尔纳夫将军统率土伦舰队。维尔纳夫意识到，他的舰队除了偶然机遇之外，只能处于守势。拿破仑不允许任何障碍阻止他的计划，于是法国人制订了一套声东击西的方案，欺骗涌入法国搜集情报的英国特务。西班牙被拿破仑拖入这次行动，她的舰队是完成主要计划不可缺少的力量。1805 年初，拿破仑作出最后的作战安排。布洛涅周围的军营里驻扎着九万多经过挑选和训练的进攻部队。英吉利海峡沿岸的法国港口容不下战舰，为了控制英吉利海峡，大西洋和地中海沿岸港口的法国舰队必须在其他地方集结。拿破仑把集合点定在西印度群岛，命令大西洋和地中海各舰队突破封锁并像他判断的那样把英国舰队吸引到大西洋西部海域之后，到西印度群岛集结。然后，法西联合舰队将同冈多默将军率领的布雷斯特舰队会合，折回欧洲，沿英吉利海峡北上，保证在布洛涅渡海进攻英国。这个计划倒是设想得很巧妙，可是没有考虑法国舰艇的作战能力，也没有考虑英国海军将领对付敌人时惯用的集中力量的重要战略。

1805 年 4 月，纳尔逊在撒丁岛附近等待出击时，突然接到报告说，维尔纳夫已经于 3 月 30 日趁着黑夜溜出土伦。当时纳尔逊尚不知道维尔纳夫已带领 11 艘战列舰和八艘护卫舰朝西方驶去。狐狸已经出洞，追踪开始了。运气似乎在和纳尔逊作对。他的护卫舰被维尔纳夫甩掉，因此他首先必须弄清法国舰队是否已经急速驶往西西里和近东。他排除了这种可能性之后，便率领舰队奔向直布罗陀。当时正值西风大作，他在 5 月 4 日才赶到直布罗陀海峡。他到了那里才知道，维尔纳夫在三个多星期以前就已穿过直布罗陀海峡前往加的斯湾了。六艘西班牙军舰加入维尔纳夫的队伍，开始了横渡大西洋的远程航行。纳尔逊把护卫舰和商船提供的一鳞半爪的消息串连起来，看穿了法国人的意图。他大施其才，从令人迷惑、模糊不清和互相矛盾的情报中识破了敌人的计划。没有任何证据能够说明维尔纳夫已经北上，也没有任何理由说明他会沿着西非海岸南下，于是纳尔逊在 5 月 11 日作出西进的重大决策。他以十艘战列舰追击敌人的17艘战列舰。这次航行比较平静，阵容威武的英国舰队以平均每小时5.5海里的速度追击它的猎物，不久双方便在西印度群岛捉起迷藏来。维尔纳夫和他的西班牙盟友在5月14日到达马提尼克岛。纳尔逊于6月4日在巴巴多斯[1]登陆，由于情报不准确，他在加勒比海错过了维尔纳夫的舰队。同时，纳尔逊到达巴巴多斯的消息使法国舰队司令大吃一惊，后者立刻在6月8日率领舰队向东重新驶入大西洋。6月12日，纳尔逊赶到安提瓜岛[2]，法国舰队四天以前还在那里。纳尔逊必须再次作出判断。他认为法国人正奔向欧洲。这一看法是否正确呢？他在一封急件中写道："我也像教皇一样，绝不是永远正确的。我认为我的意见很容易出差错。所以，我关于敌人的舰队已经奔向欧洲的判断也可能是错误的。然而，尽管一些有识之士提出了各种不同的看法，我却不能改变自己的判断。"

纳尔逊在离开西印度群岛之前，派一只单桅快速小帆船带着急件返回英国。这只小帆船在6月19日遇到维尔纳夫的舰队，记下了它的航向和方位。小帆船上的指挥官发现敌人的舰队在往东北方向的比斯开湾行驶，便拼命奔向国内，于7月8日到达普利茅斯。毕生从事海军活动的78岁新任海军大臣巴勒姆勋爵立刻识破了敌人的意图。纳尔逊的舰队尾随法国舰队迅速向东航行，他确信能够在加的斯湾赶上法国舰队，阻止它进入英吉利海峡。这时，法国舰队乘风破浪，朝着更为偏北的菲尼斯特雷角方向继续前进。维尔纳夫想救出被封锁在费罗尔港的法西舰队，然后同布雷斯特的冈多默舰队会合。可是，冈多默虽然接到了拿破仑的断然命令，却未能冲出封锁，英吉利海峡西端的康沃利斯舰队把他死死地困在港内。同时，英国将军考尔德根据海军大臣巴勒姆的命令，在菲尼斯特雷角附近截击维尔纳夫的舰队。特拉法尔加战役于7月底在这里开始了。考尔德未能取得决定性的胜利，法国舰队逃进

1 Barbados，东加勒比海小安的列斯群岛最东端、四面环海的岛国。——编者注
2 Antigua，加勒比海小安的列斯群岛的北部岛屿，属于安提瓜和巴布达。——编者注

了费罗尔港。

纳尔逊在 7 月 18 日赶到加的斯湾，发现科林伍德守在那里，却未见敌人的踪影。他断定，维尔纳夫舰队肯定向北方驶去，于是他在摩洛哥补充了给养，于 23 日奔向英国附近的水域，拿破仑在同一天到达布洛涅。危机即将来临，皇家海军的外围舰队自动在英吉利海峡的西端入口处集结起来，准备保卫不列颠岛。考尔德于 8 月 14 日在布雷斯特附近同康沃利斯会合，第二天纳尔逊也带着舰队赶到。纳尔逊的舰队增加了 12 艘军舰。这样，英国大舰队共有近 40 艘战列舰。英国的海上屏障就这样集中起来，准备迎击法国人。纳尔逊乘着他的旗舰"胜利号"（Victory）继续前进，前往朴次茅斯。战役随后进入高潮。维尔纳夫在 8 月 13 日再次离开费罗尔港，企图同冈多默会合，然后进入英吉利海峡，因为拿破仑仍然认为英国舰队已经分散，大举入侵英国的时机已经到来。8 月 21 日，冈多默离开了港口，康沃利斯率领他的所有军舰围将上去，法国人又缩回港内。维尔纳夫进入大西洋以后改变了主意。他充分意识到，他的舰队缺乏训练，给养奇缺，舰上有许多病号，于是他在 8 月 15 日放弃了这个庞大的冒险计划，迅速奔向南面的加的斯港。入侵英国的威胁结束了。

伦敦当局在 9 月初接到报告说，维尔纳夫的舰队已经向南驶去。当局把在家休息的纳尔逊从默顿召回，立刻命令他出征。纳尔逊写道："虽然上帝知道我需要休息，但我时刻准备奉命出征。"他穿过热情的人群重返停泊在朴次茅斯的"胜利号"，于 9 月 15 日扬帆出征。英国人都意识到，这个身体羸弱的人决定着他们的命运。两个星期以后，纳尔逊在加的斯附近同他的舰队会合，这支舰队此时已有 27 艘战列舰。他在给科林伍德的信中写道："我们只有一个伟大目标，这个目标就是彻底消灭敌人。"他计划断绝加的斯港内法国舰队的给养，迫使它出海交战。根据这个计划，必须在加的斯附近的海岸线进行巡逻，于是纳尔逊将他的舰只组成一些封锁舰队。他的精力和巧妙计划使舰长们斗志倍增。纳尔逊向船长们展示了新颖大胆的作战计划，打算把海军部的“作战指示”抛在一边。为了取得决定性的胜利，纳尔逊决意要放弃与敌人舰队平行前进的传统阵势。在维尔纳夫舰队出港后，他将以两列战舰大胆插入敌阵。敌人舰队被切断之后，中部和尾部的舰艇就会被彻底消灭。纳尔逊同舰长们开会后写道：“这个计划得到一致赞同。它新颖、奇特、简单，一定会成功。”整个舰队的官兵摩拳擦掌，准备迎接严峻的考验。维尔纳夫这时接到前往那不勒斯支援拿破仑的另一个军事计划的命令。他听说有人将接替他担当指挥官，便决定在新任指挥官到任之前执行这道命令。10月19日上午，一艘英国护卫舰用信号向纳尔逊的旗舰报告：“敌舰升起了中桅帆。”过了一段时间，又报告：“敌舰已经出港。”接到这些报告之后，纳尔逊率领他的舰队驶向东南方，切断敌人通往直布罗陀海峡的航道，迫使他们交战。21日黎明时分，他在“胜利号”的后甲板上看到了敌舰的阵列。格拉维纳将军率领的12艘西班牙军舰充当先锋，后面是维尔纳夫指挥的21艘法国战列舰。敌人舰队逃出土伦已有七个月之久，自从战争在1803年再次爆发以来，这是纳尔逊第一次看见他的对手。

英国舰队位于敌人舰队以西十海里的地方，占着上风。早晨6点钟，纳尔逊通知舰队向正东以北22度的方向前进，准备按计划分为两列纵队发动进攻。敌舰看到英国舰队赶来，便转向北方行驶。纳尔逊继续全力前进。鉴于法西舰队水手的航术低劣，维尔纳夫深信，逃脱已经不可能了。他下令舰队顶风停住，排成一条松散的横线，等待纳尔逊的进攻。纳尔逊转身对一名军官说：“他们倒是有点胆量，可是我要给他们一次从未领受过的教训。”他向乘着“君王号”（Royal Sovereign）指挥南路舰艇的科林伍德发出信号：“我打算插入敌人舰队的先锋，以防它们逃进加的斯港。”然后，他到自己的指挥室里作了祈祷：“愿我崇拜的全能上帝让我的国家取得辉煌胜利，这也符合全欧洲的利益。……至于我本人，我把生命献给缔造我的上帝，愿他的祝福能够使我忠心报国的努力获得成功。”两支大舰队的距离越来越近。“胜利号”上又发出了信号：“英国要求人人尽职。”科林伍德看到信号之后不高兴地说："但愿纳尔逊不要再发信号了，我们都很清楚自己应该做什么。"可是当有人把这个信号向他报告的时候，他率领的一列战舰上爆发出欢呼声。距离敌人更近的时候，整个舰队寂然无声。每艘舰艇都选择好进攻目标，几分钟后，两列英国战舰开始进攻。舷炮的咆哮、桅杆折断的响声和步枪近距离射击的怪叫在空中搅成一片。"胜利号"冲到维尔纳夫的旗舰"比桑托勒号"（Bucentaure）和"无敌号"（Redoutable）之间，这三艘军舰打成一团，用舷炮互相射击。下午 1 点 15 分，纳尔逊正在旗舰的后甲板上镇定自若地踱来踱去，突然，从"无敌号"的桅杆顶上射来的一颗子弹打中他的肩膀。他的脊柱被打断了。在"胜利号"的炮火声中，他被抬到舱下。战斗仍在激烈地进行着。到了 1805 年 10 月 21 日下午，已有 18 艘敌舰投降，其余的敌舰纷纷撤退。11 艘逃进了加的斯港，但在西班牙海岸附近又有四艘被英国舰队俘获。在"胜利号"的航海日志中有这样一段话："零星战斗一直持续到 4 点半钟，胜利的消息报告给总司令纳尔逊子爵之后，他由于伤势过重而去世了。"

这次胜利是彻底的胜利。英国舰队在杰出的指挥官统率下，和他一样完成了自己的使命。

* * *

这时，拿破仑把注意力转向其他地方。那年夏天，维尔纳夫未能冲过英吉利海峡，皇帝立刻改变了计划，决定打击皮特利用外交手段和金钱组织起来的欧洲反法联盟。1805 年 8 月，法军撤离布洛涅，开始了奔向多瑙河的长途跋涉。

随后发生的战役打破了皮特的希望和计划。在特拉法尔加战役的那个月里，奥地利将军麦克在乌尔姆投降。奥地利和俄国在奥斯特利茨战役[1]中败

---

1 Battle of Austerlitz，史称"三皇之战"，发生在第三次反法同盟战争期间。当时法兰西帝国皇帝拿破仑·波拿巴，俄罗斯帝国皇帝亚历山大一世，神圣罗马帝国皇帝弗朗茨二世均御驾亲征，是世界战争史上的一场著名战役。——编者注

北，拿破仑又交了好运。英国还得从头开始作艰苦的努力。这时候，英国首相听取了从印度回国的一位年轻将军的意见。这位将军坦率地写出了对皮特的评价：“他的弱点是过于乐观……他只要想出一个计划，便认为它已经实现了。”作出这个尖锐而准确的评价的人即将同法国皇帝的军队反复较量，他的名字叫阿瑟·韦尔斯利，即后来的威灵顿公爵。

个人的不幸使皮特的生活暗淡下来。由于议长投了决定性的一票，下议院决定弹劾皮特的亲密同事和终生伙伴，已经受封为梅尔维尔勋爵的亨利·邓达斯，原因是邓达斯在海军部管理不善，他的一些部下挪用公款。攻击邓达斯的主要演说者竟然是威尔伯福斯。下议院的气氛令人心碎，皮特听到他的朋友威尔伯福斯攻击他的另一个挚友时，眼里噙着泪水。下议院作出弹劾的决定之后，反对派聚到他的周围，“看看皮特有何反应”，但是皮特的支持者簇拥着他走出了下议院。皮特首相在身心两方面受到的彻底打击，与其说来自奥斯特利茨战斗失败的消息，不如说来自他的挚友蒙受的弹劾之辱。1806年1月，他与世长辞。他的朋友威尔伯福斯写了悼词：

> 他去世的时刻和环境实在令人感伤，我从不记得有哪件事情对感情产生过如此强烈的影响。……他对最复杂的问题也有明确而全面的看法，他光明磊落，追求真理，碰壁之后能够承认真理，他宽宏大量，只要他认为对国家有利，便毅然改变自己的方针，尽管他知道别人会因此指责他动摇不定；他愿意倾听不同意见，听取不比自己高明的人的建议；他品德高尚，处事公正，对人诚实，热爱祖国。在这些方面，我从未见过能与他相比的人。

在吉尔德霍尔，皮特的墓碑上刻着这样一段话：“在思想毒化使文明社会受到解体威胁的时代，他带领忠诚、理智而正直的人们捍卫了可贵的英国君主制。”这段碑文写得至为贴切。

第二十一章 CHAPTER 21

法国皇帝

威廉·皮特的后继者坚决进行战争，可是不如他那样内行。从 1806 年 1 月皮特逝世到 1809 年威灵顿上台这三年，战争形势对英国很不利。她徒劳无益地远征地中海沿岸地区，浪费了军事力量。她只在那不勒斯王国的迈达取得一次较小的胜利，在那里，法国人的进攻初次被顽强的英国步兵打退。阿瑟·韦尔斯利爵士在伦敦听到这次战斗的细节，因而进一步知道应该如何同法军作战。可是迈达并无战略意义。英国人打算在南美洲的西班牙殖民地建立永久的立脚点，他们暂时占领了布宜诺斯艾利斯，却永远失去了宝贵的武装力量。多亏海军的努力，全世界的海上通道才保持畅通，拿破仑在欧洲也只能遥望重要的西西里岛和撒丁岛兴叹而已。

在 1806 年和 1807 年，以格伦维尔勋爵为首的“能人政府”（All the Talents）实行了短暂的统治。能人主要来自辉格党，他们自 1783 年以来首次执政，也是 1830 年以前的最后一次执政。20 多年的在野生活对辉格党产生了潜移默化的腐蚀作用。它的领导人进行纠缠不清的争吵，结果组织涣散，取消了纲领。由于欧洲争端再起，他们在 18 世纪 90 年代初支持的议会改革运动成为泡影。随着拿破仑的上台，他们的反战运动也土崩瓦解。他们上台以前仍然反对政府的战略计划，可是力量不一致，未能产生效果。如今，他们希望取消对天主教徒的一些限制，因为爱尔兰问题对他们有很大的压力。这个愿望也没有实现。陆军大臣威廉·温德姆制订了令人兴奋的军队改革计划。他建议缩短服役期，增加军饷。他设法废除地方民兵制度，通过了《训练条例》（*Training Act*），从而使服兵役成为普遍的义务。每次将有 20 万男子入伍。这是一次了不起的立法活动，但他在执行该条例的过程中却不太顺利。威尔伯福斯说："他是个办事缺乏条理的人，甚至在他自己制订的措施中也没有明确的目标和详细的步骤。"福克斯禁止奴隶贸易，进而加强了政府的统治机能。禁止奴隶贸易是英国最伟大的成就之一，也是皮特一直回避的问题。这是福克斯的最后一次奋斗。40 年来，热心而善辩的福克斯一直鼓舞着辉格党人。他的议会生涯几乎都是在反对派的阵营中度过的。这位国务大臣在他的主要对手皮特进入坟墓九个月之后，自己也离开了人世。

1807 年，辉格党政府垮台，托利党各派联合组阁，名义上的领袖是波特兰公爵。新政府的目标是尽力争取民心，它在这方面取得很大的成功。托利党内出现了许多后起之秀，他们在皮特执政时期的日常政府事务中得到了锻炼。乔治·坎宁、斯潘塞·珀西瓦尔和卡斯尔雷子爵开始争夺权力。当时政治斗争的中心是陆军部的方针问题以及坎宁和卡斯尔雷之间的个人恩怨和勾心斗角。这种不安定的情绪不久便迫使政府放弃威廉·皮特的政策。积极参加欧洲的陆上和海上战争成为政府的指导方针。

*　　　*　　　*

争取时间是关键的问题，因为拿破仑即将达到事业巅峰。他在奥斯特利茨打败了俄国和奥地利，已经成为尼德兰、意大利和莱茵河畔诸邦的主宰。一年以后，他在耶拿打败普鲁士，控制了普鲁士全国。在后来的七年里，法军驻守着柏林和普鲁士的所有重要地区。沙皇仍在战斗，但在1807年6月，俄国军队在埃劳河畔战败。拿破仑继而同亚历山大和解。涅曼河两岸是双方的军队，两位皇帝在河里的一个筏子上会见，互相拥抱。他们不仅实现了和解，而且结成联盟。亚历山大由于英国提供的援助太少而转变立场，被拿破仑吸引过去。这两位君主根据他们的共同利益制订了欧洲计划。亚历山大当然也有不顺从之时。当他站在拿破仑身边检阅法国军队，看到老近卫军列队走过时，注意到许多老兵的伤疤和伤口。他激动地问内伊道："给他们留下伤口的士兵在哪里呢？"得到的回答是："先生，他们都死了。"

7月7日在蒂尔西特结成的法俄联盟标志着拿破仑力量到达极盛时期。他控制着全欧各地。奥地利的皇帝成为唯唯诺诺的仆从，普鲁士国王和美貌的王后告哀乞怜，几乎成为他的阶下囚。拿破仑的兄弟们作为国王统治着海牙、那不勒斯和威斯特伐利亚，他的妻子同前夫所生的儿子以他的名义统治着意大利北部。西班牙以为局势不会恶化，加入他的队伍。丹麦和整个斯堪的纳维亚半岛急于归顺，举足轻重的俄国已经站到他的一边。只有英国桀骜不驯，未曾屈服，不肯和解。她虎踞英伦，控制着海洋，在傲慢而固执的贵族统治下，愤怒、坚决、旁若无人地独自抵御着拿破仑的强大联盟。一些焦虑不安的商人和工厂主抱怨英国的封锁影响了他们的物质利益。他们煽动辉格党政客反对封锁，但英国政府依靠的是土地而不是贸易，对这些反对意见置若罔闻。然而，英国后来取得的胜利，在很大程度上是凭着她的日益强大的工业优势。工业界也知道这一点。这时已经产生了隐患，工业界将在战后制造麻烦，要求享有更多的政治权力。但在目前，爱国主义压倒一切，或者几乎压倒一切。这个倔强的国家妨碍并破坏着欧洲的统一和法国人的安宁，所以拿破仑集中一切力量反对她。除了袭击商船之外，法国军舰如果冒险进行海战，即使不被击沉，也会被俘获。英国海军的封锁把法兰西帝国和拿破仑控制的欧洲像死尸一样紧紧地包在又冷又湿的裹尸布里，那里没有贸易，没有咖啡，没有糖，同东方和美国人失去了联系。那里也没有办法摆脱这种窘境！拿破仑本来以为，只要他把欧洲统统控制在自己手中，英国就会被迫讲和。可是，英国没有作出这样的反应，她靠着海运贸易繁荣起来，她的统治阶级除了关心世界危机之外，对职业拳击和猎取狐狸的运动似乎也饶有兴趣。

法俄两国皇帝在涅曼河的筏子上会见的消息传到伦敦，令人忧郁。一名英国特务报告说，拿破仑将根据商定的计划夺取丹麦舰队，控制进入波罗的海的要冲。这将是在俄国人的帮助下联合进攻英国的前奏。英国内阁令人钦佩地作出决断，立刻命令甘比尔上将率领20艘战列舰进入波罗的海，促使丹麦舰队投降，必要时可以使用武力。丹麦人在哥本哈根港受到一次沉重打击之后屈服了。英国政府这一侵犯中立国的行动遭到辉格党政客和文人的猛烈攻击。不过，当时的情况说明，这个行动很及时，采取一些强暴手段也是可以理解的。英国舰队驶离领海两天之后，拿破仑通知丹麦驻巴黎公使说，如果英国拒绝俄国的调解，丹麦必须明确选择立场。假如英国政府没有迅速采取行动，法国人就会在几星期之内控制丹麦海军。

陆军大臣卡斯尔雷忙于重建正规军。为了这个目的，国会迅速通过了一项紧急法案，从已经恢复的地方民兵中抽出三万人，组成正规团队。法案还规定召集4.4万人充实民兵，担负保卫国土的责任。

拿破仑巩固了对欧洲其他地方的控制之后，开始对付西班牙。他在海上无能为力，因此他认为，为了打败他的劲敌英国，必须利用封锁这个武器，以其人之道还治其人之身。从俄国边界沿着北欧和法国西部海岸以及地中海沿岸直到达达尼尔海峡，必须建立海关的铜墙铁壁，严禁英国货物进入欧洲市场。拿破仑在柏林宣布了这项政策。这是从陆地上对海上力量实行的封锁。在法国军队和海关人员的漫长的封锁线上，最薄弱的一环是西班牙。为了完成这个庞大的计划，不仅要控制西班牙，还必须控制英国的传统盟友葡萄牙，她的首都里斯本是英国海军重要的潜在基地。

由此可见，西班牙处于关键的地位。英国内阁逐渐把注意力转到这个未来的战争舞台。拿破仑决定在英国舰队南下之前假道西班牙进攻里斯本。外交大臣坎宁表现出年轻人的魄力。一支英国舰队驶入塔古斯河，集中起葡萄牙船只，把葡萄牙王族、政府官员和上层人士运到安全的巴西。几天以后，朱诺元帅进入里斯本。又过了一天，拿破仑对他刚刚占领的这个国家宣战。

法英两国开始了不可调和的殊死搏斗。英国政府针对拿破仑的大陆封锁措施，在咨询枢密院以后未经国会批准便发表了一项敕令，宣布对法国及其盟国的所有港口实行海上封锁，也就是说，几乎对整个欧洲实行封锁。拿破仑的命令和英国政府的敕令影响了中立国家的海运事业。这场贸易战争对双方均有重大影响。欧洲贸易处于瘫痪状态，各国在拿破仑的控制下急躁不安。英国军舰对中立国船只的干涉使英美两国在自由航海的问题上发生争执，这是一场严重的争端，不诉诸武力是无法解决的。

拿破仑权欲无边，他始终想打垮英国，粉碎她的封锁，并且决心夺取西班牙的王冠。他在巴约纳把西班牙国王查理四世和他的儿子费迪南德骗入圈套，以枪毙相威胁，强迫他们签署了退位的文件。他派自己的弟弟约瑟夫担任法兰西帝国的附属国西班牙的国王。这个暴力行动成功以后，拿破仑欣喜若狂，他对康巴塞雷斯写道："西班牙舆论服从我的意志，各地已经恢复了平静。"1807 年 5 月 16 日，他在给他的外交大臣塔列朗的信中说："西班牙问题进展顺利，不久将得到彻底解决。"值得为人类自由庆幸的是，事情并不像他想象的那样简单。西班牙人意识到他们的国家实际上并入了法国的版图，立即自发地在各地举行暴动。5 月 24 日至 30 日之间，各村居民纷纷拿起武器，奔向省会或当地较小的行政中心。那些地方也发生了同样的事件，而且规模更大。一个人口众多的古老民族在统一意识的支配下进行全国性的暴动，这在历史上是前所未有的。狭小的阿斯图里亚斯省位于比斯开湾海岸，同西班牙的其他地区被崇山峻岭隔绝。该省人民在不了解其他省份有何行动的情况下，赶走了法国总督，占领武器库，从中缴获十万支步枪，组成独立政府，在拿破仑力量极盛之时对他宣战，派使节到英国请求结盟和援助。使节们于6月6日夜晚在法尔默思登陆，由海军部介绍给坎宁。坎宁感到，从那时起，伊比利亚半岛战争就已开始了。法国革命解放出来的、拿破仑加以驯服和控制的力量初次遭到顽强的反抗，但反抗者不是一些国王或欧洲各国的统治集团，而是受宗教和爱国主义鼓舞的一个民族。当年贞德试图以这种宗教和爱国主义精神教育法国人，可是未能如愿，如今西班牙为欧洲作出了榜样。

战争的性质更加严重了。在德意志、意大利和其他地区，曾经发生过抢劫和残暴行动，但军队不杀俘虏，平民袖手旁观。如今在西班牙，法军在行军途中不断发现由于掉队和受伤而惨遭敌军屠戮乃至肢解的法国士兵的尸体，有的尸体上还有毒刑拷打的痕迹。他们毛骨悚然地意识到，同他们搏斗的敌人虽然无力进行正规战斗，却毫不留情，也不肯求饶。更可怕的是，处处都是敌人。约瑟夫国王于7月从马德里给拿破仑写信说："至今尚无人说出真实的情况。事实是，除了几个随我前来的西班牙人之外，没有任何西班牙人支持我。他们都被同胞的爱国热情吓住了。"他要求拿破仑提供"大量军队和钱财"。拿破仑则迟迟不重视西班牙暴动的威力。他已经在欧洲进行了15年的战争，自以为理解这一类的暴动及其意义。他以救星自居，在欧洲的许多地方，他确实起到了这一作用。他不明白，为什么一个民族宁愿忍受民族内部的野蛮统治，也不肯接受外来的合理统治。7月底，使拿破仑的整个力量受到威胁的可怕消息传到了杜伊勒里宫。

从科尔多瓦向马德里撤退的杜邦将军在安达卢西亚省的贝伦被敌人缠住，进退维谷。在酷暑之中，他被迫争夺饮用水，未能成功，于是带着2.2万法国官兵向西班牙叛军投降。这是欧洲在法国革命以来的战争中发生的一个新变化。拿破仑感到，他的整个战略计划受到了毁灭性的打击。杜邦将军投降以后，法军被迫从马德里撤退，带着约瑟夫国王撤过东北方向的埃布罗河。在人民普遍拿起武器的葡萄牙，朱诺元帅也很孤立，一面是充满敌意的辽阔土地，另一面是英国控制的大海，她可以从海上发动进攻。拿破仑深深地意识到，欧洲和他的皇帝宝座正受到震动。此时此刻，他仍有足够的力量撤出西班牙，他仍将拥有异常强大的实力，可是他害怕从危险的处境中撤退。他必须像所有的独裁者那样，从胜利走向胜利。他本来以为，耍一点阴谋，设一个圈套，就可以使软弱的西班牙政府就范，把西班牙并入他的帝国，不需要流血，也不必花任何代价。可是，这个国家突然成为他在军事方面的主要难题。他决定征服西班牙，于是把自己的王牌军从德意志调到南方；为了填补王牌军留下的力量真空，他准备提前招募 1809 年的新兵，然后派 16 万新兵经过他的兵站陆续前往德意志并分布到奥地利各地。他已经对奥地利人的态度感到担心。那些老兵则穿过法国开往西班牙，一路上备受照顾。他们经过法国各城镇时受到人民的盛情款待，倍感振奋。人民则为战无不胜的皇军的威武行列而感到骄傲。

英国人此时采取了一个巧妙的行动。坎宁和他的同僚决定派一支军队到伊比利亚半岛援助西班牙人，可是加利西亚省和安达卢西亚省的政权集团不愿意接受外国军队，于是这支军队被派往葡萄牙，于 1808 年 7 月在里斯本北面的蒙德古河畔登陆。这支英国小部队有三万人，装备精良。首批登陆部队的指挥官是阿瑟·韦尔斯利爵士，他在印度同马拉塔人作战时已经名扬海内。他曾经赢得阿萨耶战役的胜利。他是印度大总督的弟弟，在国会中有一席位置，是托利党政府的成员，当时的实际职务是爱尔兰总督的秘书长。他没有等待后续部队到来，而是立即投入战斗。在罗利卡战斗中，朱诺受到沉重打击。在维迈罗战斗中，朱诺遭到更惨重的失败。法军的进攻队伍被“一条红线”[1] 的预备火力打得七零八落，这种预备火力开始引起人们的注意。朱诺开始向里斯本撤退。

阿瑟·韦尔斯利爵士在胜利的时刻被刚刚到达的哈里·伯拉德爵士接过指挥权，后者在当天又把指挥权移交给休·达尔林普尔爵士。韦尔斯利建议

1　Thin red line，指英军士兵，他们穿着红色军服。——译者注

夺取托里什韦德拉什关口，切断朱诺的退路，他的上司未予采纳。这时，朱诺派凯勒曼到英军营中谈判。凯勒曼表示愿意撤出葡萄牙，条件是英国人把朱诺的队伍送回法国。双方签订了《辛特拉协定》（*Convention of Cintra*），英方予以认真执行。朱诺和2.5万法国官兵乘着英国船只回到法国的罗什福尔。韦尔斯利对他的军官愤愤地说道："现在我们可以去打红腿鸡了。"英国人在放朱诺回法国的问题上自然提出抗议。伦敦的军事法庭宣布这三个指挥官无罪，但他们当中只有一人后来重新任职。

此人是关键的人物：

阿瑟爵士与哈里爵士，
哈里爵士与休爵士，
公鸡报晓"喔喔喔"。

阿瑟爵士是善于搏斗的公鸡，
而另外两人，
只能报晓"喔喔喔"。

拿破仑打算把朱诺交军事法庭审判，但鉴于英国人正在审判他们自己的将军，他便说他为不必审判一位老朋友而感到高兴。历史证实了拜伦的诗句："辛特拉！你的名字使不列颠痛心疾首。"

拿破仑把25万精锐部队调往西班牙。当这支大军在埃布罗河畔集中的时候，他组织了一个宏伟的场面。他在爱尔福特把所有属国和盟国的统治者召集到一起，38名君主应召前来。沙皇到来以后，拿破仑试图劝他共同进攻君士坦丁堡，并沿着历史上的路线直捣印度。沙皇亚历山大虽然十分佩服拿破仑，憧憬着同拿破仑一起征服世界。但是，他对拿破仑在奥得河畔派驻大军也感到不满。塔列朗背叛拿破仑的利益，私自敦促沙皇同法国结盟，而不要同法国皇帝结盟。这次聚会盛况空前，亚历山大和拿破仑当众互相亲吻。然而，爱尔福特的聚会只是蒂尔西特法俄联盟的重演而已。

拿破仑在埃布罗河畔亲自指挥部队的时机已经成熟。西班牙暴动的领导集团指挥着九万未受训练而热情高涨的志愿军，他们因夺回自由而产生了一时的幻觉。此时法国大军气势汹汹地向他们猛扑过来。拿破仑皇帝率军向马德里挺进，连连击败西班牙军队，他的骑兵在战斗中进行了无情的报复。他本人也异常狂暴，身边的参谋人员对此无不感到惊讶。他常常使用主力部队硬拼，在索莫谢拉战斗中甚至不顾损失，命令他的卫队向敌人的炮兵冲锋。他于 12 月进入马德里，把一直随着辎重车跟在后面的约瑟夫重新推上他非法侵占的西班牙的王位。西班牙人民毫不畏惧，他们在获胜的侵略者的军营周围展开了令人胆寒的游击战。

*　　　*　　　*

一位能征善战的英国将军代替了与《辛特拉协定》有牵连的指挥官，这位将军是约翰·穆尔爵士。他从里斯本出发，穿过萨拉曼卡向巴利亚多利德进军。西班牙人答应为他提供有力的援助，他经不住这种引诱，冒着极大的风险，企图把西班牙人的希望变成现实。他的大胆行动切断或威胁了全体法军的运输线，迫使法军立刻放弃在西班牙南部的行动或进攻葡萄牙的企图。拿破仑在马德里注视着战局，他认为约翰·穆尔爵士是合适的猎物。于是，他在 1808 年圣诞节同内伊和苏尔特带着五万军队和老近卫军出发，前去截击和消灭英军。他在白雪皑皑的瓜达拉马山脉同士兵一起艰苦跋涉，行动神速。穆尔及时得到情报，他利用自己的两栖作战能力，放弃通往葡萄牙的运输线，命令运输船到西班牙西北角的科伦纳等他。两支军队在赛跑。法军骑兵渡过里奥塞科河后，又被英军的后卫部队赶过河去，法军的一名将领被俘。穆尔已经过了阿斯托加，离他要去的港口还有一半路程。

在阿斯托加城，拿破仑皇帝坐在一座桥的栏杆上读着从首都送来的急件。几分钟后，他站起身来，陷入沉思。又过了一会儿，他叫来自己的旅行马车，把追击英军的任务交给苏尔特，未向部下作任何解释便启程前往巴利亚多利德和巴黎。几个月以前，他就知道奥地利军队在集结，他一定预料到奥地利要宣战。不过，他回国有更重要的原因。他的弟弟吕西安以及他妻子同前夫所生的儿子欧仁·德博阿内警告他说，塔列朗和警察总监富歇阴谋反对他，甚至要发动政变。另外，这时已经无法截住英军，追击成为强行军，苏尔特和内伊可以承担这个任务。

英军在冈峦起伏、积雪覆盖的山区艰难地撤退着。法军在后紧追不舍。在英军走过的地方，哪里有酒店，哪里就有无数烂醉如泥的士兵。抢劫活动不断出现，路边的落伍者在饥寒交迫中奄奄一息，部队的金银箱也被扔下悬崖，以延缓敌人的前进速度。这一切使英军显得狼狈不堪。但是，穆尔在卢戈回头同敌军交战时，他的部队表现得坚定顽强。苏尔特虽占优势，却被迫等待援兵两天。英军决定趁夜晚偷偷撤向拉科鲁尼亚，在1809年1月14日到达那里。可是港内空空如也，英国舰队和运输船由于风向不顺而耽误了时间。一场战斗已经无法避免。16日，苏尔特以两万人的优势对1.4万英军发动的进攻，然而却处处失利，甚至遭到反攻。到日暮时分，追击者已经备受打击。可是，约翰·穆尔爵士和他的副指挥官戴维·贝尔德爵士双双阵亡。穆尔的阵亡和葬礼在著名的散文和诗篇中均有记载。

曾经参加这次战斗的内皮尔写道：

> 穆尔将军被一些士兵从他倒下的地方抬到城里。他血流如注，伤势加重，可是他的意志非常坚定，周围的人根据他的表情断定伤势不会致命，祝愿他能够恢复健康。他听到这番话，对着伤口注视了片刻，然后说道：“不，我感到这是不可能的。”他几次让随从停下来帮助他翻转身体，以便观看战场上的情况。当他从炮声里听出英军在向前推进时，才

感到满意，允许担架兵继续前进。

到了营帐以后，医生察看了他的伤口，但是已经无望了。疼痛加剧了，穆尔说话非常吃力。他每隔一会儿便问，法国人是否打败了。他对老朋友安德森上校说：“你是知道的，我一直希望这样死去。”说完他又问法国人是否已经打败，在得到肯定的答复之后，他说道：“我们已经打败法国人的消息，使我感到极大的安慰。”

他表情坚定，神志清醒，只有一次他显得比较激动，那是谈到他母亲的时候。他询问他的朋友们和参谋人员是否安然无恙。即使在这个时刻，他也没有忘记推荐值得提升的人。他的力气迅速消失，生命即将结束，这时他似乎预见他死后会出现卑鄙的诽谤者，仍不屈不挠地呐喊：“但愿英国人民感到满意，但愿祖国对我作出公正的评价。”

战斗尚未结束，他的遗体便被参谋人员用军用斗篷裹着埋在拉科鲁尼亚城堡里。敌人的炮声在为他致哀。苏尔特对他的英勇气概怀着崇敬的心情，为他建造了一座纪念碑。[1]

穆尔的同胞们完全应该为他作出正确的评价。

他凭着大胆、灵活和运气粉碎了拿破仑的冬季攻势，把这位皇帝和他的精锐部队吸引到西班牙最不重要的地区，从而为西班牙其他地区的行动争取了时间，起到了掩护作用。他躲过了拿破仑的令人吃惊的猛扑。

可是，他也像沃尔夫和纳尔逊那样，在胜利的时刻长眠地下了。他的军队安全地撤到船上。

这次战役恢复了英国自查塔姆时代以来不断下降的军事威望，为即将在主要战场上指挥欧洲联军的另一位人物铺平了道路。

---

1 引自内皮尔所著《伊比利亚半岛战争》（*The Peninsular War*）第1卷。——原注

* * *

拿破仑回到巴黎之后，那些阴谋叛变的部下又开始顺从了。此时他必须同奥地利作战，因此，他需要法国的青壮年。可是，多年的战争已经耗尽了法国的人力资源，他的谋臣为此感到震惊。他把 1810 年的应征士兵召集入伍，并强迫各大家族把 16 岁以上的子弟送到军事学院学习。一些军队从西班牙撤回。拿破仑有 24 万新兵编入部队或在后方受训，于是便在 4 月向奥地利进军。高级人士认为，1809 年多瑙河流域战役的开始阶段是体现军事才能的最好范例。拿破仑发现他的元帅们彼此不和，因此在到达前线之前便对各个军团下达了命令。在坦恩、阿本斯贝格、兰茨胡特、埃克米尔和拉蒂斯邦进行的“五日战役”中，他实行统一的作战计划，在每个阶段纠正部下的错误部署，每天都取得新的重大胜利。奥地利人的漫长防线的中间一段被突破，混乱的队伍纷纷撤退，遭到重大损失。拿破仑率领大军再度进入维也纳。

可是，他尚未消灭奥地利军队。当他准备在阿斯佩恩－埃斯林渡过多瑙河时，河水猛涨，冲垮了桥梁，使他险些惨败在奥地利最优秀的指挥官查理大公手里。他在森林密布的洛鲍岛蹲了六个星期，从他可以想到的帝国各个地区调集援兵。俄国沙皇名义上是他的盟友，而实际上却战战兢兢地要对他宣战。7 月 4 日，拿破仑从洛鲍岛突围，在韦格勒姆大战中强渡多瑙河。近 40 万军队参加了这场大战，四万人在战斗中阵亡。欧洲被这一仗打得头晕目眩，沙皇急忙表示祝贺，奥地利又屈服在征服者的利剑之下。

第二十二章　　CHAPTER 22

伊比利亚半岛战争与拿破仑的垮台

英军从海上撤离拉科鲁尼亚之后，西班牙便没有能够阻止法国元帅行动的有组织的军队了。各地的西班牙军队相继失败，只有无法消灭的游击队还在继续活动。1809 年的头几个月里，法军又可以在伊比利亚半岛任意活动了。苏尔特进入葡萄牙，在波尔图建立大本营。穆尔远征军的留守部队仍然占领着里斯本，他们不断得到援兵，总数又达到了三万人。这些部队和同等数量的葡萄牙军队在英国将军贝雷斯福德的指挥下，足以使苏尔特在几个月里无所作为。苏尔特在这几个月里策划登上葡萄牙的王位，因而分散了精力。英国政府在下一步应该如何行动的问题上意见不一。是在伊比利亚半岛发动战役，还是进攻尼德兰呢？他们决定分散力量，兵分两路同时进攻。一支部队奉命出击，要攻占位于斯凯尔特河入海口的荷兰岛屿瓦尔赫伦，进而占领安特卫普。这次分散力量造成巨大损失，可是这个计划似乎颇有成功的希望。当时很少有人认为能够在遥远的西班牙和葡萄牙取得重大胜利，而阿瑟·韦尔斯利却坚持这种看法。他在 4 月份被重新任命为里斯本的指挥官。他将在伊比利亚半岛战斗五年，然后经由法国首都凯旋伦敦。

韦尔斯利辞去议员和秘书长的职务，在4月底到达里斯本。他可以在两个方案之间作出选择，要么到波尔图进攻苏尔特，要么再次进入西班牙，同法军的某个元帅交战。当时，法国的军团分布在西班牙各地。他决定先扫清葡萄牙境内的敌军。他的军队经过秘密的急行军到达杜罗河边，一个师的兵力在苍茫的夜色中用小船和驳船渡过河去，袭击城内的苏尔特部队。他以微小的代价迫使苏尔特向北部山区退却。这位法军元帅由于贝雷斯福德指挥的葡萄牙军队的活动而无法向南方撤退，被迫丢弃所有的大炮、伤员和大部分辎重，六天以后到达西班牙加利西亚省的奥伦塞。他的部队混乱不堪，非常疲惫，自从进入葡萄牙以来已经损失了6000多人。偷渡杜罗河、奇袭波尔图和战胜苏尔特是这位英国新将军的辉煌胜利，为其未来的行动铺平了道路。

韦尔斯利决定沿着塔古斯河谷打进西班牙中部，同奎斯塔指挥的西班牙军队合力攻击维克托元帅。苏尔特整顿并重新装备了自己的军队，前去同维克托会师，这样可以使自己获得绝对优势。韦尔斯利的部队在马德里西南100英里的塔拉韦拉，处境艰危，军粮将尽。维克托元帅认为自己有足够的力量单独发动进攻，不必等待苏尔特到来。1809年7月27日下午，两军开始交锋。法军有五万人，韦尔斯利有两万英国军队和2.4万西班牙人。西班牙人很勇敢，可是在正规战斗中不能担任重要的角色，他们的优势在于进行骚扰战。参加激战的是1.6万英国军队和三万法国军队。维克托的部队在28日开始的大规模进攻中配合不当，用刺刀进行一阵激烈拼杀之后，败退下去，死伤累累。同日下午，战局危急。英国近卫军见敌人败退，抑制不住激动的心情，离开阵地进行追击，英军阵线的中心因此出现了缺口。法军发动反攻，英军大乱。这时，韦尔斯利已把48团调上阵地。该团阵列整齐，纪律严明，从撤退的士兵身边冲上前去，攻击法军侧翼，扭转了局势。第23轻骑兵团勇猛地杀入敌军侧翼，重创敌军，他们自己也伤亡了一半。黄昏时分，维克托元帅只好认输，向马德里撤退。英军的伤亡数字可以表明这场战斗的残酷程度，韦尔斯利的两万军队死伤了近6000人，法军则损失7500人和20门大炮，西班牙人说他们损失了1200人。

韦尔斯利无力追击敌军。翌晨，罗伯特·克劳弗德将军带着他的轻装旅赶到，该旅后来成为著名的轻装师。它在26小时内行军62英里，这在有记载的步兵行军中是最快的一次。韦尔斯利已经不能依赖西班牙盟友的合作，因为他们不按照他的要求同敌人作战，而是随心所欲地进行战斗。韦尔斯利像以前的约翰·穆尔爵士那样，冒了很大的风险，结果险中取胜。他率领未伤元气的军队沿着塔古斯河撤回葡萄牙。他作为一个指挥巧妙而意志坚定的将军备享盛誉，英国军队的战斗力也在法国人的心目中留下了深刻的印象。英国出现了罕见的满足情绪。阿瑟·韦尔斯利爵士被封为威灵顿子爵，尽管辉格党人表示反对，韦尔斯利仍然连续三年得到2000英镑的年金。纳尔逊已经去世，皮特也已离开人间，英国终于有了一位能够代替他们的人。

*　　　*　　　*

这段历史的主要特点是，国内的政治形势同将军们在前线的胜败有着密切的联系，每次军事失利都使伦敦内阁大臣之间的关系发生危机。《辛特拉协定》的耻辱使坎宁和卡斯尔雷之间的斗争进一步激化，反感进一步加深。前者主张对所有有关的将军给予撤职处分，后者则很关心韦尔斯利兄弟在政界和军界的前途。幸好卡斯尔雷占了上风。如今这两位大臣在派往瓦尔赫伦的远征军面临的危急问题上争论不休，由于外交大臣和陆军大臣的职权界限不清，他们更加气急败坏。挂名首相波特兰公爵身体欠佳，两位年轻政治家争夺首相职位的斗争因此更加激烈。他们进行决斗，坎宁受伤。二人双双辞职，波特兰公爵也辞了职。财政大臣斯潘塞·珀西瓦尔接管政府。此人从不装腔作势，但善于雄辩，也颇有魄力指挥这场战争。威灵顿在西班牙的战争得到新政府的支持。珀西瓦尔任命韦尔斯利侯爵为外交大臣，这位侯爵在内阁里坚决支持他的弟弟威灵顿。新任陆军大臣利物浦勋爵对威灵顿也比较友好。珀西瓦尔政府尽力满足威灵顿的要求，但由于下议院的辉格党反对派和托利党叛徒作祟，它常常因一些小问题受到阻挠。1810 年，国王疯病发作，引起新的危机。珀西瓦尔巧妙地避免了政治力量对比的变化。威尔士亲王乔治成为摄政王，可是，他并不像他的辉格党朋友们殷切希望的那样把他们请上台，而是决定信赖父王的大臣们。这个行动给他带来了荣誉。通过勤俭节约的政策，珀西瓦尔保证了军队的供应。在他执政的三年里，政府的效率不断提高。

*　　　*　　　*

这些年对威灵顿是严峻的考验。他统率着英国在欧洲大陆仅存的一支军队，如果失败，则会给英国以及西班牙和葡萄牙的爱国者带来灾难，也会使法国人腾出大量军队去增援拿破仑在别处的冒险活动。我们可以预见，若非威灵顿在伊比利亚半岛长期牵制着拿破仑的力量，这位皇帝肯定会取得新的战果，甚至可能在俄国得手。威灵顿认识到了这一伟大意义，可是他暂时必须小心谨慎。他冷冰冰地写道："这是英国的最后一支军队，我们必须善加保护。"在法国革命以来的战争中，英国已经多次派兵在欧洲登陆，但是没有一次能够坚持下来。法国人总是竭力把英军赶入大海。1810 年，他们又调兵遣将，准备发动新的攻势。威灵顿打定主意，决不轻易撤退。前一年冬天，他一直在加强里斯本附近托里什韦德拉什高地的一系列防线。这是他的最后阵地，他逐步向这些防线撤退。

拿破仑手下最优秀的将军马塞纳指挥着法军的葡萄牙兵团。他粉碎了西班牙的抵抗力量之后，便带着八万人越过葡萄牙边界。英军约有 2.5 万人，他们的葡萄牙盟友也有同样的数量。9 月份在布萨利进行了一场激战，六万法国人对付五万联军。联军中只有一半是英国人，但此时葡萄牙人已经受到锻炼。法军遭到沉重打击，可是威灵顿继续退却。突然，法军停止前进，前面是英军守卫的坚固的托里什韦德拉什防线，周围是有意制造的无人区。马塞纳预测，未来几个月里必然缺少粮食，前景暗淡，不可能发动有效的进攻。这里是整个战役的关键。法国人停顿下来，就地过冬。威灵顿在他们的周围等待时机，像他自己所说的那样，决心“让他们吃尽苦头，迫使他们撤出葡萄牙”。结局果然如此。第二年春天，马塞纳放弃他的目标，撤到西班牙，留下了 1.7 万具尸体和 8000 俘虏。

葡萄牙得到解放，威灵顿的胜利加强了政府在国内的地位。当然，伦敦和里斯本的欢乐气氛中也有不耐烦的情绪。威灵顿遭到急性人甚至同党朋友的攻击，这些人不能理解威灵顿循序渐进的战略。威灵顿在这些人的催促声中毫不动摇，意志坚定。他决定建立一个辽阔的根据地和可靠的运输线，然后再深入西班牙境内。他必须控制巴达霍斯和罗得里戈城两个边界堡垒，因为它们扼守着通往马德里的道路。同他对峙的有两支法国军队。马塞纳在莱昂省指挥着北线部队，后来被马尔蒙所代替。苏尔特在安达卢西亚指挥着南线部队。他们和西班牙其他地区的法军元帅所指挥的部队总共约有 25 万人，其中约有十万人在同威灵顿对抗。不停的游击战使他们的行动深受影响。他们在西班牙得不到给养，再也不能实行法军在欧洲各地惯用的以战养战的政策。他们内部也发生了争吵。他们的皇帝愤愤然从巴黎一再发出指示，可是他依据的只是想象，而不是事实。拿破仑忙于运用他的天才应付大陆帝国面临的问题，所以未能成功地指挥遥远而又无情的西班牙战争。

威灵顿充分认识自己的艰巨任务。一场运动战于 1811 年在西班牙境内开始了。阻止威灵顿前进的两支法国军队分别在富恩特多诺罗和阿尔布埃拉战败。这两次战役异常激烈。关于罗德里戈城以西的富恩特多诺罗战役，威灵顿承认：“如果波拿巴指挥那场战斗，我们就一定会失败。”遗憾的是，拿破仑不在那里，他正忙于外交工作和准备其他地区的战争。另外，他刚刚隆重地举行了第二次婚礼。这个科西嘉人的新娘是傲慢的哈布斯堡皇族的公主玛丽·路易丝。她为拿破仑生了一个他梦寐以求的儿子、继承人，却没有为他带来幸福。

威灵顿的副指挥官贝雷斯福德指挥的富恩特多诺罗战役和阿尔布埃拉战役对战局没有产生根本的影响，但英军仍然占着上风。威灵顿在给利物浦勋爵的信中写道："我们肯定已经改变了西班牙的战局，从守势转入一定程度的攻势。"这是典型的留有余地的说法，实际上，威灵顿已经在制订计划，要把法国人赶过比利牛斯山脉，把战争推到他们的国土上进行。1812 年 1 月，他在冰天雪地之中终于攻占了罗德里戈城。四个月以后，巴达霍斯也在血战中陷落。威灵顿在这两次战斗中损失了许多人马，但是挺进西班牙的道路已经畅通。威灵顿和马尔蒙互相角逐，双方都在等待对方走一步错棋。最后马尔蒙犯了错误，威灵顿取得伊比利亚半岛战争的第一次进攻性胜利。约瑟夫·波拿巴国王逃离马德里，英军在当当的钟声和欢呼声中占领了西班牙首都。可是他们还得对付苏尔特的军队。这位法国元帅从南方赶来以后，绕到英军的侧翼。他的军队几乎占着 2∶1 的优势，但他小心谨慎，避免给英军以可乘之机。威灵顿再次撤回葡萄牙的边境地区。在这一年的战役中，他打垮了一支法国军队，使西班牙南部从法军的铁蹄下解放出来。同时，东方的一片阴云正向拿破仑的帝国袭来，当时正是拿破仑从莫斯科撤退的那个冬天。

* * *

1812 年春，拿破仑皇帝一直以欧洲前所未有的规模招兵买马。到了夏天，他率领从各个属地征集的军队杀向东方。两年来，他和俄国的关系不断恶化。沙皇逐渐认识到，只要法国皇帝主宰一切，欧洲就不会安宁。蒂尔西特的和谐气氛早已消失，在涅曼河的木筏上发誓要彼此友好的两位皇帝成为死敌。拿破仑决定先发制人，进行毁灭性的打击。他的将军和大臣们缺乏热情，内心不安，而帝国的军人却非常兴奋。他们认为，这次战役的规模超过以往的任何一次战役，它比亚历山大大帝的战役更加大胆，可能会使他们征服亚洲各地。拿破仑在维斯图拉河彼岸聚集了数支大军，总共将近 50 万人马。他的继子欧仁总督带着五万意大利人从意大利出发，荷兰、丹麦以及莱茵河畔诸邦都派出部队，奥地利和普鲁士作为拿破仑的忠实盟友也都分别派出三万军队。在这么多年的战争中，苦于战火频仍的欧洲从未见过如此强大的阵势。在这股滚滚东进的洪流中，法军还不到 20 万人，他们由皇帝本人直接指挥，是这次进攻的枪尖。于是，这出大戏就这样达到了高潮。

许多人曾就俄国战役会出现的困难向拿破仑提出过警告，他也并未轻视他们的忠言。他准备的运输工具和给养的数量在那个时代是相当可观的，但是仍然不能满足需要。1812 年 6 月，他渡过涅曼河，向东直捣 500 多英里之外的莫斯科。抵挡他的有两支俄国军队，总数为 20 万人。他的计划是将他们各个击破，扑向古老的俄国首都。他确信，到那时沙皇必然议和，欧洲的其他君主在这种情况下也必将马上求饶。然而，俄国却不走这条道路。在关键的 6 月份，俄国驻英大使说出了准确得惊人的预言，它反映了沙皇及其谋臣的希望。他写道：“我们可以通过持久的防御和退却赢得胜利。如果敌人追击我们，他们的末日就行将到来，因为他们越远离给养基地，越深入广漠无垠而没有粮食的乡野，处境就越危险。他们势必忍饥挨饿，受到哥萨克军队的包围。他们将被严寒所消灭，而严寒始终是我们最忠实的朋友。”防御、撤退、严寒——这些正是俄国最高军事当局所依赖的武器。拿破仑研究过伟大的瑞典国王查理十二对俄国进行的惊人战役，认为自己从研究中大受裨益。在 20 世纪，另一位更为残忍的独裁者也研究了拿破仑的错误，他也认为自己从中吸取了教训。可是，俄国使他们都恍然有所觉悟。

俄国军队避开拿破仑设下的圈套，向后撤退，一路上破坏了法军必然经过的乡村。在莫斯科以西大约 60 英里的博罗季诺，俄军回头迎战。在 19 世纪的这场最激烈的战斗中，库图佐夫将军使拿破仑遭到沉重的打击。两支大军各自投入约 12 万人马，双方都损失了三分之一的兵力。库图佐夫再次撤退，莫斯科落入法军之手。但是，俄国人拒不求和。冬天迫近之时，拿破仑被迫意识到，在有意或无意烧成废墟的莫斯科，饥饿的法军是无法久留的。他们唯一的出路是在逐渐加深的积雪中撤退，这是历史上最著名、最倒霉的一次撤退。严寒向法军士兵敲响了丧钟。法军的残余部队在后卫战中英勇抗击，但力量进一步削弱。在攻入俄国的大军中，只有两万人稀稀拉拉地撤回华沙。据说，内伊元帅是最后撤离俄国土地的法国人。

12 月 5 日，拿破仑在俄国边界离开他的残兵败将，乘坐雪橇奔向巴黎，把这支部队的善后工作交给他的元帅们。他本人并不认输，仍然相信自己的运气。向东方扩张帝国的计划虽已失败，他在西方尚能保持这个大帝国。他将竭力组织新军队，继续战斗。1813 年春天，他再次投入战斗。他的部队有一半是新兵。法国也不再支持他了。他纠集的力量都是勉强从命的，甚至连他的元帅们也开始动摇。德意志在他失败之时起来造反。法军激起的民族主义精神给这位欧洲之主带来麻烦。一些联盟在英国的资助下建立起来。拿破仑得到体面地实现和平的机会，可是他拒绝了，因为他以为，在战斗中凭着天才能够改变命运。他那些犹豫不决的盟友相继离开了他。抛弃他的有法国元帅贝尔纳多特统治的瑞典以及普鲁士和奥地利，还有他的属国萨克森和巴伐利亚。沙皇决心进军莱茵河地区。长期服从法国的中欧各国也参加了俄国人的行动。双方在萨克森和西里西亚进行了几次大战。最后在 10 月份的莱比锡三天激战中，拿破仑的所有敌人一齐向他扑上来。双方各自投入的兵力约有 50 万。拿破仑在这次“万国会战”（Battle of the Nations）中失败，被迫向西撤到法国边界。于是，盟国自 1793 年以来首次聚集到敌人的边界。大规模的革命冒险活动和帝国事业即将结束。

* * *

威灵顿在南方战线取得了出人意料的战果。1813 年 5 月，他从边界地区的堡垒出发时挥动自己的三角帽感叹道：“再见，葡萄牙！我再也不会回来见你了。”他确实再也没有回来。他再次把约瑟夫·波拿巴国王赶出马德里，将法军彻底逐出西班牙北部，一直赶到古老的纳瓦拉山国。在6月21日的维多利亚战斗中，他击败乔丹元帅，把他赶过比利牛斯山脉。这一胜利消息使沙皇和正在萨克森的欧洲联军振奋了精神。参加维多利亚战斗的部队只比集中在德累斯顿和莱比锡周围的军队的十分之一多一些，可是战果很大。法国人在西班牙的占领区只剩下加泰罗尼亚了。英军的胜利在历史上第一次受到用俄文歌唱的感恩赞美诗的祝贺，这也是仅有的一次。威灵顿坚持他的目标，如他所说，他的目标是要削弱“这个欧洲祸根的力量和影响”。1814年春，他踏上法国的土地，占领了波尔多。4月初，他继续出击，在图卢兹打败了他的老对手苏尔特。

拿破仑的末日已经来临。他的南方战线已经崩溃，东面的普鲁士人、俄国人和奥地利人正在向巴黎前进。拿破仑从来没有像在1814年的短暂战役中这样善于用兵。他于2月在蒙米赖和蒙特罗打败了联军。在以往的战斗中，双方之间的河流从来不是什么屏障，可是这次拿破仑却充分利用了同前进方向相并行但有利于防御的河流。他在这次战役中用兵之巧妙堪称军事艺术的典范。他两渡埃纳河和马恩河，迫使占着优势的敌军仓皇退却。可是，欧洲的联合力量已非他所能抵挡。而且，国内的反对派公开起来反对他的统治。长期秘密策划反对他的塔列朗和富歇此刻也考虑到，法兰西只有抛弃她的皇帝才能得救。3月底，保卫巴黎的马尔蒙元帅投降。4月3日，拿破仑逊位，退居厄尔巴岛。长期残酷战争的狂潮退落了。在维也纳会议[1]上，欧洲各国准备进行和平的外交斗争。

1　Congress of Vienna，是除了奥斯曼帝国以外，所有欧洲国家均派代表参与的一次长时间、大规模的外交会议，意在恢复欧洲旧秩序及重新划分拿破仑战败后的欧洲政治版图。会议于1814年9月18日到1815年6月9日期间在奥地利维也纳召开。——编者注

*　　　*　　　*

卡斯尔雷代表英国出席了维也纳会议。1812 年，珀西瓦尔首相在下议院的会客厅里被一个疯子击毙。他的同事利物浦勋爵接管政府，执政 15 年。卡斯尔雷作为外交大臣再度进入内阁，直到去世。这些年的战时政府在辉格党史学家的笔下没有得到公平的评价。其实，珀西瓦尔、利物浦、坎宁和卡斯尔雷以勇敢的精神和熟练的技巧挑起了处理国务的重担。卡斯尔雷将在重建欧洲的使命中扮演重要角色。在实现公正和体面的和平这一过程中，他的意见具有决定性的作用。早在 1814 年 3 月，他就曾经同主要盟国议订《肖蒙条约》[1]，为后来解决争端奠定了基础。卡斯尔雷主张“力量平衡”，这一概念在 20 世纪的两次世界大战之间成为令人反感的名词。我们从此体会到，当两三个国家拥有极大的力量时，就需要一种平衡。在卡斯尔雷时代，欧洲有五大强国，他的目标是把这些国家的利益协调起来。要使它们团结一致是不可能的，但至少可以防止因国际分歧导致的战争。

卡斯尔雷在维也纳同奥地利首相梅特涅和法国发言人塔列朗打交道。梅特涅坚信 18 世纪的旧制度，他希望一切都恢复到法国革命前的状态。他在后来失去权力时自豪地宣称，他一直是“秩序的基石”。趋炎附势的塔列朗先后为法国革命和拿破仑效劳，此时又开始转向波旁王朝，他的目标是在帝国冒险活动失败之后尽力挽救法国。在梅特涅和塔列朗之间，卡斯尔雷处于超脱的优越地位。

法国的统治方式是最紧迫的问题。拿破仑下台了，由谁来代替他呢？由于塔列朗的劝说，各个盟国恢复了波旁王朝，把被处死的路易十六的弟弟路

---

1 *Treaty of Chaumont*，指 1814 年 3 月 1 日英国、俄国、奥地利、普鲁士在肖蒙签订的一项攻守同盟条约，目的是为了最终战胜拿破仑一世。——编者注

易十八推上王位。在法国经历革命的荣耀和拿破仑的胜利之后，连保皇党人夏多勃里昂[1]的笔锋也不能为黯然失色的君主制增加一点威望和声誉。但是，路易十八至少代表着一种传统，代表着法国残余的政治信仰，尤其是代表着和平。他本人温和谦让，多年的流亡生活并未腐蚀他的性格。人们默默地接受了25年来的重大社会变化。拿破仑建立的统治制度由后来者承袭下来，并且增加了新奇的、部分的出版自由和处于雏形阶段的议会制。

对战败的敌人提出的和平条件反映了明智的温和政策。战胜国不要求法国赔款，盟军不进驻法国，甚至也不要求法国归还它从欧洲其他国家的美术馆里抢走的艺术珍品。法国交出了拿破仑占领的外国土地，但她保持了自己的领土完整，而且，路易十八统治的领土比路易十六在位时还要大一些。采取这种温和政策的原因不难理解。分割法国会使某个欧洲大国过于强大，也会在法国人的心中燃起复仇的火焰。

英国人关心的主要是殖民地问题。许多领土归还了原主。然而，维也纳会议的产物《巴黎和约》标志着一个新的帝国得到进一步壮大，它可作为丧失美洲殖民地的补偿。除了毛里求斯、多巴哥和圣卢西亚岛之外，从法国人手中夺取的殖民地又归还了他们。荷兰人收回他们在东印度群岛的属地。斯坦福德·拉弗尔斯爵士曾经卓有成效地统治富饶的爪哇岛，此时他亲眼看到，英国人夺得的这块宝地也归还原主了。又过数年，他才建立起一个贸易站，后来它发展为新加坡城。英国以300万英镑的价格从荷兰人手中买取圭亚那的部分地区。英国政府最关心那些具有战略价值的中途停靠港，因此，它不放弃马耳他岛和通往印度的要冲好望角。一场复杂的斗争将围绕这块南非属地展开。英国仍然控制着荷兰的殖民地锡兰和丹麦人的黑尔戈兰岛，后者是粉碎大陆的封锁以及向德意志偷运货物的良好基地。这些属地零落分散，但它们合起来，却大大加强了帝国的力量。

1 Chateaubriand，法国革命时期的著名作家。——译者注欧洲各强国的当务之急是在法国周围划一条防疫线，防止中欧受到革命的感染和威胁。在北欧，信奉加尔文宗教义的荷兰和信奉天主教的比利时合并成朝不保夕的尼德兰王国，这个王国只维持到1830年。根据英国政府的建议，莱茵兰划归普鲁士。在南欧，撒丁国王重新获得皮德蒙特和萨沃伊，并且得到古老的热那亚共和国[1]。在意大利的其他地区，奥地利的权威没有受到任何挑战。伦巴第、威尼斯、的里雅斯特和达尔马提亚被置于奥地利的直接统治之下。奥地利大公统治着佛罗伦萨和摩德纳。玛丽亚·路易丝皇后得到帕尔马公国[2]，这是因为她是哈布斯堡家族的成员，而不是由于她是拿破仑的妻子。另外还有一条规定，她的儿子不能作为她的继承人。波拿巴家族的成员不得登上王位。缪拉元帅在那不勒斯占据着抢来的王位，可是为时不长。不久，波旁王朝复辟，奥地利对它保持着重要的影响。

关于西欧的情况暂且写到这里。根本的问题在于东欧。俄国觊觎波兰，普鲁士则对萨克森垂涎三尺。如果只由它们两方解决这些问题，每一方都会接受对方的要求，然而这是法国和奥地利所不能容忍的。卡斯尔雷反对这样划分领土，因为他害怕俄国扩张，正像梅特涅害怕普鲁士扩张那样。英国、法国和奥地利协力反对俄国和普鲁士的要求，如有必要，甚至不惜诉诸武力。这种必要并未出现。俄国满足于吞并波兰的大部分地区，沙皇作出尊重波兰的权利和自由的种种保证，但他并未实践这些诺言。普鲁士勉强接受了莱茵兰以及萨克森的五分之二的地区。这一折中方案实现得正是时候。当维也纳会议的参加者正在积极活动以及欧洲的政治家忙于重划疆界之时，拿破仑在刚刚退居的厄尔巴岛上盘算着他的计划。欧洲各国的争夺远远没有结束，拿破仑便重新冲上了历史的舞台。

---

1 Republic of Genoa，大约始建于1100年的一座独立城邦，位于意大利西北海岸利古里亚地区，1798—1805年称利古里亚共和国，1805年被法国吞并，后又被撒丁王国吞并。——编者注

2 The Duchy of Parma，教宗保罗三世的私生子皮耶尔·路易吉·法尔内塞的封地，建立于1545年，由原米兰公国于波河以南、以帕尔马（现意大利北部城市）为中心的一带领土组成。——编者注

第二十三章 CHAPTER 23

华盛顿、亚当斯和杰斐逊

欧洲政治事务中争论不休的问题原封不动地在美国提了出来，全国普遍掀起有关法国革命的辩论。以法国革命为榜样的相应组织在支持杰斐逊原则的地方不断涌现，而联邦党人的报刊则极力攻击新大陆的雅各宾党人，犹如伯克在英国那样，谴责他们是社会的破坏者。

美国的商业利益一受到损害，这种争论便不那么注重理论，而是变得更加激烈。美国商船和货物受到法英两国的袭击和劫掠之后，美国国内群情激愤。斗争的双方都要求参战，联邦党人要求对法宣战，杰斐逊派则要求对英宣战。而华盛顿总统决心维持这个年幼共和国的和平，由于法国革命党人的使节热内的怪诞行为，他较易完成自己的使命。热内发现美国政府不愿意维护 1778 年结成的法美联盟，便介入美国政治，企图组织军队，使他的政治盟友们陷入十分尴尬的境地。1793 年 8 月，华盛顿要求法国调热内回国。热内对法国的锋利斩首机早有所闻，明智地同一个可以继承大量财产的美国女人结婚，在新大陆安居下来。

华盛顿胜利了，是他明确地阐述了美国传统外交政策的首要原则。1793

年4月，他在著名的中立公告中宣布："美国愿意对各交战国采取中立友好的态度。"如果美国公民违反这一原则，将在联邦法院受到起诉。但美国和英国之间的一些问题尚未解决，两国关系因此受到影响。汉密尔顿的联邦党[1]坚决主张同英国保持友好的贸易关系。新英格兰的海外贸易主要是由伦敦的银行家资助的。两国的贸易使东部各州的船主获得很大的利益，他们坚决反对同法国并肩作战的主张。边境地区的农民和拓荒者则持不同的态度。对他们来说，英国是敌人，因为她没有根据1783年的条约撤出加拿大边界的堡垒，反而使皮毛贸易越过边界向南发展，煽动印第安人反对美国拓居者，从侧翼威胁着他们向西扩张的活动。英国人则由于美国政府未能解决法国革命以前拖欠下来的大笔债务问题而感到不满。同时，英国人以美国的海运有利于法国为借口，干涉美国海运事业，从而在美国各地引起强烈的反响。

华盛顿决心使英美关系得到全面调整和彻底解决，因此，他在1794年把最高法院首席大法官约翰·杰伊作为特使派往伦敦。英国政府对不久前进行反叛活动的美国人没有表示出友好的态度。它知道他们在军事上很弱，华盛顿需要汉密尔顿一帮人的支持。此外，它在谈判中由于杰伊进退失当而获利不小。双方起草了一个条约，英国对美国未作多少让步。英国人撤出加拿大边界的堡垒，美国拓荒者因此可以自由地向西扩张，不必有任何后顾之忧，但是，英国在她同印第安人的未来关系这一问题上未作任何保证。英国为美国船只在公海受到的损失作了一些补偿，但拒绝放松封锁，也不放弃劫夺开往法国及其盟国的船只和货物的权利。强迫美国海员在英国海军中服役的问题也没有得到令人满意的解决。更有甚者，杰伊被迫在美国欠英国的债务问题上作出让步，而且，美国还必须赔偿英国债权人的重大损失。

这个条约对联邦党有着非常不利的影响。西部各州由于条约在加拿大边

1 Federalist Party，由美国首任财政部长亚历山大·汉密尔顿（Alexander Hamilton，1755—1804）创立的美国政党，存续时间为1792年到1816年，是美国辉格党的前身之一。——编者注

界的问题上未作完善的规定而感到愤慨，南方人则由于偿债条款而可能遭受严重损失。条约反映了英国外交的巧妙和美国新政府的软弱。全国又充满了不信任的情绪，因此，英美之间再次发生战争的种子已经埋下。

华盛顿的第二任期在 1797 年春天结束，他盼望着早日退居芒特弗农。他在执政末期受到联邦党的反对者日益猛烈的攻击，也受到准备下一届总统选举的喧嚣声的烦扰。他和他的许多朋友们为党派分歧的加深感到吃惊，他们坚持认为，只有使各种力量实现平衡的联合政府才能充分反映全国的各种利益。由两大政党永远争夺权力的观念对他们来说是格格不入的，因而是不可接受的。只有早已辞职的杰斐逊对政党应该发挥的作用有明确的看法。他认为，把党派之争引导到更大的问题上来，使全国有一个有组织的反对派，作为可能组成政府的一股力量，这样是有利的。但在华盛顿看来，党派斗争是最大的威胁。他于 9 月向全国发表了告别演说，这个文件是美国历史上最重要的文件之一，以娓娓动听的言辞呼吁全国团结一致，警告人们注意“党派分歧的有害影响”。这一文件也阐述了美国未来的孤立政策。“欧洲有一些与我们无关或者关系很小的根本利益。今后欧洲会不断发生冲突，这些冲突的根源基本上也与我们无关。如果我们通过人为的关系卷入欧洲通常的政局变幻之中或者陷入它的敌对或友好阵营之中，那是不明智的。我们的超脱地位和距离欧洲的遥远路程要求我们采取另一条道路……我们的正确政策，乃是避免同其他国家结成永久联盟……如果我们能够以适当的军队采取不可侮谩的防御姿态，谨慎自立，我们便可安然信赖暂时的结盟以应付非常事变。”

乔治·华盛顿拥有历史上最荣耀的头衔，是美国的“国父”（the Father of his Nation），几乎全靠他在独立战争中表现出坚韧不拔的精神，才使各个殖民地保持了一致的目标。他在战后的贡献也是同样伟大的。他担任第一任总统时的坚定态度和树立的榜样限制了党派之间的激烈斗争，把国家的分裂推迟了 60 年。他的为人和影响制止了美国人要对英宣战或对法宣战的危险倾向。他使自己的职责具有无上的尊严，并且用自己的才智鼓励他的政府。联邦政府顺利地组织起来，建立了国家信用机构，制定了外交政策，这些都是他担任总统时的功劳。他拒绝第三次任职，为美国开创了只能连任两届总统的传统。这一传统直到第二次世界大战期间才被富兰克林·罗斯福总统打破。

华盛顿在波托马克河畔的宅第中怡然自得地生活了两年，像他长期向往的那样，在自己的种植园周围策马款款而行。在18世纪最后的一些万里冰封的日子里，他卧床不起。1799年12月14日晚上，他对身旁的医生喃喃地说："大夫，我很难断气，可我并不怕死。"说罢不久，他便与世长辞了。

* * *

约翰·亚当斯继华盛顿之后担任美国总统。他是联邦党提名的候选人。他担心发生骚乱，对民主缺乏基本信念，因此他的革命热情逐渐冷却下来，这使他成为汉密尔顿的支持者。他具有独立的思考能力，是一个思想家而不是政治家，是知识分子而不是领袖。他为了加强政府的力量并保护财产而支持汉密尔顿的主张，但是他反对利用联邦的统治机器为某个经济利益集团服务，他也绝不是一个赤诚的联邦党人。他的判断往往是正确的，但他缺乏说服人的能力。他也不善于用人，因此名望受到影响。尽管如此，他在美国的政治家当中仍然是最高明的政治思想家之一。

在外交方面，一场新的危机即将来临。拿破仑·波拿巴的崛起影响了美国人对他们的头号盟友法国的崇高敬意。人们开始担心，法国人可能会从西班牙手中得到路易斯安那殖民地和佛罗里达殖民地。这样，一个力量强大、野心勃勃的欧洲强国就会取代一个弱国，成为美国向墨西哥湾扩张的障碍。同时还有消息说，法国人在加拿大讲法语的居民中大肆开展宣传活动。人们对这些问题的反应很强烈，联邦党人最后一次战胜了他们的对手。战争席卷全国，他们乘机通过法案，使政府有极大的权力对付外国人。1798年通过的《归化法》(*Naturalisation Act*)将外国人取得美国国籍的资格从居住五年延长到 14 年,《客籍法》(*Aliens Act*)则使总统有权颁布政令把外国人驱逐出国。更为突出的是《惩治叛乱法》(*Sedition Act*),它实际上批准了对报纸的检查权,其矛头主要针对反对派的报纸。这些法案引起了有关宪法的激烈冲突。汉密尔顿对他的同事们劝阻道:“我们不要建立专制,活力和暴力是迥然不同的。”可是无人理睬他。杰斐逊决心迎接这场挑战。他起草决议,主张各州有权审议国会法案并废除不符合宪法的法案。这些决议在肯塔基和弗吉尼亚获得通过。这一重要的原则从此在美国历史上得到重视,1798 年的这些决议后来成为“各州权利”的依据。

联邦党人对个人自由的侵犯标志着他们垮台的开始。几年前辞去财政部长职务的汉密尔顿认为,他通过推动对法宣战的手段能够重掌权力。为了同英国一起瓜分西班牙在美洲的殖民地,他想出一个宏伟的作战方案,准备亲自率领美国大军杀往南边的密西西比河口。总统使他的这些希望化为泡影。亚当斯并不喜欢群众,同时也憎恨财阀统治和军国主义。1799 年以前,他未曾表现出反对联邦党的倾向,而此时他意识到,战争已经迫在眉睫。他作为总统在外交方面掌握全权,便于迅速采取行动。他突然宣布任命一名驻法使节。美国使团于 1800 年 10 月 1 日在巴黎同法国人签订了一项贸易条约,而法国人则在同一天秘密地从西班牙人手中购买了路易斯安那。

亚当斯的任期即将结束,应该举行总统选举了。选举的过程错综复杂,因为双方内部都产生了严重的分歧。联邦党人对亚当斯阻止他们对法宣战一事仍不表示谅解,可是亚当斯是联邦党中唯一有希望当选的人,所以又获得提名。然而,党内实权仍然掌握在汉密尔顿手里,他出于不满而百般阻碍亚当斯的工作。

杰斐逊是共和党的候选人,纽约的腐败政客阿伦·伯尔作为他的助手,争夺副总统的职位。美国宪法上有一个奇特之处(这个奇特之处不久以后得到纠正),选票最多的人当选为总统,票数第二的人成为副总统。所以,总统和副总统完全可能来自对立的两派。杰斐逊和伯尔都击败了亚当斯,可是两人的票数相等。他们彼此不讲情面。当这个棘手问题交给众议院裁决时，伯尔企图挤掉他的上司。汉密尔顿于此时插手，以挫败伯尔的意图。美国的地方事务常常引起深厚的友情和强烈的敌意，这种友情或敌意往往胜过联邦事务的影响。汉密尔顿同伯尔在纽约争夺权力，他不能容忍伯尔担任总统，于是在众议院利用自己的影响支持杰斐逊。在运气的剧烈转变中，汉密尔顿的宿敌成为美国的第三届总统，全国的势力中心再次从马萨诸塞州转移到弗吉尼亚州。但是，切不可夸大托马斯·杰斐逊上台的意义。以约翰·马歇尔为首的最高法院仍然积极而公正地维护着联邦政府的权利和权威。杰斐逊本人虽然是真诚的农业民主派，但他既不抱空想，也不感情用事，因此不久便在形势的逼迫下采取前两届总统的政策和方法。

*　　　*　　　*

1801 年 3 月 4 日杰斐逊就任美国总统时，年轻的美国已经得到迅速发展，而且在继续发展。在《独立宣言》发表以后的 25 年里，美国的人口几乎增长了一倍，此时约有 550 万人。已经有三个新的内陆州建立起来，并入美利坚合众国，它们是北方的佛蒙特州以及中南部的肯塔基州和田纳西州。那些阻止向西拓殖活动的印第安人联盟被彻底打垮，他们的土地被分成几个地区，后来这些地区成为美国的州。这个共和国正在从大西洋沿岸的原有地区向外扩展。她的产品经过迅速发展的波士顿港和巴尔的摩港，特别是经过纽约港，从海上绕过合恩角运往中国，或东渡海洋运到欧洲各国。费城仍是美国最大的城市，但它作为合众国中心的地位正在逐渐消失。它已经不是首都了。杰斐逊是在新兴的华盛顿城就职的第一位总统，这座城市的兴建计划已经制订出来。国会所在地国会山只建成一个侧厅，白宫也尚未竣工。那里只有一个方便的旅馆和几处可以为参众两院议员提供食宿的房舍，此外便是一片沼泽和荒原。杰斐逊没有被偏僻的首都带来的困难所吓倒，他一想到美好的城市有一天将在那里诞生，就充满希望。而且，创业时期的艰苦生活也适合他的俭朴习惯。

杰斐逊总统不能忽视当时的世界冲突。他所代表的农民依赖着欧洲市场，西部各州和地区需要把农产品畅通无阻地沿着密西西比河运到墨西哥湾。新奥尔良港位于这条大河的入海口，当时它仍在西班牙人的控制之下。传言法国人秘密购买了路易斯安那，不久便得到了证实。拿破仑派兵到法国殖民地海地岛镇压杜桑·卢维杜尔领导的黑人起义。在完成这一任务以后，这支军队将以法国政府的名义占领路易斯安那。在《亚眠和约》给欧洲带来不稳定的和平之时，训练有素的法国军队再次接近了北美大陆，似乎不久就要登陆。这一威胁像法国人于18世纪在加拿大构成的威胁那样，促使英语民族团结起来。杰斐逊写信给美国驻法使节说："一旦法国人占领新奥尔良……我们必须同英国舰队及其整个国家联合对敌。我们必须把全部注意力转向一支海上力量，使欧洲射出的第一颗炮弹成为……我们控制美洲两块土地为英美民族的共同目标服务的信号。这不是我们寻求或希望发生的事情，而是我们在法国一旦购买路易斯安那的情况下被迫选择的唯一道路。"这是杰斐逊思想上的一个惊人的转变，他以前一直敬佩法国，反对英国。理论观点往往必须在国际政治的事实面前作出让步，倘能如此是很明智的。杰斐逊就比较明智，重视实际。

1802年夏天，法国迫使西班牙人不让美国农产品进入新奥尔良港。西部地区处于惊愕与愤怒之中。杰斐逊写信对美国使节说："世界上有一个地方，谁控制它，谁就自然成为我们的敌人。这个地方就是新奥尔良，我们八分之三的农产品必须经过那里进入市场。"当时詹姆斯·门罗被派往巴黎，他的特殊使命是争取从法国人手中买取路易斯安那，至少要把新奥尔良买到手。门罗尚在途中，其他地方的局势突然帮助了美国计划的实现。法军讨伐海地失利，损失了三万人马。法英之间即将打破《亚眠和约》促成的和局。拿破仑立即放弃建立美洲帝国的计划，建议将西班牙割让给法国的路易斯安那全部卖给美国，这简直使美国使节惊讶不已。门罗及时赶到巴黎完成这笔交易，路易斯安那以1500万美元的价格并入美国的版图。

在笔锋转动之下，美国的领土增加了一倍。在它新获得的辽阔土地上，后来产生了12个州。事实将证明，这是美国历史上最有利的一笔交易。然而，这一消息传过大西洋以后，引起了强烈的反应：拿破仑有出卖这些土地的合法权利吗？美国是否花了重金只买到一张不合法的地契呢？此外，宪法中没有明文规定联邦政府有进行这种交易的权力。不过，必须立即批准这个交易，以防拿破仑改变主意。为了批准这个交易，参议院立刻开会。杰斐逊说，根据宪法授予他的总统缔约权，关于这次买卖的谈判是合法的。联邦党人则强烈指责说，这块土地价格昂贵，而且没有明确的边界。他们意识到，这笔交易将使联邦内的权力发生重大转移，西部农业集团的力量将迅速壮大。东部沿海各州极力反对这笔交易，可是无济于事。1803年12月，新奥尔良的政府大楼上升起美国国旗，美国得到了90万平方英里的新土地。

美国得到路易斯安那以后，国内政治生活中又出现一种不满足的情绪和继续对外扩张的愿望。墨西哥湾沿岸的佛罗里达仍属西班牙，在新土地边界之外的得克萨斯平原引人注目。西部各州和地区同联邦首都发生矛盾。这个时期的恶魔是阿伦·伯尔。

伯尔在1800年丧失了担任总统的机会，主要因为汉密尔顿从中作梗。1804年，由于汉密尔顿反对，他竞选纽约州长失败。他向汉密尔顿提出决斗，汉密尔顿接受了挑战，打算在射击时偏离目标，以满足对方的自尊心。阿伦·伯尔则向汉密尔顿的要害之处射击，从而结束了美利坚合众国建立初期的一位伟人的生命。阿伦·伯尔处处不受信任，于是他千方百计地寻找在美洲独创天下的途径，甚至企图从英国政府手中得到大笔贿赂。他是否想把西部各州从联邦中分裂出去，或者从西班牙属地中割下一块土地，这个问题尚无定论，仍有异议。他遭到逮捕，以叛国罪受审，突然走到穷途末路。由于证据不足，他被无罪释放，自动流亡国外。

杰斐逊在 1804 年胜利地连任总统，可是他的第二任期不像第一个那样顺利。在向西扩张的压力下，他的东部集团分裂成地方派系。欧洲战争的再次爆发重新引起了禁运、封锁和劫夺海员等棘手问题。杰斐逊面临着英国舰队的挑衅，英国舰队不断在美国领海的边缘水域拦截美国船只，抓走海员，有时甚至在美国领海内也采取这种行动。根据当时的惯例，英国有权强迫美国船上的英国人为她服役，但她也抓走了美国公民和许多国籍不明的水手。此外还有一个问题。英国政府鉴于拿破仑在柏林宣布由大陆对英国实行封锁一事，于 1806 年在咨询枢密院以后未经国会批准便发表了一系列敕令，对中立国同法国及其盟国的贸易进行严格限制。美国的贸易同时受到英法双方措施的打击。如同特拉法尔加战役所证明的那样，英国海军比法国海军强大得多，因此，美国船只在英国人手中遭受的损失最严重。

面对这些挑战，杰斐逊泰然自若，决心保持中立。社会舆论日益强烈地反对他。根据他的提议，国会在 1807 年颁布了《禁运法案》(*Embargo Act*)，禁止美国船只驶向外国海域。这个法案禁止通过海路或陆路出口美国商品，并完全禁止进口某些英国制成品。杰斐逊以为，失去美国的贸易将使交战双方讲和。而实际上，他的政策对美国贸易造成的损害远远超过对英国或法国造成的损失。新英格兰和大西洋沿岸所有海港的经济是依靠美英贸易维持的，所以东部各州纷纷提出抗议，尤以新英格兰为甚。联邦党人迅速集中力量，同它们一起表示反对。杰斐逊自己的共和党内部也发生分歧，出现了反对派。在禁运实行 14 个月之后，他被迫予以撤销。三天以后，他任职期满，遂告退回到弗吉尼亚州的蒙蒂塞洛庄园。

执政期间最后两年的失策不应该影响托马斯·杰斐逊在美国历史上的重要地位。他是美国政治家当中的第一位政治理想主义者，是美国民主传统的真正奠基人。在世界战争危机中的偏激政策所造成的灾难面前，他原来的简单看法有所改变，但他对普通人的作用的看法从未动摇。他对工业主义的反感在晚年有所减弱，然而他始终坚信，自耕农和民主制度有着不可分割的密切联系。他在 30 多年的政治生涯中真正代表并忠心为之服务的西部边疆各州，是他的力量基础。

第二十四章　　CHAPTER 24

1812年的战争

詹姆斯·麦迪逊是1809年3月当选美国新总统。他在杰斐逊手下担任国务卿时积累了丰富的经验，而且是著名的政治理论家。他比较固执，处理具体问题的艺术和判断能力也往往不如杰斐逊。他在就职时，全国舆论对英国十分不满，因而同英国的关系相当微妙。麦迪逊起初大有解决问题的希望，同英国驻美使节达成了有利于英国的临时协议。可是，英国外交大臣坎宁否定了这个文件，召回参加谈判的英国使节。他对美洲事务从来不像对欧洲事务那样关心。在以后的三年里，英美关系日益恶化。拿破仑撤销了关于关闭法国控制的所有欧洲港口的法令，麦迪逊被这个举动所欺骗，企图说服英国相应地废除关于禁止同法国控制的港口进行贸易的敕令。一些比较敏锐的政治家提醒他，拿破仑的举动只是一个外交姿态，“意在诱使我们对英宣战”，可是麦迪逊置若罔闻。

同美国进行的非正式贸易战使英国蒙受了重大损失。由于美国市场的丧失和1811年冬天的困难，英国企业萧条，大批人失业。请愿书纷纷送到国会，要求政府取消禁止贸易的敕令。外交大臣卡斯尔雷犹豫一番之后，在下议院宣布政府撤销这一敕令。可是，为时已晚。横渡大西洋需要很长时间，这个消息不能及时传到美国。1812 年 6 月 18 日，即在卡斯尔雷作出上述宣告的两天之后，美国国会对英宣战。

拿破仑在此后的一个星期里发动了策划已久的侵俄战争[1]。

正如美国史学家们指出的那样，英美冲突的根源不是双方对海洋法的对立解释，而是美国西部边界问题。东部沿海各州，尤其是新英格兰，希望和平，它们主要关心对外贸易。对外贸易额已经急剧下降，如果对英作战，对外贸易必将彻底停止。但是，美国的政治形势使仇视英国的西部和西南部的代表掌了权。迫使美国对英宣战的是他们，而不是大西洋沿岸的商人。在边界地区，尤其是在西北部，人们渴望得到土地，而土地只能从印第安人或大英帝国手中夺取。

美洲拓荒者同印第安人之间的冲突已经酝酿了一个时期。19 世纪初期的拓荒者是一些以林业为生的人。他们已经在伊利诺伊和印第安纳占领了印第安人部落的林地，此时他们又企图染指大湖区周围的英属加拿大地区的森林，那里有无人居住的王室直辖领地和为数不多的效忠派。美国西部地区挤满了开发者，因此必须进一步向西北扩张。1811 年，俄亥俄河畔的印第安人在他们的最后一位杰出军事领袖特库姆塞领导下联合起来。各个部落在特库姆塞的领导下，对酒和贸易的引诱无动于衷。边界地区一再告急。如果印第安人东山再起，美国人将无法继续扩张。印第安纳州长威廉·亨利·哈里森主要负责最近一个时期向西扩张的活动，他派兵出征，在 1811 年 11 月的蒂珀卡努战斗中打垮了印第安部落联盟。

印第安人的抵抗运动是加拿大支持和组织的，这是美国历史上的传说之一，是主战派在 1812 年编造的神话。美国的一代新人登上了政治舞台，为首的是肯塔基州的亨利·克莱和南卡罗来纳的约翰·考德威尔·卡尔霍恩。

1 Invasion of Russia，是指 1812 年拿破仑统帅法军及其仆从军对俄国进行的侵略战争。——编者注这些年轻人在众议院组成一个强大的集团，被人称为“鹰派”[1]。他们不了解欧洲事务，也不关心拿破仑的意图，对俄国的命运更是漠然置之。他们的主要目标是夺取加拿大，把整个北美大陆置于美国的统治之下。在克莱的影响下，总统站到主战派一边。发动战争的理由还是传统的几条：英国人从美国船上抓走英籍水手并强迫他们服役；侵犯三海里领海权；实行封锁，明令禁止同法国人控制的海港进行贸易。美国国内出现严重的意见分歧，新英格兰以多数票反对宣战，而“鹰派”则以大张旗鼓的宣传手段主张开战。加入美国政治斗争的边界势力也怀着报复心理参加这场争执，而且充满信心。边界地区的农民还认为，他们确有种种苦衷。他们颇有理由地提出了“自由贸易，维护水手权利”的口号，因为英国人对美国船只的限制停止了他们的农产品出口。他们以为，只要拓荒者发动一次短期的讨伐，就可以扭转这种局面，不出几个星期，就能迫使魁北克地区俯首就范。美国国会甚至没有为陆、海军追加军费便休会了。

* * *

从数字上看，双方的力量很不平衡。美国人口包括奴隶在内已有750万，而加拿大只有50万人，其中大部分是法国人。可是，加拿大约有5000名训练有素的英军、4000名加拿大正规军和4000人的民军。另外，印第安人也能够提供三四千辅助军。

美国的正规军不到7000人，政府十分艰难地从各州调集了40多万民军，却没有在加拿大使用。美方在任何一次战斗中所投入的兵力均未超过7000人，那些未经训练的民军不堪一击。不仅如此，七年战争说明，只有沿着圣劳伦斯河向上游进攻才能征服加拿大，可是美国人没有足够的海军力量

---

1 War Hawks，主张强势外交及积极军事扩张的政治集团，支持用强硬手段维护美国的国家利益。——编者注

来进行这种行动，只好在漫长的边界上发动进攻。有些边界地段根本无法通行，他们的队伍还受到印第安人的袭击。他们的领导人没有制订出远大的战略计划，如果他们把军队集中在安大略湖区，可能会取得胜利，可是他们却三心二意、步调紊乱地在边界上发动分散的进攻。

美国人首次进攻失利，英军最优秀的指挥官艾萨克·布罗克将军在印第安部落联盟的支持下打退了他们。8月，英军占领了底特律。几天后，他们攻克了位于今日芝加哥的迪尔伯恩要塞。美国的边界收缩到俄亥俄河至伊利湖一线。在那一年的其余时间里，美国人对尼亚加拉一线发动了毫无收获的进攻，战事最后不了了之。在欧洲发生天翻地覆的变化之时，英国仍然被迫在加拿大采取守势。

海上战争更为活跃一些，对美国人也比较有利。他们有16艘军舰，其中三艘堪为世界之最。它们是"宪法号""美国号"和"总统号"，都是配备44门大炮的护卫舰。舰上舷炮的口径大于英国护卫舰舷炮的口径，船体所用的木材也较重，但是它们水下部分的造型很光滑，因而航速超过其他船只。它们的船员是义勇兵，军官受过严格训练。伦敦的一名记者称它们是"几艘用毛皮造的护卫舰，船员是一些杂种和不法之徒"。美国人乐于引用这句话，它们用行动驳斥这种诽谤，并为此感到自豪。在美洲海域游弋的英国舰队有97艘舰只，其中有11艘战列舰和34艘护卫舰。它们有悠久的光荣传统，创造过特拉法尔加战役和尼罗河战役的奇迹，舰长们自信能够击沉任何美国军舰。可是，英军相继发现自己大炮的射程不如敌舰大炮的射程远，军舰接二连三地被轰成碎片，因此"用毛皮造的护卫舰"一鸣惊人。美利坚合众国在加拿大受挫之后感到痛苦，此时由于取得这些胜利而恢复了信心。它的护卫舰在一年内对英国海军取得的胜利比法国人和西班牙人在20年的战争中取得的胜利还要多。然而，命运马上出现了转折。1813年6月1日，劳伦斯舰长指挥的"切萨皮克号"（Chesapeake）护卫舰驶出波士顿港，去迎接

“H.M.S. 香农号”（H.M.S.Shannon）舰长布罗克的挑战。“切萨皮克号”的水手未经训练，难以控制。经过 15 分钟的战斗便投降。后来美国人又遭受了一些损失，制海权落入英国人之手。不过在此后的战争期间，美国人继续不断地袭击英国船只。

这段海上插曲对战争的大局没有影响。假如英国政府放弃劫夺美国海员的活动，1813 年可能不会发生新的战役。然而他们没有这样做，于是美国人开始修改战略。在名义上，战争的焦点只是劫夺海员问题，美国从未宣布夺取加拿大是她的战争目标。其实，加拿大是她的主要目标。美国人对现在称为安大略省的上加拿大地区发动了一系列进攻，他们掠夺并烧毁城镇和乡村，其中包括后来发展成多伦多市的小首府。战争日趋残酷。1812 年冬天，美国人在伊利湖畔的普雷斯克岛要塞建立了基地。他们翻山越岭为美军指挥官奥利弗 ·H. 佩里运去给养，佩里正率领一支小舰队在淡水区域进行战斗。1813 年秋，佩里的小舰队出发去争取胜利，在 9 月份进行了一场奇特的两栖战斗。黑人、边防部队和民军乘着用刚刚砍倒的大树绑成的木筏，在静静的湖面上进行了顽强的战斗。美国军舰的威力很大，英国人遭到惨败。佩里简洁地报告：“我们进行了战斗，敌人已经败北。”

在蒂珀卡努战役中得胜的美国将领哈里森此时可以进入安大略省了。在 10 月的特姆兹河战役中，他打垮了同年早些时候将他击败的英军及其印第安盟友。印第安人联盟彻底瓦解，特库姆塞一命呜呼。美国在五大湖的南岸站稳脚跟，印第安人再也不能从侧翼骚扰它的边界了。不过，陆上入侵上加拿大的战斗遭到失败。年终时，加拿大人控制了尼亚加拉要塞。

* * *

英国人在加拿大一直没有发动进攻的能力，他们的部队和舰艇都集中在欧洲，同拿破仑进行着殊死搏斗。而且，英国政府不敢从北方威胁新英格兰各州，免得激怒它们，直到 1814 年以后才把海上封锁线延伸到马萨诸塞州。其实，英军的给养几乎都是从新英格兰的港口得到的。1814 年春，欧洲争端有了结局，拿破仑在 4 月退位。英国人此时可以往美洲派遣足够的援兵了。他们计划从尼亚加拉以及从蒙特利尔经尚普兰湖发动进攻，在南方则从新奥尔良下手，同时由海军袭击美国海岸。战役开始时，久经沙场的威灵顿部队尚未从伊比利亚半岛赶到。从尼亚加拉出击的部队在尼亚加拉瀑布附近的伦迪激战中败北。8 月底，从欧洲派来的 1.1 万援兵集结在蒙特利尔附近，准备采取当年伯戈因的进兵路线，沿着哈得孙河顺流而下。他们在乔治·普雷沃斯特爵士的指挥下，于 9 月奔向普拉茨堡，打算夺取尚普兰湖的控制权。美国只有 1500 名正规军和几千名民军抵御他们。胜败完全取决于双方舰队的较量。如同伊利湖战役那样，美国人的内河舰艇优于英国舰艇，他们取得了胜利。这是这场战争中的最大战役，它粉碎了英国人的进攻。普雷沃斯特率军退回加拿大。

在海洋上，英国人虽然在前几年屡遭打击，却仍然占着优势。他们从欧洲海域又调来了一些舰艇。美国的海岸处于无防御状态。8 月份，英国将军罗斯率领 4000 人马在切萨皮克湾登陆。7000 名新组织起来而缺乏训练的美国民军仓促撤退，英军在 24 日进入联邦首都华盛顿。麦迪逊总统逃到弗吉尼亚。由于美国人仓皇退却，英国军官们甚至在白宫享受了为总统及其家人准备的饭菜。然后，为了报复美国民军在加拿大焚烧劫掠的行为，英军烧毁了白宫和国会大厦。波托马克河畔的华盛顿家宅幸免一炬，受到英军的严密监视。后来，英军企图在巴尔的摩登陆，但那里的民军早有准备。罗斯将军阵亡，英军因此撤回船上。

远征新奥尔良的英军在 12 月到达基地。这是他们最后的、也是最轻率的一次攻势。在西南部的这个边境地区，出现了杰出的军事领袖安德鲁·杰克逊。他是田纳西州的早期拓殖者，在同印第安人的战斗中赢得了声誉。鉴于英国人企图支持印第安人并把他们组织起来，杰克逊对印第安人穷追猛击，一直追到西班牙控制的西佛罗里达境内，占领了它的首府彭萨科拉。

这时，8000 名英军在新奥尔良登陆，指挥官是爱德华·帕克南爵士，他以前在萨拉曼卡指挥过一个师。密西西比河入海口有很多沼泽地，而且支流交错，因此在那里进行两栖战斗是极端危险的。所有人员和军需物资必须用小划艇从 70 海里外的军舰上运来。杰克逊急忙从佛罗里达撤回，在密西西比河左岸掘壕据守。他的部队在人数上处于劣势，可是有许多百发百中的神枪手。1815 年 1 月 8 日上午，帕克南采取了英国军事史上最愚蠢的行动，对美军工事发动正面进攻。他本人中弹身亡，部下死伤 2000 人。唯一活着的将级军官把部队撤到船上。美军损失了 70 人，其中有 13 人死亡。这次战斗进行了正好半小时。

英美两国已在 1814 年的圣诞节前夕签订和约。新奥尔良战役是美国历史上的一个重大事件，它给未来的总统杰克逊开辟了广阔的前程。它使人们确信美国人赢得了这场战争的彻底胜利，同时也使人们错误地认为，这场战争是反抗英国专制的第二次美国独立战争。

*　　　*　　　*

美国国内的形势发展很快。以海运和贸易为业的新英格兰各州受到严重损失，那里的领导人处境窘迫。这些州支持联邦党，而该党内部混乱不堪。它们对于把它们推上战场的西部各州和地区处于优越的地位深有反感，开始打算退出联邦。1814 年夏天，马萨诸塞州处于孤立无援的境地。英军占领了缅因州，英国军舰封锁了港口。税务的重担主要由新英格兰各州负担，而联邦政府似乎连地方防务也无力承担。马萨诸塞州、罗得岛州和康涅狄格州的代表在 10 月接到开会通知，他们于 12 月在哈福德开会。他们要求单独同英国媾和，断绝同日益壮大的西部各州的关系。他们认为，英军会在新奥尔良获胜，西部各州由于被英军从海上切断同东部的联系，可能无暇顾及联邦的命运。总统十分忧虑，主战派担心出现最坏的局面。值得美国庆幸的是，新英格兰政界的温和派在哈福德会议上占了上风，大会只起草了一份严厉批评麦迪逊政府的意见书。脱离联邦的运动暂时平息下去了。他们宣布："滥用权力改变宪法的企图必将使社会变革带来永远无法消除的弊病。"

安德鲁·杰克逊在新奥尔良取得的胜利以及和谈的成功使新英格兰的不忠行为受到强烈谴责，也使联邦党蒙受无法洗刷的耻辱，但是，哈福德大会的代表们所坚持的州权原则仍将在美国政治斗争中保持其活力。这场战争也促使新英格兰经济变得多样化。除了海运和贸易，新英格兰还建立了大规模的、获利甚丰的制造业和其他工业。

美国在战争期间一直谋求和谈，而英国人直到 1814 年 1 月才同意谈判。美国代表团于 6 月抵达根特，亨利·克莱是代表团的一个成员。英国人起初拒绝讨论中立权和劫夺美国海员的问题，他们仍然希望在美国西北方建立印第安缓冲国。威灵顿的理智改变了这种气氛。前一年的 11 月，他接到要他赴美统率英军的邀请。他研究过关于普拉茨堡战役情况的报告，意识到五大湖上的海军优势是夺取胜利的先决条件，而这一优势是无法得到的。而且，他认为在加拿大边界夺取美国领土对英国并无益处。于是，双方承认了漫长的北方边界的现状。其他问题没有得到解决。1817 年，一个专门委员会对五大湖的海军力量作出了限制的规定。后来，缅因州的边界争端也通过调整的办法获得解决。当英国海军重新开战的时候，劫夺海员的活动已经停止。

一场徒劳无益的战争结束了。高涨的反美情绪在英国又持续了几年，不过，美国从此一直被当作独立的大国来对待。英国陆军和海军学会了尊重他们以前的殖民地居民。当新大陆的英军听到实现和平的消息时，一个士兵写道："我们这些来自伊比利亚半岛的士兵都很高兴，因为我们看出，在这种民兵战、海战、游击战和掠夺战的大杂烩中是无法赢得名望和其他军事荣誉的。"

和平带来了长期的实际利益。这场战争是加拿大历史上的一个转折点。加拿大人为自己在保卫家园的战斗中作出的贡献感到自豪，他们的爱国热情日益高涨。英美关系中还将出现许多波折。30 年之后，在有关俄勒冈所有权的争端中，双方对许多地区均有争议，有诉诸武力的危险。可是从那以后，加拿大和美国之间的 3000 英里边界一直无人防守。英国海军又占据了 100 年的优势。在这块盾牌后面，美国在大陆上可以自由自在地实现它的目标。

第二十五章 CHAPTER 25

厄尔巴岛与滑铁卢

1815 年，欧洲和美洲沉浸在和平的气氛之中。波旁王朝[1]的一个年迈、顽强而放任的成员登上了法国王位，他对亲戚、谋臣和追随者所犯的错误熟视无睹。他的拥护者比他更为专横，这对臣民的耐心是一种考验。法国人民仍然迷恋着帝国的荣耀，乐于进行新的冒险。欧洲列强在维也纳解决了一个最棘手的问题，它们确定了如何在贪婪的胜利者普鲁士和俄国之间瓜分萨克森和波兰民族。不过，它们对于专门开会重新划定的欧洲各国疆界的许多地段并无一致意见。在 20 年的浴血奋战之后，它们认为赢得了足够的消遣时间，可以任意讨价还价和寻欢作乐。要有某种剧烈的震动，才能使它们回到统一的目标上来。这种震动来自人们熟悉的震源。

拿破仑主宰厄尔巴岛已有九个月了。他曾经统治欧洲大陆，如今版图缩小成一个海岛。他仍然保持着皇帝的尊严，以当年统率千军万马的精力指挥着小王国里的炼铁业和金枪鱼捕捞业。他还掌握着一支军队，这支军队由

1 House of Bourbon，是欧洲历史上的跨国王朝，起源于法国波旁地区，曾统治法国、西班牙、卢森堡等国，以及意大利的若干公国。——编者注

400名老近卫军官兵、几个波兰士兵和一些当地民兵组成。他也有一支海军，并为它设计了一面厄尔巴岛军旗。这支海军有一只双桅船，一些小快艇。拿破仑精心管理着这支弱小的武装力量，妥善安排厄尔巴岛的微薄预算。他对厄尔巴岛的人民说，他从此将全心全意为他们谋幸福。他为高级官员设计了漂亮的制服。他在首都波托费拉约装饰了一座富丽堂皇的宫殿。他和母亲打牌，并且时常作弊，这是人人皆知的习惯。他同最心爱的一个妹妹和忠诚的波兰情妇一起娱乐。只有玛丽亚·路易丝皇后和他们的儿子不在这里，奥地利政府设法把母子两人留在了维也纳。皇后看来并不想违背永不逃走的誓言。对她来说，对哈布斯堡皇族的忠诚比她的丈夫更为重要。

好奇的外国客人不断前来拜访这位下台的皇帝，许多人来自英国。其中有一个人报道，拿破仑不像伟大的统帅，倒像一个狡猾的教士。这种看法难免有些偏见。盟国驻厄尔巴岛的常驻代表尼尔·坎贝尔爵士的看法比较深刻。过了几个月，了解情况的人确信，拿破仑在等待时机。他密切注视着法国和意大利的局势，通过间谍了解多方意见。并认为，复辟的波旁王朝无法得到法国人民的拥护。而且没有按照和约中的规定付给他年金。这种小动作使他感到，自己已无遵守条约的义务。1815年2月，他看出，或者他自认为已经看出，维也纳会议正在分裂。盟国之间勾心斗角。法国国内怨声载道，向他招手。狡猾的苏格兰监察员坎贝尔正在意大利。拿破仑立刻抓住了各种机缘巧合的时机，在2月26日（星期日）的夜晚带领1000人，乘着一艘双桅船和其他一些更小的船只溜出港口，驶向法国。3月1日，他在昂蒂布附近登陆。当地欢迎他的人奏起了类似英文歌《家，可爱的家》（*Home*，*Sweet Home*）的法国歌曲。

百日政变的戏剧拉开帷幕，向巴黎的不流血进军开始了。奉命前来堵截的王军纷纷瓦解，或者向拿破仑投降。号称“英豪中的英豪”（the Bravest of the Brave）、变节投靠波旁王朝的内伊元帅吹嘘说，他将用一个铁笼子把昔日的主子押回巴黎。可是他无力拒抗皇帝的召唤，又回到他的身边。其他背叛拿破仑的元帅又背叛了波旁王朝。拿破仑登陆不到 18 天便重返巴黎，波旁王室逃到根特避难。与此同时，拿破仑表示希望和平，并立刻开始建立自己的军队。他向法国人民允诺建立开明的制度，以便赢得他们的支持。其实他希望，一旦他能够巩固军事胜利，便立即恢复帝国的一切旧制度。然而，自从全盛时期的奥斯特利茨战役、耶拿战役[1]和韦格勒姆战役[2]以来，法国的气氛已经发生变化。国内尽管尚有热情，但那种最饱满的战斗情绪已经不复存在，军队和将领们也今非昔比了。侵俄战役和莱比锡战役[3]的惨重失败是无法弥补的。1805 年以来，已经有 148 名法国将军阵亡。活着的将军也只有半数忠于拿破仑。马尔蒙和维克托等元帅逃到比利时。维克托住在布鲁塞尔的威灵顿旅馆，这家旅馆是以在塔拉韦拉战役[4]中打败他的威灵顿公爵的名字命名的。拿破仑不可缺少的参谋长贝蒂埃元帅不来投奔他，他不得不依靠被他抱怨的那个“傻瓜苏尔特”。拿破仑仍然精力充沛，信心十足，可是早年那种敏锐的军事眼光已经迟钝了。为患多年的胃溃疡使他感到阵阵痛楚。

然而，对欧洲来说，拿破仑依旧是一个可怕的人物和严峻的挑战。参加维也纳会议的欧洲同盟国以惊人的速度和一致的步调采取了行动。它们宣布拿破仑为不法之徒，说他是世界和平的破坏者，应该受到公审。各国都开始聚集军队。领导全国和全世界反对拿破仑的英国政府感到，它在未来的激烈战役中必将首当其冲，因为俄国和奥地利需要一定的时间才能集中起力量。普鲁士是唯一处于战备状态的盟国。必须刻不容缓地进行备战。威灵顿公爵建议立即派兵进驻尼德兰，在那里建立进攻巴黎的基地，准备在法国边界进行战斗。拿破仑逃出厄尔巴岛不到一个月，威灵顿便率军到达布鲁塞尔。

1 Jena campaign， 拿破仑·波拿巴指挥的、发生在法军与第四次反法同盟之间的战役。——编者注

2 Wagram campaign，法兰西第一帝国与奥地利帝国之间的战役，是第五次反法同盟战争中的决定性战役。——编者注

3 Leipzig campaign，发生于 1813 年 10 月，因发生地在莱比锡附近而得名。参战国和民族众多，在历史上也被称为“民族会战”。——编者注

4 Talavera campaign，是 1809 年 7 月在半岛战争期间发生的一次战役，战役地点塔拉韦拉位于西班牙马德里西南部。——编者注

英军的阵容不能使威灵顿公爵满意。他在伊比利亚半岛指挥过的军队大部分调到了美洲，参谋长乔治·默里爵士也已奉命前往。英国政府煞费苦心地集结了六个团的骑兵和25个营的步兵，其中一部分是在西班牙打过仗的老兵，另一部分是刚刚入伍的新兵。这支部队的最薄弱环节是炮兵。根据1814年的《巴黎和约》，英国政府已经下令遣散所有的炮手和瞄准手，因此这类人员严重不足。不过，英国像在历次欧洲战争中一样，在大陆上有盟友和辅助部队。英国国王仍然是汉诺威国王，取道尼德兰回国的汉诺威军队停下来，加入了威灵顿的部队。威灵顿苦于兵力不足，企图说服葡萄牙人派出几个营。他曾经使葡萄牙人学会战争艺术，称他们为"善斗的公鸡"，为他们感到骄傲，可是葡萄牙这次不派一兵一卒。尼德兰国王交给他指挥的荷兰和比利时军队似乎并不可靠。他们的国家已被法国占领20年，比利时人对法国的统治至少不反感，他们可能会倒向拿破仑一边。纳绍和德意志的其他地区也派出了部队。时至春末，威灵顿聚集了8.3万国籍混杂的人马，其中英军占三分之一。他像往常那样爱发牢骚，抱怨这些未试锋芒的部队战斗力太差，同时，他竭尽全力训练并改造这支部队。在这场新的战争中，他的主要帮手一定是布吕歇尔元帅。普鲁士人有11.3万人马，不过，将近半数是缺乏训练的民军。这支军队驻扎在比利时东部。威灵顿和他的参谋人员计划大举进攻法国，他要先发制人，不愿消极等待拿破仑的进攻。他镇静而周密地制订出全盘计划。他以布鲁塞尔为基地，在莫伯日和博蒙之间布置一条阵线，普鲁士人在他的左翼雄踞菲利普维尔和吉瓦特之间。结果，法国皇帝又像往常那样采取了攻势。

*　　　*　　　*

拿破仑不能浪费一天的时间，他确实也没有浪费。他的两个主要敌人在法国东北边界虎视眈眈，只要几天的时间就可以打到巴黎。他必须立刻向声势渐大的敌军发动进攻。如果取得胜利，法军将更壮军威，而英国政府则会威风扫地，敬佩他的辉格党温和派可能取代托利党人并要求媾和，路易十八将长期流亡国外，尼德兰的比利时地区也会重新回到法国的统治之下。在实现这一步以后，他可以从容地对付奥地利和俄国的威胁。当他以自己的坚强意志鼓动法兰西民族时，他就是抱着这样的希望。对于精疲力竭的法国来说，建立一支庞大的军队是相当困难的。五个军团在边界线上组织起来，总共约有 12.5 万人。边界线上的堡垒群是一道屏障，它使拿破仑有时间加强自己的力量，也为他在战争初期提供了动力。威灵顿被迫把部队布置在一条 40 英里长的地段上，以防法国人在英军和普鲁士军队相接的地方发动进攻。形势在 6 月初日益紧张。拿破仑一定是想各个击破威灵顿和布吕歇尔的军队，并逐步加以消灭，这是很明显的，至少是可以料到的。可是他首先要在哪里发动进攻呢？威灵顿在布鲁塞尔耐心地等待能够证明拿破仑有何意图的迹象。他将同强大的对手进行第一次较量。他们两个人当时都是 46 岁。6 月 15 日，拿破仑在沙勒罗伊和马希埃纳悄悄地渡过了桑布尔河，把普鲁士军队的先头部队赶到离布鲁塞尔不到 25 英里的地方。他正是在英军和普鲁士军队相接的地方发动进攻的。如果攻克布鲁塞尔，将是很大的收获。占领都城对拿破仑一直很有诱惑力，那里是他补充力量的源泉。

英军同普鲁士军队的联络极差，数小时以后，威灵顿才接到普军败北的消息。英普两军的指挥官之间似乎没有具体的配合计划，军事情报也像一般时期那样混乱不堪，矛盾百出。在滑铁卢到沙勒罗伊的大道上没有英国军队，只有荷兰人和比利时人组成的一个师防守着。15 日夜晚，当法军集中兵力要彻底打垮普军之时，里士满公爵夫人在布鲁塞尔举行舞会招待盟军军官。威灵顿光临舞会，他知道保持一副刚毅镇静的表情是很重要的。他在跳舞的过程中考虑了迟迟传到的消息。必须不惜代价同普军保持联系，并阻止法军向布鲁塞尔推进。威灵顿决定把部队集中在战略要地卡特勒布拉村。16 日清晨，皮克顿旅从布鲁塞尔沿着大道出发，去同守卫着英普两军之间危险地段的荷兰部队会师。

对于法国人来说，只有打垮普鲁士军队，才能把威灵顿赶到西北边的海岸。拿破仑憧憬着溃乱的英军在佛兰德港口等船回国的惨状，这样的场面以前在科伦纳和瓦尔赫伦岛出现过。拿破仑命令内伊指挥法军左翼，他自己带着 6.3 万人和 92 门大炮去攻击集中在利尼的普军主力。威灵顿的迟缓行动和蛮有把握的样子欺骗了他。他发现迄今只有一小股部队守卫着卡特勒布拉，便命令内伊发起攻击，并于当天晚上在布鲁塞尔同他会师。16 日下午 2 点钟，法军在两英里长的战线上发动攻势。威灵顿带着 7000 人和 16 门大炮赶来指挥战斗。法军进攻的重点是皮克顿旅的阵地。这些曾在伊比利亚半岛作战的老兵已经从布鲁塞尔行军 12 个小时，但他们仍然精神饱满。法军骑兵围着他们团团打转，无可奈何，而荷兰和比利时步兵早已败退下去。当天下午在通往布鲁塞尔的十字路口上进行的拉锯式激烈战斗中，没有使用计策的余地。这是一次正面交锋，虽然需要指挥，却让人无处发挥运筹帷幄之才。威灵顿在酣战的时刻始终保持着冷静的头脑。在这场短兵相接的战斗中，英军步兵的火力占了优势。在天黑投入战斗的三万盟军伤亡了 4600 人。法军伤亡人数略少，不过内伊没有达到他的目标，他没有拿下布鲁塞尔。

法军的行动实在缺乏计划性，德尔隆根据拿破仑的命令率领部队漫无目的地东奔西闯，一会儿奔向利尼，一会儿又转向卡特勒布拉。拿破仑在战役初期占了便宜，然而，他并不打算让他的两路大军同时作战。看来他背离了原来的计划。不过，他在利尼取得了不小的胜利。布吕歇尔元帅在战略上失算，他的部队被截成两段，受到强大法国炮兵的轰击，退到瓦弗。盟军之间的联络再次中断，威灵顿无法及时了解到利尼战斗的结局和后来普军的动向。他在卡特勒布拉顶住了法军的左翼部队，但法军在东边的胜利使其可以集中兵力到布鲁塞尔大道上来对付威灵顿。威灵顿得到普军失败的消息时，他的大部分部队已经聚集到卡特勒布拉村周围。17 日凌晨，拿破仑决定派格鲁希元帅带着 3.3 万人追击普军，他自己将率领大部队攻击威灵顿。战役的高潮迫在眉睫。

可以肯定，威灵顿在战役的头几天里受惊不小。他当时承认，拿破仑的行动使他“上了当”。事隔多年，当他读到法国人叙述卡特勒布拉之战的著作时，他以惯有的坦率态度说：“他们真该死，我打败了他们。虽然我受了一惊，选择了愚蠢的阵地，但他们却更蠢，不知道如何利用我的错误。”这次战斗以后，他那善于分析的头脑立刻对形势有了深刻的了解。他计划退到早已筑好阵地的蒙·圣·尚高地。英国工兵在前一年的战事之前就对那里进行过考察。他可以在那里等待敌人的进攻。他对普鲁士人的唯一要求就是派一个军团支持他。

威灵顿在1814年秋观察过这一带比利时乡村的地形，注意到了滑铁卢狭长高地的有利地势。伟大的马尔博罗公爵在100年前也注意到了这一点，可是他的荷兰盟友使他未能在那里同维勒鲁瓦元帅交锋。他未曾进行的战斗如今即将展开。英军在16日夜晚开始有组织地撤退，天亮以前占领了滑铁卢阵地，构成了防线，这种防线是威灵顿在伊比利亚半岛早就考验过的。这样一来，法军就必须发动艰苦的正面进攻了。威灵顿知道，时间在捉弄他的对手。如果拿破仑想在法国重新站稳脚跟，他就必须迅速取得胜利。一系列壁垒森严的农庄和连绵起伏的山坡构成了盟军的防线，由6.3万人和156门大炮守卫着。法军没有趁盟军撤退时进行追击，可见他们的参谋机构又一次犯了错误。拿破仑不知道卡特勒布拉村发生了什么情况，而且，普鲁士军队随时可能回过头来同威灵顿会合。普军确实有此打算。布吕歇尔和普军的智囊格奈森诺参谋长正在从利尼向西北方向的布鲁塞尔撤退。格鲁希由于接到错误的情报或者由于判断错误，以为普军在向东北方向的列日撤退。他同拿破仑失去了联系，没有发挥作用。他的错误给法军带来了严重的后果。拿破仑听到威灵顿巧妙撤退的消息时暴跳如雷，急乘他的马车隆隆驶上通往布鲁塞尔的道路。他带着先头部队企图不顾一切地赶上英军的后卫。一场暴雨影响了前进的速度。英国骑兵在隆隆的雷声和倾盆大雨之中奔到安全的处所。拿破仑同内伊见面时怒不可遏，对他说："你把法国断送了！"拿破仑到滑铁卢高地看到英军已在阵地上严阵以待时，他意识到英军是多么利落地完成了撤退。

*　　　*　　　*

6 月 18 日接近中午时分，法军同时对盟军的两翼发动进攻。盟军阵地的关键环节是右侧防守严密的乌古蒙城堡和中间的拉·黑·圣特农庄。拿破仑对他的参谋人员许诺说，他们当天晚上可以在布鲁塞尔下榻。当苏尔特表示怀疑时，他说："你认为威灵顿是个了不起的将军，那是因为他打败了你。我告诉你，这次取胜要像野餐会一样容易。"然后，七万法军和 224 门大炮便集中起来，准备发动决定性的进攻。盟军阵地遭到猛烈的轰击。双方在地势起伏、芳草萋萋的地带拉锯式地厮杀着，激战的中心是拉·黑·圣特农庄，它最终被法国人攻克。乌古蒙城堡的战斗更为激烈，英军在那里坚守了整整一天。刚过中午时，法军炮兵对威灵顿的步兵进行了当时罕见的猛烈轰击，为内伊率领 1.5 万骑兵冲锋做好准备。在法军的弹雨之下，威灵顿把步兵撤到滑铁卢高地上，使他们稍有躲避之处。内伊见此情景便率领骑兵发起阵阵冲锋。英军的胜败全靠他们的步枪和刺刀了。威灵顿频频东顾，希望看到普鲁士军队的影子。由于布吕歇尔努力践约，普军此时正在途中。可是法国铁甲骑兵正在向威灵顿公爵进攻。其实，他们从未接近盟军的步兵方阵。一个目击者写道："至于所谓的冲锋，我看没有哪一次真正厮杀起来。我看到铁甲骑兵多次大胆地冲到离步兵方阵二三十码的地方，他们每次看到我军官兵的坚定神情便退转回去。有时候他们停下来，望着排成三排的刺刀阵发呆，这时便有两三个勇敢的军官用军刀高高地挑着头盔挺身而出，企图带头发起攻击。这一切都无济于事，任何力量也不能使这些骑兵接近可怕的刺刀，迎接死亡。"

战斗没有明显的结果。拿破仑用望远镜看着这场搏斗的情景时感叹地说："这些英国人难道永远不会退却吗？"苏尔特说："恐怕得先把他们剁成碎片。"威灵顿也是忧心忡忡，普军虽然在刚过中午时已经隐约可见，却迟迟未能对法军右翼予以打击。到了傍晚 6 点钟，内伊的攻击失败，普军无情地杀向法军侧翼。法军被迫从进攻威灵顿的部队中拨出 1.4 万人招架普军。法军进行最后的一次猛攻，农庄周围又开始了殊死的搏斗。近卫军在内伊的带领下冲上山坡，英军步兵的愤怒子弹又一次阻止了他们。等待已久的反攻时刻来到了。威灵顿整天处在最危险的地方，他骑着栗色的战马哥本哈根四处奔驰，粗暴地对部下发布命令并予以鼓励。此刻，他骑马沿着七零八落的阵地一边奔驰一边喊道："出击！出击！他们是顶不住的。"他的骑兵冲下山坡，挥刀猛杀，打乱了法军的队伍。内伊怒不可遏，他提着一把砍断的军刀，摇摇晃晃地赶到一群群乱兵前面，声嘶力竭地向他们喊叫，可是毫无效果，已经太晚了。威灵顿把追击的任务交给普鲁士军队。拿破仑痛苦地撤回巴黎。

*　　　　*　　　　*

当天晚上，布吕歇尔和威灵顿见面时互相拥抱。这位德意志陆军老元帅连一句英语也不会讲，先用德语说，"亲爱的战友"，然后勉强用法语说，"了不起呀！"这个简短的问候很适合威灵顿说话简洁的习惯。后来威灵顿担任辛克港的卫戍官时，常常在他的沃尔默城堡提起这件往事。威灵顿公爵回到布鲁塞尔。这一天如此紧张艰苦，即使一个铁打的人也难以支撑。这场战斗的重担全部落在他的肩上。多亏他的坚强意志和影响千军万马的冷静神情，这支混杂的军队才没有瓦解。这种压力简直难以忍受。他说："天哪！如果我不在场，我看是打不赢的。"这句话颇有道理。当他喝茶和吃烤面包的时候，听到部下宣读阵亡将士的名单便情不自禁地哭。

在滑铁卢大战以后的几天里，一封封贺信不断地向威灵顿公爵送来。奥地利首相梅特涅致信祝贺时，把这次战斗谨慎地称为“辉煌的开端”。其实，这一仗结束了整个战役。布吕歇尔率领普鲁士军队向巴黎挺进，一路上没有遇到任何抵抗。拿破仑在滑铁卢战斗结束三天之后到达巴黎。他心中忽然又产生了希望，想再发动一次像 1814 年那样的战役，可是无人赞同他的乐观态度，从他这里得到荣华富贵的帝国大官们已经尝尽了苦头。他只好在 6 月 22 日逊位，退居马尔迈松。反复无常的富歇组成了临时政府，开始同盟国和路易十八谈判。这是唯一的出路。7 月 6 日，布吕歇尔和威灵顿进入巴黎。威灵顿公爵的首要任务之一，是阻止普鲁士人出于仇恨采取报复行动。他们的军队在 1806 年曾被法军打得一败涂地，他们的国土被分割，军事要镇被占领，因而他们对此有威灵顿公爵所未能体会的切肤之痛。布吕歇尔建议炸毁塞纳河上的耶拿桥，因为该桥是根据普鲁士在耶拿的惨败命名的。威灵顿立刻布置岗哨保卫该桥。盟军进入巴黎两天之后，路易十八也回来了。他的第二次复辟主要是威灵顿一手促成的。大多数法国人和许多盟国希望由奥林斯公爵担任拿破仑小儿子的摄政王，或者实行立宪共和制。威灵顿对波旁王族并无好感，可是他认为，法国在他们摇摇欲坠的统治下再也无力扰乱欧洲的和平。路易十八绝不是伟大的君主，也永远不会向往成为伟大的君主。威灵顿像取得胜利后的许多伟大将领一样，希望出现一个和平安静的时代。荣誉和桂冠已经在手，现在该植橄榄树了。

* * *

拿破仑在 6 月底离开马尔迈松，前往比斯开湾岸边的罗什福尔，途中险些被布吕歇尔的部队擒获。如果他被俘，一定会被枪毙的。他打算到美洲去，要来了一套关于美洲的游记。也许他在墨西哥、秘鲁或巴西可以创建一个新帝国。另外一条出路只有听凭他的死敌发落。结果他走上了后一条道路。英国军舰“别列洛风号”（Bellerophon）舰长梅特兰奉命在罗什福尔港外巡逻，严禁任何法国船只出海。拿破仑同他进行了谈判。他建议拿破仑到“别列洛风号”上避难，可是他无法预告英国政府将如何处理这个重要人质，也没有作出具体的保证。拿破仑希望自己能够在英格兰的某个乡间别墅或者苏格兰的某座城堡里过软禁生活。一个世纪以前，塔拉尔元帅和其他法国将军曾经愉快地囚居英格兰。拿破仑给英国摄政王写了一封奉承的信，称他为“我的敌人中最强大、最顽强和最宽容者”。摄政王读到此信时，一定在某种程度上感到，赢得最后胜利的是他，而不是他的将军或大臣们。在这个问题上，他无须别人多费口舌便有了这种看法。“别列洛风号”在托贝抛锚，德文郡的人好奇地注视着这位“科西嘉妖魔”，而利物浦勋爵和英国内阁则在伦敦反复考虑办法。报纸上的文章纷纷要求公审拿破仑。英国政府代表盟国决定把他流放到圣海伦娜岛。该岛面积相当于泽西岛，可是山峦起伏，远离大陆，想从那里逃出来是不可能的。7 月 26 日，下台的皇帝乘船驶向南大西洋，驶向他要度过晚年的地方。他从来不理解为何在滑铁卢战败，似乎人人都有过错，只有他一个人正确。他将和自己的随从度过六年的流亡生活。这些随从创造了拿破仑不可战胜的神话，这个神话将对法国的未来产生重要的影响。

* * *

维也纳会议于 6 月完成了它的使命，下一步将是各国代表在巴黎聚会，同法国签订新的和约。实现这个目标花了三个月的时间。普鲁士主张对法国强加苛刻的条件，英国代表卡斯尔雷则认为，宽容的条件会使法国人的怨恨减少到最低，也能避免重启战端。威灵顿坚决支持这一立场，他这时已在欧洲各地树立起绝对权威。

11 月签订的第二个《巴黎和约》比 1814 年和约的条款略微苛刻一些。

法国除了失去一些小块领土之外，还应缴纳七亿法郎的赔款，国土由盟国军队占领三年，但是条款中并没有不可容忍的耻辱。就法国问题的宽容解决方式而言，这一条约是非常成功的。

威灵顿统率着占领军，在后来的三年里，他本人的力量就相当于欧洲一大强国。卡斯尔雷比较悲观，他认为，如能维持七年的和平，就足以证明这个条约是正确的。他没有意识到自己的伟大功绩。后来大国之间保持了 40 年的和平，在维也纳和巴黎达成的诸多协议，其基本原则直到 20 世纪还发挥过作用。

1815 年签订的和约是欧洲在 1919 年以前的最后一项重要条约。自由党历史学家和内阁大臣赫伯特·费希尔将它同 1920 年的和约作过比较："塔列朗提出的合法性原则是 1815 年和约的基本精神，合法性使波旁王朝再次复辟，把萨克森重新置于韦廷王族[1]的统治之下，肯定了撒丁王族的权力，但是对国籍问题和有关居民的意愿没有予以考虑。可见在基本原则和目标上，在维也纳起草协议的政治家们同现代欧洲的设计师们是格格不入的。只有在那些由维也纳会议授权统治欧洲的君主制国家失败之后，1920 年和约规定的民主制度才能确立起来。这一和约创建了一些新的共和国，重划了疆界，正式结束了古老的奥地利帝国，根据法国革命党人所宣传的而后来长期消失的自决原则重建了欧洲。如果维也纳会议听到威尔逊总统的主张，必然会视之为可恶的谬论。大会在梅特涅、塔列朗和卡斯尔雷的指导下进行。大会认为，欧洲的富强取决于绝对服从权威，而并非取决于顺应有关民族的愿望。"[2]

卡斯尔雷可以把俄国、普鲁士和奥地利这三个独裁国家之间的神圣同盟作为"极端荒诞言论的产物"而加以否定。建立这个同盟的主意是沙皇亚历山大凭着不甚清醒而想入非非的头脑臆造出来的。可是为了和平起见，卡斯

1　Wettins，德意志古老王族。——译者注

2　引自赫伯特·费希尔所著《欧洲史》（*History of Europe*）1939 年版。——原注

尔雷准备同意罗曼诺夫王朝[1]、霍亨索伦王朝[2]和哈布斯堡王朝违背民族独立和自由的潮流，在中欧和东欧的大部分地区恢复它们的反动统治。这就是欧洲为了推翻拿破仑而付出的代价。当合法化的原则同某个大国的利益发生冲突时，这个原则也被抛弃了。波兰在1793年还是一个独立的国家，在1814年却不再被视为合法的国家了。萨克森王国[3]的部分地区和莱茵河一带的主教区划归普鲁士，威尼斯共和国及其亚得里亚海滨地区并入奥地利的版图。合法化的原则并不能阻止领土扩张。

在这场为期最长的世界大战以后，长期的调停活动开始了。天才拿破仑将法国革命的影响传遍欧洲各地，在巴黎诞生的民族主义和自由的理想传到欧洲各个民族。在19世纪的其余时间里，这些理想将同维也纳会议确定的世界秩序发生严重冲突。虽然法国战败，她的皇帝下台，而鼓舞她的那些原则并未消失，这些原则将发挥重要作用，改变欧洲各国的统治制度，英国当然也不例外。

1 Romanov Dynasty，1613—1917年间统治俄罗斯，是俄罗斯第二个以及最后一个王朝。这300年间，俄罗斯由东欧小国发展为世界强国，最终结束君主专制，走向现代化。——编者注

2 Hohenzollern Dynasty，曾统治勃兰登堡－普鲁士（1415—1918）及德意志帝国（1871—1918），欧洲的三大王朝之一，距今有600年以上的历史。——编者注

3 The kingdom of Saxony，1806年从神圣罗马帝国独立出来，拿破仑时代曾短暂加入莱茵邦联，后成为德意志邦联成员，于1918年并入魏玛共和国，首都德累斯顿。——编者注

译名表

A

阿尔果德 Arcot

阿伦·伯尔 Aaron Burr

阿萨耶 Assaye

阿瑟·韦尔斯利 Arthur Wellesley

阿斯图里亚斯 Asturias

埃德蒙·伯克 Edmund Burke

埃劳河 Eylau R.

艾尔·库特 Eyre Coote

艾克斯拉沙佩勒（亚琛） Aix-la-Chapelle

爱德华·西摩 Edward Seymour

爱德华·帕克南 Edward Pakenham

爱尔福特 Erfurt

安德鲁·杰克逊 Andrew Jackson

昂蒂布 Antibes

奥德 Oudh

奥尔巴尼 Albany

奥格斯堡 Augsburg

奥里萨 Orissa

奥利弗·H.佩里 Oliver H. Perry

奥伦塞 Orense

奥蒙德 Ormonde

奥斯坦德 Ostend

奥斯威戈 Oswego

B

巴达霍斯 Badajoz

巴拉斯 Barras

巴勒姆勋爵 Lord Barham

巴利亚多利德 Valladolid

巴伦西亚 Valencia

巴士底 Bastille
巴约纳 Bayonne
白厅 Whitehall
邦克山 Bunker Hill
保罗·里维尔 Paul Revere
贝德福德公爵 Duke of Bedford
贝尔岛 Belle Isle
贝雷斯福德 Beresford
贝内迪克特·阿诺德 Benedict Arnold
本杰明·基恩 Benjamin Keene
比特 Bute
波多诺伏 Porto Novo
波尔图 Oporto
波托马克河 Potomac R.
伯戈因 Burgoyne
伯纳多特 Bernadotte
伯内特主教 Bishop Burnet
博蒙 Beaumont
博斯科恩 Boscawen
不伦瑞克 Brunswick
布兰迪万 Brandywine
布雷多克 Braddock
布雷斯特 Brest
布罗德河 Broad R.

C

查尔斯·比尔德 Charles Beard
查尔斯·海 Charles Hay
查尔斯敦 Charlestown
查尔斯顿 Charleston
查理·爱德华王子 Prince Charles Edward
查理二世 Charles II

D

达尔豪西勋爵 Lord Dalhousie
达姆施塔特 Darmstadt
代尔斯福德 Daylesford
戴维·贝尔德 David Baird
丹尼尔·谢斯 Daniel Shays
德干 Deccan
德格拉斯 De Grasse
德累斯顿 Dresden
德南 Denain
的里雅斯特 Trieste
迪尔伯恩要塞 Dearborn Fort
蒂尔西特 Tilsit
蒂珀卡努 Tippecanoe
杜邦 Dupont
杜罗河 Douro R.
杜伊勒里 Tuileries

E

厄尔巴岛 Elba I.

F

菲利普维尔 Philippeville
费迪南德 Ferdinand
弗朗西斯·阿特伯里 Francis Atterbury
弗洛拉·麦克唐纳 Flora Macdonald
佛蒙特 Vermont

福尔柯克 Falkirk

富歇 Fouché

G

盖伊·卡尔顿 Guy Carleton

哥萨克 Cossack

格雷格 Greg

格伦科 Glencoe

格洛斯特 Gloucester

根特 Ghent

H

哈福德 Hartford

哈勒姆 Harlem

哈里·伯拉德 Harry Burrard

哈钦森 Hutchinson

海德·阿里 Hyder Ali

汉普顿宫 Hampton Court

合恩角 Cape Horn

赫克托耳 Hector

黑森–达姆施塔特 Hesse-Darmstadt

亨利·邓达斯 Henry Dundas

亨利·福克斯 Henry Fox

亨利·克林顿 Henry Clinton

亨利·格拉顿 Henry Grattan

亨利·克莱 Henry Clay

亨利佩·佩勒姆 Henry Pelham

霍克 Hawke

霍雷肖·盖茨 Horatio Gates

J

基伯龙 Quiberon

吉尔福德 Guilford

加利西亚 Galicia

杰维斯 Jervis

近东 Near East

K

卡多根 Cadogan

卡姆登 Camden

卡纳蒂克 Carnatic

卡斯蒂尔 Castile

卡斯尔雷 Castlereagh

卡特勒布拉 Quatre-Bras

凯勒曼 Kellerman

凯佩尔 Keppel

坎伯兰 Cumberland

坎珀当 Camperdown

康巴塞雷斯 Cambacérès

康科德 Concord

康韦 Conway

康沃利斯 Cornwallis

康希尔 Cornhill

考尔德 Calder

考彭斯 Cowpens

考珀 Cowper

科尔多瓦 Cordova

科尔里奇 Coleridge

科林伍德 Collingwood

科伦纳 Corunna
克莱门特十一世 Clement XI
克劳兹利·肖维尔 Cloudesley Shovell
克朗波因特 Crown Point
克里斯托弗·加兹登 Christopher Gadsden
克利夫兰 Cleveland
肯德尔女公爵 Duchess of Kendal

L

拉斐特 Lafayette
拉塞尔元帅 Admiral Russell
兰茨胡特 Landshut
兰道 Landau
劳登 Loudon
勒克瑙 Lucknow
勒旺岛 Levant I.
里奥塞科 Rio Seco
理查德·豪 Richard Howe
理查德·蒙哥马利 Richard Montgomery
利尼 Ligny
林堡 Limburg
卢戈 Lugo
卢万 Louvain
路易十八 LouisXVIII
伦迪 Lundy
罗伯特·哈利 Robert Harley
罗伯特·克莱夫 Robert Clive
罗伯特·沃波尔 Robert Walpole
罗德尼 Rodney
罗金厄姆侯爵 Marquis of Rockingham
罗尚博 Rochambeau
罗什福尔 Rochefort
罗斯巴赫 Rossbach

M

马尔迈松 Malmaison
马伦戈 Marengo
马塞纳 Masséna
马斯特里赫特 Maastricht
玛丽·安托瓦内特 Marie Antoinette
玛丽·比尔德 Mary Beard
玛丽·路易丝 Marie Louise
迈索尔 Mysore
麦迪逊 Madison
麦考利 Macaulay
梅尔维尔 Melville
梅特兰 Maitland
蒙德古河 Mondego R.
蒙蒂塞洛 Monticello
蒙特卡姆 Montcalm
蒙米赖 Montmirail
蒙斯 Mons
蒙特利尔 Montreal
蒙特罗 Montereau
米德尔塞克斯 Middlesex
密克隆岛 Miquelon I.
明登 Minden
明托 Minto
莫伯日 Maubeuge
莫里斯敦 Morristown

默顿 Merton

N

拿破仑·波拿巴 Napoleon Bonaparte

那慕尔 Namur

纳尔逊 Nelson

纳撒内尔·格林 Nathanael Greene

纳绍 Nassau

南特 Nantes

尼尔·坎贝尔 Neil Campbell

诺思 North

P

帕尔马 Parma

帕特里克·亨利 Patrick Henry

彭萨科拉 Pensacola

皮尔 Peer

皮克顿 Picton

浦那 Poona

普拉茨堡 Plattsburg

普雷斯顿 Preston

普雷斯顿潘斯 Prestonpans

普利茅斯 Plymouth

Q

乔治·格伦维尔 George Grenville

乔治·杰曼 George Germain

乔治·鲁克 George Rooke

乔治·戈登 George Gordon

乔治·坎宁 George Canning

乔治·默里 George Murray

乔治·普雷沃斯特 George Prevost

乔治二世 George Ⅱ

切斯特菲尔德 Chesterfield

钦苏拉 Chinsura

R

日耳曼敦 Germantown

S

萨克斯 Saxe

萨拉曼卡 Salamanca

萨拉托加 Saratoga

萨默斯 Somers

塞林伽巴丹 Seringapatam

塞缪尔·亚当斯 Samuel Adams

塞内加尔 Senegal

赛拉斯·迪恩 Silas Deane

瑟堡 Cherbourg

瑟洛 Thurlow

上加拿大 Upper Canada

什罗普郡 Shropshire

圣奥尔本斯 St. Albans

圣戴维 St. David

圣海伦娜岛 St. Helena I.

圣日耳曼 Saint-Germain

圣文森特 St. Vincent

圣尤斯特歇斯岛 St. Eustatius I.

史密斯菲尔德 Smithfield

舒瓦瑟尔 Choiseul

斯塔腾岛 Staten I.
斯坦福德·拉弗尔斯 Stamford Raffles
斯特拉福德 Strafford
斯特拉斯堡 Strasbourg
斯特林格·劳伦斯 Stringer Lawrence
斯图加特 Stuttgart
斯托尼波因特 Stony Point
索雷尔 Sorrel

T

塔古斯河 Tagus R.
坦恩 Thann
特库姆塞 Tecumseh
特拉华河 Delaware R.
特伦顿 Trenton
特姆兹河 Thames R.
图卢兹 Toulouse
土伦 Toulon
托贝 Torbay
托里什·韦德拉什 Torres Vedras
托马斯·佩勒姆·霍利斯 Thomas Pelham Holles
托马斯·皮特 Thomas Pitt

W

威尔克斯 Wilkes
威尔士亲王 Prince of Wales
威廉·佩特森 William Paterson
威廉·皮特 William Pitt
威廉·普尔特尼 William Pulteney
威廉·威尔伯福斯 William Wilberforce
威廉·温德姆 William Windham
威廉·伊登 William Eden
威廉三世 William Ⅲ
威灵顿子爵 Viscount Wellington
威斯特伐利亚 Westphalia
维特里 Vitry
沃顿 Wharton
沃尔夫·托恩 Wolfe Tone
沃尔默 Walmer
沃伦·黑斯廷斯 Warren Hastings
乌尔姆 Ulm
伍德罗·威尔逊 Woodrow Wilson
伍斯特郡 Worcestershire

X

西德尼·戈多尔芬 Sidney Godolphin
西里西亚 Silesia
希尔内斯 Sheerness
锡兰 Ceylon
谢里登 Sheridan
新港 Newport
休·达尔林普尔 Hew Dalrymple

Y

伊桑·艾伦 Ethan Allen
因弗内斯 Inverness
因戈尔施塔特 Ingolstadt
于伊 Huy
约翰·保罗·琼斯 John Paul Jones

约翰·迪金森 John Dickinson
约翰·汉考克 John Hancock
约翰·科普 John Cope
约翰·鲁滨逊 John Robinson
约翰·威尔克斯 John Wilkes
约翰·亚当斯 John Adams
约翰·杰伊 John Jay
约翰·马歇尔 John Marshall
约翰·穆尔 John Moore
约克敦 Yorktown
约瑟夫·迪普莱克斯 Joseph Dupleix
约瑟夫·波拿巴 Joseph Bonaparte

Z

泽西岛 Jersey I.
詹金斯 Jenkins
詹姆士二世 James Ⅱ
詹姆斯·奥格尔索普 James Oglethorpe
詹姆斯·麦迪逊 James Madison
詹姆斯·门罗 James Monroe
朱诺特 Junot